專注目標 × 活在當下
競爭心態 × 換位思考

的十大法則
塑造不凡人生

擁抱競爭

蔡余杰，李維卿，劉利——著

探索你的個人宇宙
重塑內在力量的藍圖！

擁有「信念」、培養「專注」、學會「服從」……
當你對人生充滿懷疑，傾聽內心給你的十個啟示！

目 錄

第一章
信心強大，人生將不再飄渺

信心是人生重要的精神支柱，是人們行為的內在動力。在人際交往中，有信心的人能夠充分發揮長處，坦然自若、落落大方，以積極的姿態處理可能產生的各種人際矛盾。即使處於不利的局面，也能透過正面的自我暗示、自我鼓勵，從而保持心理平衡，變不利為有利。

信心是一種情感，是內在的力量，就像孟子所說的「是心」。由此可見，每個人都擁有信心，它就「潛伏」在你的身體裡，但很多人經歷困難、挫折、失利後，變得迷茫、失望、頹喪，信心遭到現實打壓，被塵封在內心深處。

喚醒你的信心吧！讓它從休眠狀態中重新啟動並且成長，讓它成為指針繼續引導你攀登人生的高峰！

鼓起勇氣，讓信心牽起成功的雙手

所謂自信，就是自己相信自己。羅曼·羅蘭（Romain Rolland）曾說過：「先相信自己，然後別人才會相信你。」世界著名交響樂指揮家小澤征爾的故事恰好能證明這一點。

有一次，小澤征爾參加一場世界優秀指揮家大賽。決賽中，他按照評審團指定的樂譜指揮演奏，隨即敏銳發現當中有不和諧的樂音。起初，他以為是樂隊演奏出了錯誤，就停下來重新演奏，但還是不對，他覺得是樂譜出了問題。這時，在場的作曲家和評審團等權威人士堅持，樂譜絕對沒有問題，是指揮家指揮有誤。面對一大批音樂大師和權威人士，他思考再三，最後斬釘截鐵地大聲說：「不！一定是樂譜錯了！」話音剛落，大賽的評審們就全部起立，向他表示熱烈的祝賀。

原來「樂譜事件」是評審委員們精心設計的「陷阱」，他們想藉此檢驗，指揮家在發現樂譜有誤且遭到權威人士「否定」的情況下，是否還能

堅持正確判斷；前兩位參加決賽的指揮家雖然也發現了錯誤，最終還是因隨聲附和權威們的意見而被淘汰。小澤征爾卻因充滿自信，一舉在大賽奪冠。

一個人除非自己有信心，否則是不能帶給別人信心的；信任自己的人，方能使人信服。自信是一個人成才與成功的重要條件。自信是催人不斷進取的階梯，是促使人奮發向上的心理因素，它能產生巨大的力量，這種催人向上的力量，既是一種強大的驅動力，又是一種強大的自我約束力。

美國前總統尼克森（Richard M. Nixon）的事蹟對許多人來說耳熟能詳，尤其他的訪中行程，是當時讓中美關係獲得顯著改善的關鍵。1972年，尼克森競選連任。由於他在第一任期內政績斐然，所以大多數政治評論家都預測尼克森連任不是問題。

然而尼克森總統卻不夠自信。曾經幾次挫折造成他內心殘留巨大陰影，致使他極度擔心再次失敗。在負面心態的影響下，尼克森總統鬼迷心竅，鑄下不可挽回的錯誤。他指派手下潛入競選對手的總部 —— 水門飯店，在對手辦公室裡安裝竊聽器；事發之後，他又連連阻止調查，推卸責任，在選舉勝利後不久便被迫辭職。

尼克森總統因自信心不足而喪失自我約束的能力。本來可以順利連任的尼克森，卻因為不自信造成了不可挽回的後果，一失足成千古恨。

其實「天生我材必有用」，只要相信自己的能力，腳踏實地地努力，就能與成功牽手。

自信的人之所以成功，是因為他們知道如何將自己的優勢發揮到極致。美國蓋洛普公司的研究人員發現：大部分人在成長過程中都試著「改變自己的缺點，希望把缺點變為優點」，但他們卻碰到更多的困難和痛苦；而少數最快樂、最成功的人，他們的祕訣是「加強自己的優點，並管理自

己的缺點」。「管理自己的缺點」就是將不足的地方改善至可接受，「加強自己的優點」就是把大部分精力花在自己有興趣的事情上，從而獲得無比的自信。

美國奇異公司前執行長傑克‧威爾許（Jack Welch）被人們稱為「全球第一 CEO」。他有句名言：「所有的管理都是圍繞『自信』展開的。」憑藉這股自信，在擔任奇異公司執行長的二十年中，威爾許展現非凡的領導才能。威爾許自信的原因，與母親的教育是分不開的。

威爾許患有口吃，從小便說話口齒不清，因此經常出糗。威爾許的母親想方設法讓兒子的缺陷轉變為鼓勵。她常對威爾許說：「這是因為你太聰明，沒有任何一個人的舌頭可以跟得上你這樣聰明的腦袋。」於是從小到大，威爾許從未對自己的口吃有過絲毫的憂慮，因為他從心底相信母親的話：他的大腦比別人的舌頭轉得快。在母親的鼓勵下，口吃的毛病並沒有阻礙威爾許學業與事業的發展。而且注意到他這個弱點的人大都對他產生了某種敬意，因為他竟能克服這個缺陷，在商界出類拔萃。美國全國廣播公司新聞部總裁麥克就對威爾許十分敬佩，甚至開玩笑恨不得自己也口吃，因為威爾許的力量和效率讓他敬佩。

威爾許並不是高個子，卻從小酷愛運動。讀小學的時候，他想報名參加學校籃球隊，當他把這想法告訴母親，母親便鼓勵他說：「你想做什麼就儘管去做好了，你一定會成功的！」於是，威爾許參加了籃球隊。當時，他的身高幾乎只有其他隊員的四分之三，由於充滿自信，威爾許始終沒有察覺這件事，直到幾十年後，他才因為翻看隊友照片發現，年輕時的自己其實身材嬌小。

正是母親的刻意培養，使得威爾許從未因自己的缺點感到自卑。相反，他用信心鑄就了成功的基石。在短短二十年間，這位商界傳奇人物使 GE 的市場資本增長三十多倍，達到 4,500 億美元，排名從世界第十提升

到第一。他所推行的「六標準差（six sigma）」、全球化和電子商務，幾乎重新定義現代企業。

　　一般情況下，大部分人都是能夠正確評價自己的，也相信自己擁有某種潛能來達成一個目標。但有些人一遇到困難就亂了方寸，產生懷疑，也就失去了前進的動力。其實，不是因為有些事情難以做到，我們才失去自信；而是因為我們失去了自信，有些事情才顯得難以做到。很多時候，失敗與成功往往只有一線之隔，你我所需要的不過是鼓起勇氣，讓信心牽起成功的雙手。

　　人生在世不可能一帆風順，遇到挫折時更不能失去信心。古羅馬哲人西塞羅（Marcus Tullius Cicero）說：「信心就是抱著足可確信的希望和信賴，奔赴偉大榮譽之路的情感。」有了信心就不會失去希望，就能燃起內心的無限熱情和力量。它是你努力的「引擎」。有了它，你就會「獨上高樓，望盡天涯路」卻不知疲倦；你就會「衣帶漸寬終不悔，為伊消得人憔悴」；你就會進入「那人卻在燈火闌珊處」的妙境，最終走向成功的彼岸。人人都有軟弱的時候，只看他有沒有方法使自己平安度過低潮。假如你有信心，夠堅強，就會發現總有峰迴路轉的一天。

信心就居住在成功的村落裡

　　現代社會競爭激烈，要想在其中立足，僅僅具有一定的工作能力顯然是不夠的，你需要適時亮出你的殺手鐧 —— 自信魅力。你可以不漂亮，可以不英俊，但一定要非常自信！自信的人最有魅力。而自信的人也常常可以事半功倍，以最高的效率做出最完美的事。

　　如何才能建立自信呢？Google 前全球副總裁曾提到：自信是一種感覺，你沒辦法用背書的方法「學習」自信，而靠「學習」提升自信的唯一

方法是以實例「訓練」你的大腦。有一位著名教練在接受記者採訪時說，球隊要想贏球必須有足夠的信心。每次球賽前，他總會要求隊員回憶自己最得意的一次比賽，他甚至讓隊員把最得意的比賽和一個動作（如緊握拳頭）連繫起來，以便使自己每次做這個動作時，就會下意識想到得意的事，然後在每次比賽前反覆做這個動作強化大腦關於成功的聯想，從而提高信心。

要想辦法不斷增加自己成功的體驗，尋找一些力所能及的事情作為起點，努力獲取成功。如果第一次行動成功，使自己增加了自信心，然後再照此辦理，獲得一次次的成功，隨著成功體驗的累積，你的自信心就會越來越強。

微軟亞洲研究院的首席研究員，出生於貧苦家庭。他的父母沒有顯赫地位，不能幫他買漂亮的衣服及玩具，這使他非常自卑。在學校，他總是躲避那些有錢人家的孩子，見到奢華浮誇的人就退避三舍，儘管如此，他仍經常被欺負，有時還會無端地挨一頓打。他苦悶極了，生活似乎一片陰霾，但不屈的他一直沒有停止對成功的渴求。

改變的機會終於到來。為了體驗生活，一天老師帶領全班同學來到一家食品加工廠，廠裡主要做一種水果罐頭裝置，相當簡陋，每天都要靠工人用手清洗成千上萬個回收的罐頭瓶子。瓶子很髒，而且很容易弄傷手。老師把全班帶到清洗工廠，宣布開始刷瓶子比賽，看誰刷得最多。他覺得這個比賽很有意思，他迅速學會所有清洗程序，興奮地刷起來。

他從早上一直刷到下午，都沒有休息。他刷得非常認真，被水泡過的手泛起一層死皮他也不在乎。當許多同學都嫌這個工作太累而放慢速度，他卻刷得更加起勁。比賽結束，他刷了一百零八個罐頭，是所有同學中最多的。老師宣布第一名時，讓他十分自豪。這次小小的成功給了他自信。從那天起，他拋棄自卑，開始全新的生活。因為他懂得「世上無難事，只

怕有心人」，只要肯付出，就能做好。

多年之後，他發明中日翻譯軟體，擁有眾多重要的科學研究成果，被公認是電腦自然語言處理領域中最有才華的科學家之一。每當回憶往事，他都感慨萬千，他說：「我原來一直沒有自信心，但是這件事給了我自信。我發現天才的全部祕密其實只有六個字：『不要小看自己』，那一瞬間值得我一輩子記憶。我知道我的生活完全不同了。這是我一生中最快樂的體驗，散發著一種迷人的力量，一直持續到今天。」

他成功了，是因為他從一次小小的勝利中獲得自我肯定。這種肯定讓他發現自己的潛力，並鼓起勇氣不斷嘗試新的挑戰。自信的祕密是相信「天生我材必有用」，永遠不要小看自己，大聲對自己說：「我可以！」是的，他可以，你也可以。每個人都有自己的特性和長處，值得看重和發揮。抓住每個表現自己的機會，只要勇敢地邁出第一步，你就會得到意想不到的結果。

有個小男孩，十一歲飄洋過海到達美國。在課堂上，他一句英語都聽不懂。有一次老師問：「七分之一換算成小數點是多少？」他雖然不懂英文，但認得黑板上的「1/7」，這是每個亞洲小學生都「背」過的。於是他立刻舉手並正確回答了這個問題。不會「背書」的美國老師詫異地認為他是個「數學天才」，並送他去參加數學競賽，鼓勵他加入數學夏令營，幫助同學學習數學。老師的鼓勵和同學的認可給了小男孩自信。他開始告訴自己，他有數學的天分。這時，他特別想學好英文，因為只有這樣才能學習更多的數學知識。最終這種教育方式不但提高了他的自信，也幫助他在各方面取得了長足的進步。

這個人就是前面所提到，Google 前全球副總裁。

通往成功的道路雖然很多，但有一點是相通的，那就是抓住機會。假如他沒有舉手回答老師的問題，只是在心裡默想那個答案，他就不會得到

老師的肯定與鼓勵，不會在陌生的環境中獲得自信，更不會取得今天的成就。不要小看一個小小的機會，它可能帶給你天翻地覆的變化，是從根本產生改變。不要顧慮重重，假如你成功了，所有顧慮都會顯得微不足道。

他坦言，以前在工作中，一般溝通沒有問題，但到了總裁面前，總是不敢講話，怕說錯話。直到有一天，公司要改組，總裁召集十多個人開會，要求每個人輪流發言。他當時想，既然一定要講，那不如把心裡話講出來。於是，他鼓起勇氣說：「我們這間公司，員工的智商比誰都高，但是我們的效率比誰都差，因為我們整天改組，沒有顧及員工的感受和想法……」說完後，整個會議室鴉雀無聲。會後，很多同事發電子郵件給他，說：「你說得真好，真希望我也有你的膽量這麼說。」結果，總裁不但接受了他的建議，改變了公司在改組方面的政策，而且還經常引用他的話。從此，他信心倍增，在任何人面前發言都不懼怕。

人的潛力是無窮的。有研究顯示：就算是愛因斯坦、牛頓這樣的成功人士，也僅僅開發了他們大腦潛能的十分之一而已。有時，你可能沒做過某件事，不知道能不能成功。這時就需要勇氣。任何事不經過嘗試，就不要輕易地說不可能。

自信心其實是一種本能，深埋在人性之中。每個人生下來就在學習，生下來就在努力。從活動自己的身體，從抓住一個東西，到學說話、學走路，每一個進步，都是對自己的肯定，也是確立自信的過程。但伴隨著成長，需要學習的東西越來越多，參與的社會活動越來越複雜，難免經歷失敗。失敗令人對自己產生懷疑，外界壓力使失敗的影響加倍放大，這些就構成了一種可怕的環境。要重獲自信，就要打敗對失敗的恐懼，在潛意識中讚美自己，在行動中激發強化自信。信心就居住在成功的村落裡。勇敢地邁出第一步吧，你會在小小的成功中發現自己的潛力，插上信心的翅膀飛向更高的天空！

信念，比你想像的任何物體都巨大

著名的黑人領袖馬丁路德金恩（Martin Luther King）說過：「這個世界上，沒有人能夠使你倒下。如果你自己的信念還站立著的話。」

如果你認為自己沒有勇氣，你就會懦弱膽小地活著。

如果你認為自己會被擊倒，你就會被敵人踩在腳下。

如果你認為自己將會失敗，你就終將體會失敗的苦酒。

如果你想贏，可是你認為自己不會贏，那麼，你已經和勝利說了再見！

信念是種堅定的態度。雖然我們所做的每一件事都不一定會成功，因為有很多因素決定著我們的成敗，但我們一旦決定要去做一件事情，就應該懷有成就這件事情的信念，這個信念會增強我們做事的信心，從而增加成功的籌碼。

中國古代實行科舉制度。文人們要想入朝為官，必須先通過由國家舉行的考試。有兩個秀才經過十年寒窗苦讀後一起去趕考，誰知進京的路上遇到了一支出殯的隊伍，黑黑的棺材非常刺眼，再加上送葬隊伍悽慘的哭聲，讓人不太舒服。

其中一個秀才心想：這下完了，趕考的日子碰到倒楣的棺材，豈不預示著我考試不順嗎，於是他的心情一落千丈，進入考場後，雖然他盡力把注意力集中在試卷上，但棺材黑乎乎的影像在腦海揮之不去，結果文思枯竭，果然名落孫山。

另一個秀才也看到了棺材，結果卻一舉高中。一開始他心裡也不舒服，但是，轉念一想，「棺材、棺材」，不就是「有官又有財」嗎，好兆頭！於是，他情緒高漲，認定自己必將升官發財，進入考場胸有成竹、文思泉湧，果然金榜題名。

　　放榜那天，兩個秀才都說了同一句話，「棺材果然是上天給我的暗示啊！」同樣的寒窗苦讀，同樣的進京趕考，同樣的路遇棺材，結果卻是天壤之別，究其原因在於二人的信念不同。聞名於世的心理學家艾利斯埃利斯，有一個著名的 ABC 心理理論：「人的情緒主要根源於他自己的信念，以及他對於周圍情景的評價與解釋的不同而不同。」事情的前因 A，會透過對該事件的評價與解釋以及他自己的信念 B 這個橋梁，最終決定產生什麼樣的結果 C。正是由於第二個秀才堅定自己「有官又有財」的信念，才會在考場上文思泉湧，一舉高中。

　　信念的力量是偉大的。這種力量的偉大之處，就在於能夠在人最困難的時候給予人鼓舞。它是人精神的支柱，是前進的動力。它可以使人無比強大，所向披靡。即使在最困難的時候，也不要熄滅心中信念的火把。

　　烈日當頭，一支探險隊在浩瀚的沙漠中緩慢地前行。驕陽似火，烤得探險隊員們口乾舌燥，揮汗如雨。更糟糕的是，他們沒有水了。這該怎麼辦？沙漠中沒有水就意味著死亡，水就是他們賴以生存的信念，信念破滅了，一個個像末日到來，失魂落魄、不約而同將目光投向隊長。

　　經驗豐富的隊長看著一個個無助的目光，從腰間取出一個水壺，兩手舉起來，用力晃了晃，驚喜地喊道：「哦，我這裡還有一壺水！但穿越沙漠前，誰也不能喝。」沉甸甸的水壺在隊員們的手中依次傳遞，之前瀕臨絕望的臉上又顯露出堅定的神色，一定要走出沙漠的信念，支撐著他們一步一步，跟蹌地向前挪動。每當他們要放棄時，只要看看隊長那水壺，就陡然增添了幾分力量，抿抿乾裂的嘴唇，繼續前進。

　　經過數日艱難的跋涉，他們終於走出了茫茫無垠的沙漠。大家喜極而泣，內心都在感激那個給了他們信念支撐的水壺。沒有水壺，他們是不可能死裡逃生的。

　　可是當隊長小心翼翼地擰開水壺蓋時，每個人都傻了眼。從壺中緩緩

流出的並不是水，而是一粒粒沙子。隊長誠摯地對驚呆的隊員們說：「無論什麼情況都要抱有堅定的信念，它有時可以把乾枯的沙子變成清冽的泉水。」

　　信念，是蘊藏在心中的一團永不熄滅的火焰。信念，是保證一生追求目標成功的內在驅動力。信念的最大價值是支撐人對美好事物孜孜以求。堅定的信念是永不凋謝的玫瑰。只要信念在，乾枯的沙子也能充當生命的泉水。

　　對一個人來說，失去一隻眼睛和一條健全的腿，並不是最可怕的。可怕的是失去了生活的信念和追求的目標。信念是生命的脊梁。一個人活著，無論外界的環境多麼惡劣，只要心中信念的燈亮著，所有的絕境和困苦都算不了什麼。信念的力量在於即使身處逆境，亦能幫助你揚起前進的風帆；信念的偉大在於即使遭遇不幸，亦能召喚出繼續生活的勇氣。

　　有一位年輕的警察，曾經是一個高大魁梧、雙目炯炯有神的英俊小夥子，三個月後，卻成為一個又跛又瞎的殘疾人。因為在一次追捕行動中，歹徒用衝鋒槍射中了他的左眼和右腿膝蓋。

　　由於表現英勇，他收到紐約市政府和其他一些社會組織授予他的勳章和錦旗。一位記者採訪他，問道：「你以後將如何面對所遭受到的厄運呢？」這位警察說：「我只知道歹徒現在還沒有被抓獲，我要親手抓住他！」從那以後，他不顧別人的勸阻，參與了抓捕那個歹徒的行動。他不放過任何可能破案的機會，有一次為了一個微不足道的線索，獨自一人乘飛機去了歐洲。為了蒐集證據，他幾乎跑遍了整個美國。

　　多年之後，案件終於告破，歹徒被繩之以法。在整個抓捕過程中，那位年輕的警察發揮了至關重要的作用。在慶功會上，他再次成為英雄，許多媒體報導了他的事蹟，稱讚他是最勇敢、最堅強的人。然而，令人意想不到的是，這之後不久，他卻在臥室裡割腕自殺了。在他的遺書中，人們

讀到這樣一段話：「這些年來，讓我活下來的信念就是抓住凶手……現在，傷害我的凶手被判刑了，我的仇恨被化解，生存的信念也隨之消失。面對自己的傷殘，我從來沒有這樣絕望過……」了解他自殺的原因後，人們紛紛為之惋惜。

是的，這就是信念的力量！這就是精神的力量！擁有了信念，即使身有殘疾也會為了達成心中的目標而四處奔走；失去了信念，即使萬人敬仰也會因沒有生存的動力而走向不歸路。在人生的旅途中，不可能總是一帆風順、事隨人願。有的人身軀可能先天不足或後天病殘，但他卻能成為生活的強者，創造出常人難以創造的奇蹟，這靠的就是信念。

對一個有志者來說，信念是立身的法寶和希望的長河。它不能做成任何事，但擁有它的人卻是難以戰勝的。信念的力量讓一個人變得堅強，充滿自信，而這些則是一個強者應必備的。

不要再猶豫，堅定地告訴自己，我可以！你所要做的只是比你想像中更瘋狂一點！

用野心的畫筆盡情描繪成功的藍圖

野心如同人體內的膽汁，能使你的性格變得積極、堅毅，充滿渴望和熱忱。遺憾的是，長期以來，「有野心」被看作是一個性格缺陷。其實，野心應當擁有更好的聲譽。不想當將軍的士兵不是一個好士兵，沒有野心的人也不會擁有光輝的人生。

每個人都想成就一番偉大的事業。如果你所設定的目標是一隻鷹，那你可能只射到一隻小鳥，但如果你的目標是月亮，那你可能就射到了一隻鷹。某些人之所以貧窮是因為他們有一種無可救藥的缺點，即缺乏野心。

一位法國富人出生於一個非常貧窮的家庭，很小的時候就走出家門自

謀生路。他先靠推銷裝飾用的肖像畫起家，之後進軍傳媒界，不久就成為了一位年輕的媒體大亨。在不到十年的時間裡，他就迅速地躋身於法國五十大富翁之列。不幸的是，他患上了前列腺癌，幾經救治無效，於醫院不幸去逝。

他生前留下一份遺囑，用 100 萬法郎設定了一個專款獎金，準備頒給一個能夠揭開「貧窮之謎」的人。法國報刊登了這一消息。鉅額的獎金吸引很多人的參與，信件像雪片一樣從四面八方寄來。這些答案五花八門，應有盡有。絕大部分人認為，窮人最缺少的當然是金錢了。另有一部分認為，窮人之所以窮，最缺少的是機會。又有一部分人認為，窮人最缺少的是技能。最後只有一位年僅九歲的女孩在眾多答案中脫穎而出。

在那位富人逝世一週年的紀念日上，他的律師和代理人在公證部門的監督下，開啟了銀行內的私人保險箱，公開了他致富的祕訣，他認為：窮人最缺少的是成為富人的野心。

是啊，窮人缺少的不是錢，不是機會，而是野心。很多人只要有飯吃、有床睡就滿足了。當他們擁有了最基本的物質生活保障時，就會停滯，不思進取，得過且過。野心是永恆的治窮特效藥，是所有奇蹟的萌發點！

隨著認識的解放，越來越多的成功者坦然承認自己的野心在事業成功中起了重要作用。在這個瞬息萬變的時代，在這個競爭壓力超過以前任何一個時期的時代，在這個充滿機遇的時代，野心成為事業成功的關鍵。具有野心的人才能堅定不移，不怕挫折。

1992 年，中國一位國營企業經理級人物扔掉了當時人人羨慕的鐵飯碗，下海開創了自己的家具公司。1996 年，那間公司一舉包下上海商務中心三層樓面的營業面積，以「永不落幕的家具博覽會」美譽拉開征戰上海的帷幕，定下了「東方座標」。2003 年，中國廣州，公司拿下十萬平方公

尺的場地建造家具廣場。2006 年，中國上海，公司聯合集團投資 30 億元，打造了全球首個國際家具村。

這段美麗神話讓我們驚嘆和感慨。這個神話的創始人，被業界譽為中國家具流通業最具國際影響力的掌舵人。

可誰能想到如今叱吒風雲的他，中學時早戀，成績並不理想，還是一個高考落榜生。當時，在很多人眼中，他和普通人一樣，只是一個頑皮的孩子，而且還和女友有「三大差別」：女友高考進名校而他還在鄉下；女友是大學生，他是落榜生，可能回家務農；他當時患有胸膜炎。然而，他是個有「野心」的人，他並沒有選擇放棄。經過幾年的努力，有情人也終成眷屬。

收穫了愛情的他並未滿足。他對安穩的公職工作漸感不滿。在野心的驅使下，他毅然扔掉鐵飯碗，在長春建立了屬於他自己的家具公司。

憑著對市場深入的調查分析、有效的行銷推廣，四年後公司在東北的市場占有率已高達百分之七十，並成為當時吉林省唯一一家賣中高檔家具的公司。

他的成功創業史，不禁讓人想起國際家具村海外廣告詞，「有一個人，有一個野心，要做一件有懸念的事情」。這是一張用野心描繪的壯美藍圖。擁有野心，就有了戰勝挫折的信心，就有了勇往直前的力量，就有了抓住機遇的勇氣。

雖然擁有野心不一定能成功，但沒有它絕對不能成功。思想是行動的種子，「想」是「做」的前提。就像汽車只有有了燃料才能奔跑，火箭只有有了推進器才能升上太空，一個人只有有了野心才能衝破一切「不可能」的藩籬，甚至戰勝自身的先天缺陷，堅定信心，步步為營。

加拿大某一任總理，還是小孩子的時候，相貌醜陋，而且因為疾病導

致左臉區域性麻痺，嘴角畸形，講話時嘴巴總是歪向一邊，還有一隻耳朵失聰。最困難的是他患有嚴重的口吃。

當別的孩子都能自由表達、盡情玩耍的時候，他只能依偎在媽媽的身旁，聽她講故事，吃力地交流。一次，他從書中讀到了一則講述蛹如何經歷蛻變成為蝴蝶的故事。他深受鼓舞，連一隻弱小的蛹都能變成美麗的蝴蝶，自己又有什麼事做不到呢？於是他結巴著一字一頓地對媽媽說：「媽媽，有一天我也要羽化成蝶……」

從此，他開始了艱苦的訓練。他模仿古代一位有名的演說家，嘴裡含著小石子講話。雖然很多次嘴角都磨出了血，但他仍堅信成為蝴蝶的可能，絲毫不動搖做一個傑出人物的雄心。最後他終於克服先天缺陷，練就了富有磁性的嗓音，並在後來的總理大選中，以絕對票數領先，實現了自己的雄心壯志。人們親切地稱他為「蝴蝶總理」。

對於大多數普通人來說，誰敢擁有由凡人躍升為總理的奢想？而這位「蝴蝶總理」靠著雄心壯志的支撐，穿破命運之繭，實現了常人不敢企及的夢想。

我們生活在一個具有無限可能的時代：地理與意識形態的壁壘逐漸消失，市場越來越開放，商品、創意和資金在世界範圍內自由流動，各地的企業都變得越來越有效率。新技術正在創造出重要的商務和溝通新渠道。無論是個人生活還是工作中，從來不曾有這麼多人有這麼多機會去創新。如何充分利用這些機會？美國加利福尼亞大學的心理學家研究發現，「野心」是人類行為的推動力，人類透過擁有「野心」，可以有力量攫取更多的資源。

「只有想不到，沒有做不到」，野心是潛能的挖掘機，更是行動的推進器。胸有凌雲志，無高不可攀！

失掉自信，你將永遠不幸

人可以失去一切，但不能失去自信。自信是人的靈魂，沒有靈魂，人就只是一副臭皮囊。自信是理想的火苗，它能讓你在凜冽中感受到內心的溫暖，讓你在漆黑中看見希望之光。失去了自信，就失去了鍥而不捨的精神，失去了撞到南牆不回頭的韌性。人本無強弱、高下、尊卑、貴賤之分。人的卑微和平庸，不是環境造成的，而是自身的原因，即你有沒有自信心，敢不敢向命運挑戰。曾經的弱者也許後來就成了強者，因為他們從不輕看自己。面對苦難的摔打，他們愈挫愈勇，永不言敗。

心理學家曾經在跳蚤身上做過一個有趣的實驗。跳蚤堪稱世界上彈跳能力最好的動物，跳起高度均在其身高的一百倍以上。

將一隻跳蚤放進沒有蓋子的杯子內，結果，跳蚤輕而易舉地跳出杯子。緊接著，心理學家在杯子上面罩一個玻璃罩。這一次跳蚤跳起後碰到了玻璃罩。跳蚤繼續嘗試，都是碰壁而歸。連續多次後，跳蚤改變了起跳高度以適應環境，每次跳躍總保持在罩頂以下高度。接下來試驗者逐漸改變玻璃罩的高度，跳蚤都在碰壁後主動改變自己的高度。最後，玻璃罩接近桌面，這時跳蚤已無法再跳了。於是科學家把玻璃罩開啟，跳蚤仍然不會跳。經過幾番碰壁，跳蚤已沒有跳高的信心了。

與之類似的還有一個關於魚的實驗。把鯉魚和鰷魚放進一個玻璃器皿中，然後用玻璃板把牠們隔開。開始時，鯉魚興奮地向鰷魚進攻，可每一次都碰在了玻璃板上。十幾次碰壁後，鯉魚沮喪了。等到生物學家抽去玻璃板後，鯉魚對近在眼前的鰷魚竟視若不見，即便那肥美的鰷魚從唇鰓遊過，碰壁後的鯉魚卻再也沒有進攻的慾望和信心了。沒幾天，鯉魚因飢餓翻起了雪白的肚皮。碰壁使鯉魚喪失了自信，也失去了生存的唯一希望，假若牠再試一次，那結果就會大大地不同。在很多情況下，人也一樣：經

過一段時間的努力而沒有達到預定目標時，便灰心喪氣，認為這件事自己永遠都辦不到，並忽視自身力量的壯大和外界條件的改變，放棄實現目標的努力。久而久之，形成思維定勢，自信全無，陷在失敗的陰影中爬不出來，喪失一次次唾手可得的機會，最終一事無成，白白耗費一生。失掉自信的人整日與自卑為伍，渴望成功但又覺得成功遙不可及，渴望自信卻又總是自怨自艾。灰心生失望，失望生動搖，動搖就會自暴自棄，憤世嫉俗，馬克思說過：自暴自棄，這是一條永遠腐蝕和啃噬心靈的毒蛇，它吸走心靈的新鮮血液，並在其中注入厭世和絕望的毒汁。

一個極端的例子是馬加爵事件。

2004 年 2 月，雲南大學宿舍發現四具男性屍體。警方在案發現場發現大量噴濺的血跡並提驗了一把石工錘。後經檢驗，警方認定宿舍房間即作案現場，被害人均是鈍器打擊頭部致顱腦損傷死亡，作案工具即現場遺留的石工錘。四名死者都是該校生化學院生物技術系同學年入學的學生。

經過大量的調查走訪和痕跡鑑定，專案組確定，該宿舍失蹤的學生馬加爵有重大嫌疑。半個多月後，馬加爵在其他城市被抓獲，經警方審訊，他交代了殺人原因，對犯罪事實供認不諱。

問及殺人動機，馬加爵供述說：上大學後，他一直有很大的壓力，過得不好。同時，總覺得同學們看不起他，在背後議論他的一些生活習慣甚至是個人隱私。引起這場嗜血殺人案件的導火線是：血案發生前幾天，馬加爵和幾個同學打牌，有同學認為馬加爵作弊，馬加爵積怨多年的怨氣終於爆發，他覺得，他們既然看不起自己，不如殺了他們。慘案終於發生了……

馬加爵成長於農村，家境貧寒。幼時的他聽話，成績好，這與他一直追求的形象是一致的。這個形象支撐了他的自尊自信，讓他堅定自己是有價值的，自己是值得被愛的。但從高中開始，尤其進入大學後，曾經支撐

他自尊的支架被一根根抽掉了。他不再那麼聽話，他的成績也不再那麼好。進入大學後他深感自卑，經常被同學嘲笑，以譏諷的口吻跟他講話。日積月累的壓抑在一次與同學打牌、被指責打牌經常作弊後，終於爆發，殘忍地殺害了自己的四名同學。

有句諺語說：性格決定命運。從馬加爵被捕後與心理學家的對話內容看，他應該不是一個邪惡的人，而是一個迷失方向、缺乏自信、性格封閉的孩子。他和很多大學生一樣，迫切希望知道如何才能獲得成功、自信和快樂。但自信的缺失使他不能正視自身的缺陷，反而採取報復的手段，走上了犯罪道路。

真正自信的人，並不在意某些「公認的標準」—— 比如名次是否超過別人 —— 他們更在意自己內心的感覺，更在意自己的目標和價值是否實現。古人說得好，「勝人者有力，自勝者強。勝人者力，勝己者強。」明白了自己的價值，你的自信心就不會被恐懼打倒。永遠不要小看自己！

信心是一個人成大事的祕訣。如果你在思想上認為一件事是不可能的，你在行動上自然就不會去做，也就不會有什麼好結果。在現實生活中，當一件事被認為是不可能時，我們就會為不可能找到許多理由，例如：我的智商沒有別人高，我吃不了苦，我天生記憶力差，我不是學數學的那塊料……從而使這個不可能變得理所當然，當然也就不會採取積極有效的行動，結果肯定是這件事就真的成為不可能了。

美國著名作家威廉・福克納（William Faulkner）說：「不要竭盡全力去和你的同僚競爭。你更應該在乎的是，你要比現在的你更強。」即使別人不相信你，你要對自己深信不疑。事實上，你的潛力遠遠超過你的想像！

活出自信，遠離不幸！

做優秀的自己，你永遠不能變成他

　　你是否一邊苦苦渴望成功，一邊又覺得遙不可及呢？你是否越是對那些優秀人士頂禮膜拜，越覺得自己一無是處呢？你是否厭倦了整日默默無聞、為工作忙碌奔波的平庸生活呢？如果答案是肯定的，那就認真地讀讀本書吧。

　　世界知名的心理學家說：「判斷一個人是不是成功，最主要的是看他是否最大限度地發揮了自己的優勢。」透過研究發現人類共有四百多種優勢，這些優勢本身的數量並不重要，重要的是每一個人都應該知道自己的優勢是什麼，之後要做的則是將自己的生活、工作和事業發展都建立在這個優勢之上，這樣方能成功。

　　有這樣一則關於蜜蜂和蝴蝶的寓言。

　　有一隻蜜蜂和一隻蝴蝶落在同一花枝上，蜜蜂問蝴蝶：「你們是來幹什麼的？」

　　「我們是來玩的。」蝴蝶回答道，並且接著反問蜜蜂：「你們是來幹什麼的？」

　　「我們是來採蜜的。」

　　「採蜜的？」

　　「嗯，採蜜的。」

　　「採蜜做什麼？」

　　「供人享用。」

　　「什麼是蜜？」

　　「蜜就是花的精髓。」

　　「我也生活在鮮花叢中，怎麼沒有見過蜜呢？」

「要得到蜜，需要有觀察的眼睛和辛勤的勞動。」

「蜜是什麼樣的？」

「金黃色的，非常甜美，人們常用它來比喻美好的生活和愛情。」

「這麼說你們對人類的很有貢獻啦。」

「是呀是呀，所以我們沒有那麼多的閒時間來玩。」

「那麼，我們蝴蝶對人有什麼用處呢？」

「你們呀，一無是處！」

它們的對話剛進行到這裡，有一群割草的孩子突然來了。孩子們看到紅的、白的、黃的、藍的、黑的、花的蝴蝶在四處翩翩起舞，高興得狂呼亂叫 —— 蝴蝶那輕盈灑脫，千姿百態，來去自如，閃爍不定的美麗身影牢牢地吸引住了他們的視線，使他們達到忘乎所以的程度，追著蝴蝶到處亂跑，開心得如同一群天使一般。這時，那隻蜜蜂和那隻蝴蝶又開始說話了：

「奇怪，人們好像更喜歡你們。」蜜蜂驚訝地說。

「嘿嘿，看來我們並不是一無是處。」蝴蝶諷刺說道。

「難道你們生來是供人們觀賞的？」

「是的，你們為人類貢獻的是蜜，我們貢獻的是美；蜜能滿足人的物質需求，美能滿足人的精神需求，所以我們和你們對人類來說都是有用處的，只不過是用處不同而已。」

「這，我懂了，我懂了。」蜜蜂連連點頭道。

沒有誰生來就一無是處。每個人都有最優秀而獨特的地方，這份優秀只屬於你自己。只有發現了自己的優勢，善於發揮自己的優勢，才能使自己的人生增值，創造美好的藍圖。

很多時候，我們總是被別人的意見左右，比如別人說你笨，沒有前途，不會取得成功，你也就相信了，從此以後就不再奮鬥。其實人生最大的不幸，不是遇到的挫折有多大，而是我們不認識自己，不知道自己的能力，不知道應該做什麼。

夏綠蒂‧勃朗特（Charlotte Brontë）憑藉一部《簡‧愛（Jane Eyre）》享譽世界文壇。

夏綠蒂兒時，愛爾蘭口音很重，衣著寒酸，長得不漂亮，嚴重近視，看書時鼻子幾乎碰到書本，在戶外活動中接不住別人拋過來的球，這些事引起同學們譏笑。但是在課堂上、在集體活動中，她不失時機地表現了自己的優勢，同學們很快就發現，這個瘦骨伶仃的窮丫頭，她的學識、想像力和聰明才智是所有人都望塵莫及的。她以優異的成績連續三個學期獲得校方頒發的銀獎，並獲得一次法語學習獎。她盡量發揮自己的優勢，光芒漸漸顯露。同學們也由此轉變了對她的看法，主動和她交朋友。

畢業以後，她成了母校的老師，卻發現自己根本不喜歡這個職業，也懶得應付那些調皮搗蛋的孩子，於是，她篤定了從事文學創作的志向——要靠寫作賺錢，掙脫命運的桎梏。當她向父親透露這一想法時，父親卻說：寫作這條路太難走了，妳還是安心教書吧。她給當時的桂冠詩人羅伯特（Robert Southey）寫了一封信，兩個多月後，她等到期待的回信：「文學領域有很大的風險，妳那習慣性的遐想，可能會讓妳思緒混亂，這個職業對妳並不合適。」但是夏綠蒂對自己文學方面的才華深信不疑，不管有多少人在文壇上掙扎，她堅信自己會脫穎而出。她忙裡偷閒地從事創作，現在她不像小時候那樣純粹為自娛而寫作，她要讓作品出版。

夏綠蒂曾鼓動姐妹三人自費合出了一本詩集。據說這詩集只賣了兩本。夏綠蒂沒有氣餒，她先後寫出長篇小說《教師》、《簡‧愛》，而且打定主意不再自費出版，因為她相信自己的小說是值得出版商掏錢的。1847 年

《簡‧愛》出版後，立即在倫敦引起巨大迴響，隨後被翻譯成多國文字。

顯然，如果夏綠蒂對自己的優勢沒有充分的自信，她很可能一輩子做一個平凡的教師。自我責備、自我貶低是我們所知最具破壞力的習慣之一。有些人經常以這樣的方式傷害自己，似乎很樂意暗示自己是一個渺小的人，一個毫無價值的人。

從此刻開始，學會發現自己的優勢，把修改缺點的時間用在發揮優勢上。做不了太陽，就做星辰，在自己的星座發光發熱；做不了大樹，就做小草，以自己的綠色裝點希望；做不了大河，就做清泉，用自己的甘甜滋潤田野。關鍵是，做最好的自己！

翻過鏡子另一面，你會發現自己其實是金子

人們常說，垃圾是放錯了地方的寶貝。每個人都是一座金礦，關鍵是你如何看待和發現。如果你堅信自己是塊寶石，那麼你就是一塊寶石；如果你堅信自己能成功，那你就一定能成功。

去 NBA 打球，這是所有愛打籃球的美國少年最嚮往的夢。但當年幼的波古斯（Muggsy Bogues）向同伴說出「我長大後要去打 NBA」這句話時，同伴無不捧腹大笑，甚至笑得跌倒在地。波古斯長得太小了，他在同伴中是最矮小的一個，個頭只有一點六公尺，這樣的身高即使在普通人中也算矮子，更不用說是在身高兩公尺都嫌矮的 NBA 了。

波古斯沒有因為同伴的嘲笑而放棄努力，相反，他熱愛籃球，下定決心要打 NBA。他天天和同伴奔跑在籃球場上，其他人回家後他還在練球，別的孩子都去享受夏日的涼爽，他依然在籃球場上揮汗如雨。他在籃球場上花了比別人多幾倍的時間。他深知像自己這樣的身高，要想進入 NBA 必須要有過人之處，他充分利用自己矮小的優勢：行動靈活迅速，

運球重心低不會失誤，個子小不引人注意。1987 年自威克森林大學畢業後，波古斯被華盛頓子彈隊（現巫師隊）第一輪第十二順位選中，第二年便去了黃蜂隊，成為黃蜂隊初創時的五虎之一。

由於他助攻好，很快成為黃蜂隊後場的重要力量。在 1996 至 1997 年賽季，波古斯以場均七點二次助攻，共五千五百五十七次助攻，成為球隊的助攻王，搶斷一千零六十七次成為球隊的搶斷王，得分列第三，共五千五百三十一分，其中助攻排在全聯盟的第十四位。尤其 1999 至 2000 年賽季在暴龍隊時，他以五點零七的得分失誤比（兩百九十九次助攻、五十九次失誤）排名全聯盟的首位。他在 NBA 效力長達十四個賽季，最後在獨行俠隊退役。

在巨人如林的 NBA 中，只有一點六公尺的波古斯絕對是一個異類，是 NBA 有史以來創紀錄的矮個子，但他又是 NBA 表現最傑出、失誤最少的後衛之一，不僅控球一流，遠投精確，甚至在巨人陣中帶球上籃也毫無所懼。他憑藉自己超人的籃球才能闖出了一片天空，他也因此成為聯盟中的一個傳奇。

對於自己能夠進入 NBA 這個巨人國裡打球，波古斯曾這樣解釋說：「當時我沒有多少信心能夠進入 NBA，但我的親人們卻都說我可以。說實話，我相信自己的實力，NBA 並不是只有身高兩百公分的高個子才能進入，因為我能投籃、助攻、搶斷，當發動快攻時，一些高個子甚至不如我跑得快。」

對於男人來說，一百六十公分的身高，即使在生活中也會感到不便，更不用說從事籃球這項巨人運動了。而波古斯居然打進了 NBA，還打得有板有眼、出神入化，成為最優秀的球員之一。波古斯憑的是什麼？憑的就是他那份自信，以及由此而激發出來的頑強毅力。

他清楚地看到矮小的自己也有打球的優勢，也有閃光的一面，因此他

沒有放棄常人看來不可能的夢，戰勝種種難以想像的困難，跨越各種其他人看來不可踰越的障礙，一步一步走向事業的頂峰。

千里馬常有，伯樂難尋。適當的時候，你要做自己的伯樂，認識自己，發現自己閃光的一面。生命的價值取決於我們自身。一些看似劣勢的地方，只要你懂得轉變它、利用它，它們就會成為你的優勢。

一位農夫有兩個水桶，他每天就用一根扁擔挑著兩個水桶去河邊汲水。

兩個水桶中有一個有一道裂縫，因此每次到家時這個水桶總是會漏得只剩下半桶水，而另一個桶卻總是滿滿的。就這樣，兩年以來，日復一日，農夫天天只能從河裡擔回家一桶半水。

完整無缺的桶很為自己的完美無缺得意非凡，而有裂縫的桶自然為自己的缺陷和不能勝任工作而羞愧。經過兩年的失敗之後，一天在河邊，有裂縫的桶終於鼓起勇氣向主人開了口：「我覺得很慚愧，因為我這邊有裂縫，一路上漏水，只能擔半桶水到家。」

農夫回答它說：「你注意到了嗎？在你那一側的路沿上開滿了花，而另外的一側卻沒有花？我從一開始就知道你漏水，於是在你那一側的路沿撒了花籽。我們每天擔水回家的路上，你就給它們澆水。兩年了，我經常從這路邊採摘鮮花來裝扮我的餐桌。如果不是因為你所謂的缺陷，我怎麼會有美麗的鮮花裝扮我的家呢？」

人無完人。我們每個人都好比那只有裂縫的桶，各自都具有這樣或那樣的不足和缺點。大可不必為此愁眉不展，你要做的是換一個角度看待劣勢，想辦法將其變廢為寶，化為優勢。

偉大的科學家愛因斯坦（Albert Einstein），小時候並不活潑，三歲多還不會講話，父母很擔心他是啞巴，曾帶他去給醫生檢查。還好小愛因斯坦不是啞巴，可是直到九歲時他講話還不很流利，所講的每一句話都必須

經過吃力而認真的思考。

愛因斯坦在唸小學和中學時，功課平常。由於他舉止緩慢，不愛與人交往，老師和同學都不喜歡他。教他希臘文和拉丁文的老師對他更是厭惡，曾經公開罵他：「愛因斯坦，你長大後肯定不會成器。」而且因為怕他在課堂上影響其他學生，竟想把他趕出校門。但愛因斯坦對數學、幾何和物理有著濃厚的興趣，他憑藉著這方面的優勢，最終成為偉大的物理學家。

任何事情都不要一味效仿別人。尺有所短寸有所長，每個人的優勢不同，別人能完成的，你未必能做好，你能做的，別人也未必會。你要做的是大聲告訴自己：我是金子！沒錯，你就是金子，試著去發現自己閃光的地方吧，好好利用，你的人生從此將不同！

聆聽心底呼喚，用信念救出深埋的潛能

大文豪托爾斯泰（Leo Tolstoy）說過：「大多數的人想改造這個世界，但卻罕有人想改造自己。」因為很多人認為自己就是這樣了，不能再改變了。事實上，我們每個人體內都蘊含著巨大的潛能。「天生我材必有用，千金散盡還復來」絕不是一句空話。只要你找到自己的潛能並將它發揚光大，你就能實現自身價值，擁有更好的生活。人們常常埋怨社會埋沒人才，其實，由於缺乏信心和勇氣、自卑、懶惰、安於現狀、不思進取，自我埋沒的現象也是相當普遍的。

有一位著名的演說家舉行了一次討論會。會上他沒講一句開場白，手裡卻高舉著一張二十美元的鈔票。面對會議室裡的兩百個人，他問：「誰要這二十美元？」一隻隻手舉了起來。他接著說：「我打算把這二十美元送給你們中的一位，但在這之前，請准許我做一件事。」他說著將鈔票揉成一團，然後問：「誰還要？」仍有人舉起手來。他又說：「那麼，假如我

這樣做又會怎麼樣呢？」他把鈔票扔到地上，又踏上一隻腳，並且用腳碾它。而後他拾起鈔票，鈔票已變得又髒又皺。「現在誰還要？」還是有人舉起手來。「朋友們，你們已經上了一堂很有意義的課。無論我如何對待那張鈔票，你們還是想要它，因為它並沒貶值，它依舊值二十美元。人生路上，我們會無數次被自己的決定或碰到的逆境擊倒、欺凌甚至碾得粉身碎骨。我們覺得自己似乎一文不值。但無論發生什麼，或將要發生什麼，在上帝的眼中，你們永遠不會喪失價值。在他看來，骯髒或潔淨，衣著齊整或不齊整，你們依然是無價之寶。」

生命的價值不依賴我們的所作所為，也不仰仗我們結交的人物，而是取決於我們本身！我們是獨特的 —— 永遠不要忘記這一點！永遠都不要低估自己的潛能。你對成功的渴望有多大，你的信念就有多大，激發出的潛能就有多大。

英國一位著名賽車手第一次賽車回來時，興奮地對母親說：「有三十五輛車參賽，我跑了第二。」

「你輸了！」母親毫不客氣地回答。

「可是，」他瞪大了眼睛，「這是我第一次參加比賽，而且賽車還這麼多。」

「兒子，」母親深情地說，「記住，你用不著跑在任何人後面！」

這句話，給了賽車手很大的激勵。

在之後的歲月裡，他憑藉出色的技術稱霸賽車界二十多年。他的許多記錄至今無人打破。問他成功的原因，他說，他從未忘記母親的教誨，是母親在他為第二名沾沾自喜之時，給了他提醒，使他發現了還有爭取第一的潛能。正是這個信念一直鼓舞著他奔向更高的目標。

冠軍向來是人們夢寐以求的，這個世界上也不可能所有的人都可以爭

得第一，可是，試想一下，如果他連第一都不敢想，他連自己都不相信，如果他得不到母親深情的鼓舞，他能取得二十年不敗的光輝業績嗎？

如果我們能多給自己一點刺激，多一點信心、勇氣、幹勁，多一分膽識和毅力，就有可能把自己身上處於休眠狀態的潛能發揮出來，創造出連自己也吃驚的成就來。

一日，拿破崙（Napoléon Bonaparte）深入到部隊中觀察軍隊生活。走著走著，忽然聽到一陣緊急呼救聲從遠處傳來。於是，拿破崙急忙向呼救的地方奔去。來到湖邊，拿破崙看到一個士兵正在水裡手忙腳亂地掙扎，離岸越來越遠。岸上的幾個士兵則驚惶失措地呼喊。拿破崙問身邊的士兵：「他會游泳嗎？」一個士兵答道：「他只能划水幾下，現在已不行了。陛下，怎麼辦？」顯然，大家都在為水裡的士兵擔心。拿破崙馬上從侍衛手裡拿過一支步槍，並衝落水的士兵大聲喝道：「你再不向岸邊游來，我就開槍了！」話音剛落，拿破崙真的端起槍，朝那人的前方連開了兩槍。落水者聽到槍響後，在驚恐中急忙調轉方向，「撲通、撲通」地朝拿破崙所站的湖邊游來。不一會兒，他便游到了岸邊。落水的士兵得救了，他轉過身子，正打算痛罵向自己開槍的人，卻發現持槍站者竟是皇帝。他嚇得魂飛魄散，但仍大膽地問道：「陛下，我不小心掉進湖裡，就快要淹死了，您為什麼還要朝我開槍？」拿破崙笑道：「不嚇一下，你還有能力游上岸嗎？那你才會真的淹死呢！」士兵們這才明白了陛下的良苦用心。

每個人都有成功的潛能，差別在於如何認識自己、挖掘自己、重用自己。很多人對自己沒有信心，認為別人要強很多。其實這又何必呢？你自己本身就有無限的力量，只是沒充分利用而已。「有志者，事竟成，破釜沉舟，百二秦關終屬楚；苦心人，天不負，臥薪嘗膽，三千越甲可吞吳。」

堅定必勝的信念，拿出背水一戰的勇氣，激發出內在的潛能，向著成功全力以赴吧！

第一章 信心強大，人生將不再飄渺

第二章

耐心強大，成功將不再止步

羅馬不是一天建成的，成功的道路也不是一天鋪就的。

仔細觀察鐘錶上的時針，你能看出它在走嗎？不能，然而它卻時刻在運動。許多事物運動變化的過程太慢，我們在短期內無法觀察到它的變化，但若隔一段時間再看它時，你會發現它已今非昔比。成功也是如此。

人生中有許多目標要實現，許多事情要完成，但並不是都能夠一步到位，必須循序漸進，日積月累。這就要求我們必須有堅韌的精神，非凡的耐心。正如溶洞的鐘乳石，須經漫長的歲月，聚集無數的水分，才能凝結成璀璨的瑰寶。

堅持不懈，你就會將不可能演繹為可能

人和人競爭到一定層面，在技能上不會有多大的差別，真正分出高低上下來的一個關鍵因素是耐心。有一位榮獲全國鋼琴大賽首獎的小女孩在接受採訪時被問及：「妳是如何獲得冠軍的？」她坦言道：「沒有別的方法，我經常是一連十一個小時坐在鋼琴前反覆彈一個音符。」我們從不缺乏成功的經驗、方法和祕訣，缺乏的是全身心投入、耐心去做的精神。

有了耐心，才有堅持的力量。達摩修煉，面壁十年，終成一代佛祖；達文西（Leonardo da Vinci）學藝，畫蛋六年，方成畫壇奇才。堅持你的目標，你能將不可能演繹為可能！

那是一個陽光明媚的夏天，一隻胸懷大志的青蛙把其他的夥伴都召集到了田埂上，宣布了一個十分重大的決定：要爬上河邊那棵最高的柳樹，看看夏天最美麗的風景。所有的青蛙都向牠投來了羨慕和尊敬的目光，因為牠們知道這是一隻多麼優秀的青蛙，而牠們又是多麼地信任牠。這隻青蛙選中位置就往樹上跳了，其他所有的青蛙都鼓著眼睛拭目以待。可是，這隻青蛙還沒抱到樹幹就掉了下來，即使少數幾次抱住了，又不知下一步

怎麼辦，風一起，整個身子晃動徘徊，一會兒又掉了下來。但是，這隻青蛙並沒有心急氣躁，還是一次又一次地衝向自己的目標。

一隻蟋蟀蹦蹦跳跳過來，看見這隻鼻青臉腫的青蛙，驚奇地問道：「青蛙兄弟，你怎麼老是往樹上爬呀？」青蛙瞥了蟋蟀一眼，回答道：「我要看夏天最美麗的風景，我要改變青蛙不會爬樹的命運！」

好奇的燕子飛過來，對青蛙說：「這樹是你們青蛙能爬的嗎？」青蛙上氣不接下氣地說：「我想我們能！」

有幾次，從樹上摔下來的時候，青蛙覺得自己渾身的骨頭都裂了。可牠口裡還不停地叫著：「爬樹！爬樹！」

聽了牠的話，其他青蛙深受感染，被牠堅持不懈的精神所激勵，情緒一下子高漲起來；為了實現那隻優秀青蛙的遺願，許多青蛙陸續向河邊的柳樹跳去，跳去……於是，後來地球上有了一個新物種──樹蛙。

樹蛙成功靠的什麼？堅持不懈！很多時候，一個人的成功並不僅僅是因為他有一個聰明的頭腦，而是在於他堅持到底的信念和持之以恆的精神。「精衛填海」、「愚公移山」，不都是堅持的典範嗎。

堅持是一種信念，一種精神，是一個人生命意志的表達，它是鑄造精神的過程，不但幫你走向光輝的人生，有時還能挽回一條命。

美國海軍英雄約翰·保羅·瓊斯（John Paul Jones），一生短暫而輝煌，他的勇猛作風和堅持不懈的精神始終為後人所推崇。那是發生在英國人和美國人之間的海上戰爭，當時約翰所在的船被轟擊，桅杆折斷，船體裂開，風帆碎片橫飛，隨時都有可能葬身海底，處境十分危險！對方的船長大聲勸其投降，可約翰就是不承認自己是失敗者，在緊要關頭，他開始想著進攻的新計劃──那就是登上對方的船，在船上與他們作戰。經過一次次的靠近失敗後，終於他船隻的錨鉤鉤住了對方船上的鐵鏈，將兩條

船緊緊地捆綁在一起。很快，約翰戰勝了對手，在英艦上升起了美國的旗幟。

如果不是因為堅持，也許約翰就已經和他的船一起葬身海底了，如果不是因為堅持，也許約翰就早已被英軍抓獲，處死。這就是堅持的價值！

什麼是堅持？堅持就是從起點一直走到終點。人生非坦途，很多人面對一些困難和挫折就失去了耐心，轉而投向其他方向，做不了多久，又因為另外的一些問題，選擇放棄。長此以往，就會心不沉、神不穩，做事蜻蜓點水、眼高手低、淺嘗輒止，最終半途而廢。

凡事不能一蹴而就。耐心堅持是成功的祕訣。

現代社會生活節奏快，人們很容易被功名利祿所迷惑、驅使，望著眼前的利益，禁不住心思浮動。古人云：「心浮則氣必躁，氣躁則神難凝。」所謂「神難凝」，引申來講就是做人不踏實，做事不扎實。這樣的人往往耐不住性子，沉不住氣，結果欲速不達，事與願違。

大哲學家柏拉圖（Plato）說，耐心是一切聰明才智的基礎。朋友，如果你沒有成功，請不要放棄。因為堅持就是力量，堅持就是希望，堅持就是勝利！讓我們在實踐中去體會堅持的價值！

成功需用慢火燉，心急難吃熱豆腐

所謂的耐心，就是甘於把時間投入到簡單、枯燥但最終會意義非凡的重複當中去。毫不誇張地說，一個人有多大的耐心，他的成功機率就有多高。反過來，沒有耐心的人終將一事無成。不僅現實中如此，連故事中都是如此。仔細注意一下就會發現，所有驚心動魄的精采故事的主角都是充滿了耐心的人，《基督山恩仇記》（*Le Comte de Monte-Cristo*）中的愛德蒙・唐泰斯（Edmond Dantès）、《刺激 1995》（*The Shawshank Redemption*）中的

銀行家安迪·杜佛倫（Andy Dufresne）、《越獄風雲》（*Prison Break*）中的麥可·史考菲（Michael Scofield）⋯⋯

心急吃不了熱豆腐，只有有耐心的人才能品嘗到成功的甘甜。

有一次，推銷領域的協會和一些知名的社會機構，邀請一位即將告別工作的推銷大師，做告別職業生涯的演說。演說在該城中最大的體育館舉行。

演說當天，人潮湧動，座無虛席。大家都是慕名而來，熱切地、焦急地等待著那位當代最偉大的業務員做精采演講。當大幕徐徐拉開，人們看到舞臺的正中央搭起了高大的鐵架，鐵架上支撐著一個吊著的巨大鐵球。

在人們熱烈的掌聲中，一位老者走了出來，站在鐵架的一邊。他穿著一件紅色的運動服，腳下是一雙白色膠鞋。人們驚奇地望著他，不知道他要做出什麼舉動。這時兩位工作人員，抬著一個大鐵錘，放在老者的面前。主持人這時對觀眾講：請兩位身體強壯的人，到臺上來。好多年輕人站起來，轉眼間已有兩名動作快的跑到臺上。老人這時開口和他們講規則，請他們用這個大鐵錘，去敲打那個吊著的鐵球，直到鐵球擺動起來。

伴隨著人們的吶喊聲，一個年輕人搶先拿起鐵錘。只見他拉開架勢，掄起大錘，全力向那吊著的鐵球砸去，一聲震耳的響聲，那吊球動也沒動。他就用大鐵錘接二連三地砸向吊球，很快他就氣喘吁吁。另一個人也不示弱，接過大鐵錘把鐵球打得叮噹響，可是鐵球仍舊一動不動。臺下逐漸恢復了平靜，人們認定那是沒用的。可老人為什麼要這麼安排呢？

面對人們不解的眼神，老人從容掏出一個小錘。然後認真地，面對著那個巨大的鐵球，用小錘「咚」敲了一下，之後停頓一下，再一次用小錘「咚」敲了一下。老人就那樣「咚」敲一下，停頓一下，持續地做。人們奇怪地看著，老人卻不準備做任何解釋。

就這樣，時間一分一秒過去了。十幾分鐘後，會場一片騷動，有的人

乾脆叫罵起來，人們用各種聲音和動作發洩著他們的不滿。老人仍然一錘一停地工作著，他好像根本沒有聽見人們在喊叫什麼。人們開始忿然離去，會場上出現了很多空位。那些留下來的人，也許是喊累了，不再喧鬧。會場終於又漸漸安靜下來。

反覆敲打停頓持續了四十分鐘後，坐在前面的一個婦女突然尖叫一聲：「球動了！」剎時間會場立即鴉雀無聲，人們聚精會神地看著那個鐵球。鐵球以很小的擺度動了起來，不仔細看很難察覺。老人仍舊一小錘一小錘地敲著，人們好像都聽到了那小錘敲打吊球的聲響。吊球在老人一錘一錘的敲打中越盪越高，帶動著那個鐵架子「哐、哐」作響，它的巨大威力強烈地震撼著在場的每一個人。場上爆發出一陣陣熱烈的掌聲。

老人不急不忙地轉過身，慢慢地把那把小錘放進口袋裡。看著激動的觀眾，他只開口說了一句話：「在成功的道路上，如果你沒有耐心去等待成功的到來，那麼，你只好用一生的耐心去面對失敗。」

多麼富有哲理啊！沒有耐心等待成功，就只能用一生去面對失敗。這正說明耐心是成功的關鍵因素之一。世上無難事，只怕有心人。耐心是贏得成功的重要手段。

當今，很多人投身證券市場，期望能從中大賺一筆。他們認真學習各種指數，努力分析公司狀況，可最後很多人還是血本無歸。為什麼呢？如果投機交易中的各個要素都有效，剩下的只是時間問題，但大多數投資者缺乏對狂風暴雨處之泰然的耐心和毅力，他們一看到指數下跌，便立刻驚慌失措，賣掉所有股票。指數上漲時，已是後悔晚矣。

對於經常炒股的朋友來說，彼得‧林區（Peter Lynch）這個名字一定不陌生。他是美國，乃至全球首屈一指的投資專家，他對共同基金的貢獻，就像喬丹（Michael Jordan）對籃球的貢獻，把投資提升到一個新的境界，不再是簡單的投機行為而是一門藝術。在 1977 至 1990 年，彼得‧林區擔

任麥哲倫基金經理人職務的十三年間，該基金的管理資產由兩千萬美元成長至一百四十億美元，基金投資人超過一百萬人，成為富達的旗艦基金，並且是當時全球資產管理金額最大的基金，其投資績效也名列第一。十三年間的年平均複利報酬率達百分之二十九。

退休後，彼得‧林區總結自己的經驗，寫了一系列教人如何投資的書。其中有段話是這樣說的：無論使用什麼樣的方法挑選股票或者股票共同基金，決定成敗的關鍵在於一種能力——不受市場波動干擾，堅持直到投資獲得成功的能力。決定股票投資者命運的不是他們的頭腦，而是他們的耐力。敏感的投資者，無論他有多聰明，往往經受不住命運不經意的打擊，而被趕出股市。

可見耐心是證券交易所裡最重要的東西，而缺乏耐心是最常見的錯誤。耐心等待你的投資標的為你創造利潤，如果不給它時間，它如何向你充分展現一個未來的畫面？耐心還要求你等待合理的低價去買入，買入的理由是你對現時的評估和對未來的展望，低價吸納以待未來。在股市，時間範疇決定獲利空間，股市不會一天就漲上天，耐心等待買入的價格出現銳減時，還要耐心等待賣出的價格出現大幅上漲時，而期間的漲幅就是對你耐心的回報。價格上漲是你買股票的結果，而不能作為你買股票的理由，僅僅因為價格上漲就急於買入是大忌。耐心在股市不僅是一種不可少的性情，更是一種不可少的能力。

無論什麼時候，耐心都再怎麼強調也不為過。仔細觀察一下就會發現，所有不利於成功的負面的品質都是缺乏耐心的展現，或者說是缺乏耐心的結果。「急於求成」、「急功近利」幾乎是現代人的通病。這時，誰有耐心誰就能笑到最後。

誰有耐心誰才能笑到最後！

點亮希望燈光，就能與機遇擦出明亮火花

　　成功的人生需要機遇。機遇能讓一個不值一提的人獲得財富，機遇也能讓一個微不足道的人一步登天。機遇對每個人來說都是平等的，只不過耐心的人抓住了它們，而急於求成者與它們擦肩而過。

　　人生的精采在於其不可預見性。不到最後一刻，千萬不要認定一件事是不可能的。耐心等待，你就會得到機遇的青睞。人們常說，機遇總是留給有準備的人。事實證明，機遇總是留給有耐心的人。夢想成功的道路上，幾乎每個人都做好了準備。但當成功遲遲不來時，很多人就失去了繼續等待的耐心。

　　隨著社會的發展，職位設定越來越多。這一方面增加了人們的選擇數量，另一方面也促成了頻繁的跳槽。尤其對於剛到職的人來說，最初的一段時間還激情飽滿、鬥志昂揚、幹勁十足，但過不了多久就對簡單重複的勞動失去耐心，總覺得做這些枯燥的事情埋沒了自己的才華。於是有人想透過換工作來尋找更大的空間和機會，然而經歷東西南北之後，才發現，其實機會就在身邊。

　　一家外貿公司應徵經理祕書。眾多應徵的人中有一位大學同等學歷畢業的女孩，從履歷看得出她是個很認真刻苦的人。由於人太多，公司打算給她安排一個行政助理的職位。女孩想了一下，覺得只要自己耐心做好助理的工作，一樣很好，以後肯定會得到賞識，於是，她就接下了這份工作。

　　工作都是一些接待客人和影印、列印的瑣事。同事們總是把一些需要影印和列印的檔案一股腦兒堆在女孩的桌子上，然後告訴她哪些需要影印、哪些需要列印、每種各需要多少份。女孩總是耐心地記錄著各種要求，然後仔細地做，從不抱怨。有好幾次，女孩的認真檢查避免了公司的損失。

最後，女孩被順利地提拔為經理祕書。而之前應徵來的那位，因為做事不夠耐心被辭退了。女孩經常這樣對人說：「工作雖然簡單，但是只要有超凡的耐心和細心，就會取得成功。」

很多人對社會、對未來充滿太多幻想，認為自己的能力超群，應該在跨國公司上班，應該被主管重用賞識……凡此種種讓他們形成了過於急功近利的個性，出現短視行為，因而四處碰壁。其實，是金子總會發光。你所要做的，是戒驕戒躁。像例子中的女孩那樣，認真做好當下，耐心等待機遇，那麼終會迎來職業生涯的黃金轉折。

人生選好目標，就好比一個雕刻家有了一塊好原石一般，需要平心靜氣地精雕細琢，才能成為藝術品。凡事唯有功夫做足，方能水到渠成，風光無限。

這是一位笑看風雲、功成名就的「企業家」。從最原始的「汽油馬車」，到開闢私家轎車新紀元的 T 型車，直至今天的福特「嘉年華」；從密西根州的農民，到美國汽車工業的「元始天尊」，直至成為美國汽車界第一個億萬富翁；從討厭農活、喜歡發明的孩子，到一個個奇妙想法出現，著名汽車大王福特（Henry Ford）實現了光輝的轉變，而這些轉變都源於他追求成功的耐心。

福特自幼幫父親在農場幹活，當他十二歲時，就構想可以代替牲口和人力的機器，這種機器還能在路上行走。當時他的父親要求他必須在農場當助手，可是福特堅信自己可以成為一名出色的機械師。於是，他用一年的時間完成了別人要三年才能完成的機械訓練，隨後又花兩年研究蒸汽原理，試圖實現他的目標，然而卻沒成功。隨後他改變思路投入到汽油引擎的研究上來，每天都夢想著製造出一部汽車。其創意被大發明家愛迪生（Thomas Edison）所賞識，邀請他到底特律擔任工程師。經過十年的辛苦努力，二十九歲時，福特成功地製造出第一部汽車引擎。

如果福特在經歷幾次失敗後就失去耐心，放棄汽車研究，就不會被愛迪生推薦去擔任工程師，那麼汽車的出現不知要晚多少年。人人都可以成功，都可以創造奇蹟。可現實生活中有很多人卻沒能成功、沒有創造奇蹟，而福特是一個敢想也敢做的熱血青年，最可貴的是，他還能做到耐心堅持。

《增廣賢文》有語：「十年寒窗無人問，一朝成名天下知。」不要在意一時的寂寞，耐心堅持，終有一天你會與機遇擦出明亮的火花！

要行百里者，必先半九十

「行百里者半於九十」語出《戰國策・秦策五》：「詩云：『行百里者半於九十。』此言末路之難。」高誘注：「詩言之，百里者，已行九十里，適為行百里之半耳。書若強弩，至牙上，甫為上弩之半耳，終之尤難。故曰末路之難也。」意為行程一百里，走了九十里才算完成了一半。比喻做事愈接近成功愈困難。

無限風光在險峰。世界上奇偉瑰麗的風景，都在人跡罕至的地方。人生如同爬山，越往上越艱難，而只有堅持下來的小部分人才能到達山巔，欣賞那一片壯麗的風景。中途退卻的人，差的往往只是那一小步。

偉大的科學家錢學森說過的一句話：「偉大工作的完成，第一個就是堅持不懈的精神！」現實環境中，普通者與傑出者在最初階段沒有多少差別，然而往往到了最後的那一刻，頑強者與懶怠者便會一清二楚：前者咬牙堅持到最後的勝利，後者則喪失信心放棄努力，結局自然是大不相同。

摩托羅拉（Motorola）手機憑藉幾乎完美的品質，在全球贏得了廣闊市場。你可知道為追求這一品質摩托羅拉公司做了多少努力？

為了與其他生產手機的廠商競爭，摩托羅拉公司派了一個偵察小組，

分赴世界各地表現優異的製造機構進行考察。目的不僅是看他們怎麼做，也要看他們如何精益求精。所有摩托羅拉的員工都面臨著挑戰，力求大幅度降低工作中的錯誤率。一批以時計酬的工人，負責指出錯誤並有獎賞。結果是產品錯誤率降低了百分之九十，但摩托羅拉仍不滿意，因為這是很多企業都能達到的，要想突出自己的優勢就必須繼續降低錯誤率。然而，談何容易。由二十分上升到九十分，只要努力就能做到，但由九十分上升到一百分，不但要努力，更要有耐心。為了激勵員工，公司製作了一盒錄影帶，解釋為什麼百分之九十九的產品無故障仍嫌不足。這盒錄影帶指出，如果這個國家的每一個人，都以百分之九十九的品質來工作，那每年就會有二十萬份錯誤的醫藥處方，更別說會有三萬名新生兒，被醫生或護士失手掉落地上。試問，百分之九十九的品質，對於將其性命託付給摩托羅拉無線電話的警察而言，是否足夠？有了對高品質的執著，公司最終使所生產的電話的合格率達到近乎百分百，並因此獲得了象徵著美國企業界最高榮譽的 —— 美國國家品質獎。

摩托羅拉成功了，因為它在追求品質的道路上沒有放鬆。很多企業最初的時候，遠勝於摩托羅拉，但面對更高要求的時候退卻了。因為越往後，合格率每提高一個百分點所付出的代價越大。困難的增大，使得很多企業停滯不前，最終被市場淘汰。

美國銷售協會一項調查研究指出，不能堅持是銷售失敗的主要原因，請看以下數據：

有百分之四十八的業務員找過一個客戶之後就不做了；

有百分之二十五的業務員找過二個客戶之後就不做了；

有百分之十五的業務員找過三個客戶之後就不做了；

只有百分之十二的業務員找過三個客戶之後，繼續地做下去，而百分之八十的生意就是這些業務員做成的。

也許你很勤奮的工作，卻發現自己處於原地踏步的狀態，每天都在練習，可是似乎根本沒有效用，成績仍然停步不前。每當家人朋友問起時，只能強裝不在乎地說：「就那樣啊！」這時你是否想過放棄，是不是覺得自己只能這樣了？不要以為成功的人全部都是天才，不要以為自己是平凡得不可能成功的人，你不過是遇到了一個瓶頸而已。

行百里者半九十！你是一直在前進的，只是因為路途艱險了，困難增多了從而前進的腳步慢了下來。不要被莫名的恐懼束縛住，否則就會停滯不前。

請拿出你的耐心，繼續向前吧！仰望山巔，你能看到成功在招手！

擁有耐心與冷靜，你就是最好的談判專家

社會是由人組成的。按照古典經濟學家亞當‧史密斯（Adam Smith）的「經濟人假設」，人都是理性的，會以自身利益最大化為目的來指導自己的行為。為追求各自利益，人和人之間難免出現衝突，這就需要透過談判來協商。如何才能在談判中獲勝，使結果對自己更有利呢？耐心！

耐心是成功談判的心理基礎。耐心使談判者認真地傾聽對方講話，冷靜、客觀地談判，分析談判形勢，恰當地運用談判策略與方法；耐心使談判者避免了意氣用事，融洽談判氣氛，緩和談判僵局；耐心使談判者正確區分人與問題，學會採取對人軟、對事硬的態度；耐心也是對付脾氣急躁、性格魯莽、咄咄逼人談判對手的有效方法，是實施以軟制硬、以柔克剛的最為理想的策略方法。

耐心的力量到底有多大？讓我們來看一下大衛營協議的例子。美國總統吉米‧卡特（James Carter, Jr.）不但是一個富有倫理道德的正派人，而且具有驚人的耐心。著名談判家曾評論說，不論什麼人和卡特在一起待上

十分鐘後，就像服了鎮靜劑一樣。正是由於他的耐心堅韌、毫不動搖，使他成功地斡旋了以埃兩國爭端，達成了著名的大衛營協議。

埃及和以色列兩國爭端由來已久，積怨頗深，誰也不想妥協。卡特邀請他們坐下來進行談判，精心考慮之後，地點確定在大衛營。儘管那裡設施齊備、安全可靠，但卻沒有遊樂之處，散步成了人們主要的消遣方式，此外，還有兩臺供鍛鍊身體用的腳踏車和三部電影。所以，兩國談判代表團在住了幾天之後，都感到十分厭煩。但是，每天早上八點鐘，沙達特（Muhammad Anwar el-Sadat）和比金（Menachem Begin）都會聽到敲門聲，接著就是那句熟悉的話語：「你好，我是卡特，再把那個乏味的題目討論上一天吧。」

結果等到第十三天，他們誰都忍耐不住了，再也不想為談判中的一些問題爭論不休，於是就有了著名的大衛營協議。卡特總統的耐心與持久是促成協議順利簽署的一個重要因素。

談判是一個複雜的、反覆較勁的鬥智過程。一般來說，談判是一個非常耗時的活動，有時還要克服許多意料之中和意料之外的困難，經過多個回合才能達成協議。所以，沒有耐心的人是不可能勝任談判工作的。特別是有些談判因為牽涉的層面過於複雜，或者因為談判各方處於敵對狀態，只是因為各種原因不得不勉強坐到同一張談判桌前來，這樣的談判就更加困難。所以，耐心是一個優秀談判者的第一要件。

實戰中，談判者需要做的，就是要想方設法掃除談判道路上的各種障礙，克服談判過程中的各種困難，而膽怯和魯莽的舉動都是理智的談判者必須拋棄的。耐心是在心理上戰勝談判對手的一種戰術與謀略。在談判中，耐心表現為不急於取得談判結果，能夠很好地控制自己的情緒，掌握談判的主動權。

世界上不少著名的談判專家來自於日本，被稱為談判高手。他們談判

成功的訣竅之一就是具有很強的耐心，對許多問題絕不會立即作答。

有一次，日本一家航空公司就引進法國飛機的問題與法國的飛機製造廠商進行談判。為讓日方了解產品的效能，法國方面做了大量的準備工作，各種數據一應俱全。談判一開始，急於求成的法方代表口若懸河，滔滔不絕地進行講解，翻譯忙得滿頭大汗。日本人埋頭做筆記，仔細聆聽，一言不發。

法方最後問道：「你們覺得怎樣？」

日本代表有禮貌地回答說：「我們不明白。」

「不明白？這是什麼意思？」法方代表焦急地問道。

日方代表仍然以微笑作答：「不明白，一切都不明白。」

法方代表看到一切都要前功盡棄，付之東流，沮喪地說：「那麼……你們希望我們怎麼辦？」

日方提出：「你們可以把全部數據再為我們重新解釋一遍嗎？」

法方不得已，又重複一遍。這樣反覆幾次的結果，日本人把價格壓到了最低點。日方抓住法方代表急於達成協議的弱點，以「不明白」為藉口，施以拖延戰術，迫使對方主動把價格壓下來。

一項談判往往是忍耐的較量，誰先失去耐心，誰便喪失冷靜而敗下陣去。日方代表清晰地知道這一點，刻意製造困難，使對方失去耐心，從而取得了談判的主動。耐心是談判者心理成熟的標誌，它有助於談判人員對客觀事物現象做出全面分析。具有耐心，巧用拖延戰術，將使你在談判之中占據主動，然後在適當時機答應對方一項條件，則更容易達成協議。

生活中經常看到這樣的場景，很小的一件事，因為一方破口大罵，另一方也按捺不住以牙還牙，最後導致一場惡罵，弄得一肚子氣。其實，面對別人的辱罵，大可一笑置之。你要做的只是耐心看完一場免費的鬧劇。

石油大亨洛克斐勒（John Davison Rockefeller）曾遇到過這樣一件事。某天有一位不速之客突然闖入他的辦公室，直奔他的辦公桌，並以拳頭猛擊檯面，大發雷霆：「洛克斐勒，我恨你！我有絕對的理由恨你！」接著那暴客恣意謾罵他達幾分鐘之久，辦公室所有的職員都感到無比氣憤，以為洛克斐勒一定會拾起墨水瓶向那人擲去，或者吩咐保全將他趕出去。然而，出乎意料的是，洛克斐勒並沒有這樣做。他停下手中的工作，和善地注視著這一位攻擊者，無論那人多麼暴躁，他都顯出加倍的和善。

洛克斐勒這招果然起效。那無理之徒被弄得莫名其妙，他漸漸平息下來。因為一個人發怒時，遭不到反擊，他是堅持不了多久的。於是，他憋了一口氣。他原本計畫來此與洛克斐勒吵架，並想好了洛克斐勒會怎樣回擊他，他再用想好的話去反駁。但是，洛克斐勒就是不開口，這種不按牌理出牌的做法弄得他不知如何應付了。他又在洛克斐勒的桌子上敲了幾下，仍然得不到迴響，只得索然無味地離去。洛克斐勒呢，重新拿起筆，繼續他的工作，就像根本沒發生任何事一樣。

對無理取鬧之人最嚴厲的迎頭痛擊就是不予理睬。成功者每戰必勝的原因，便是當對手急不可耐時，他們依然故我，顯得相當冷靜與沉著。雖然只是一則軼事，但已足以顯示出洛克斐勒非凡的耐心。

沒有耐心是辦不成事的，更不用說辦大事。有關統計數據顯示：人們說話的速度是每分鐘一百二十至一百八十個字，而大腦思維的速度卻是它的四到五倍。這就是為什麼常常對方還沒講完，人們卻早已理解了。但這種情況在談判中卻會直接影響談判者傾聽，會使思想敏捷的一方錯過極有價值的資訊，甚至失去談判的主動權。所以保持耐心是十分重要的。耐心可以使人們更多地傾聽對方，了解掌握更多的資訊；耐心也使人們更好地克服自身的弱點，增強自控能力，有效地加強、控制談判局面。

想成為談判專家嗎？從培養耐心開始吧！

你可以享受過程，但必須展示結果

　　成者王侯，敗者寇。自古以來人們習慣以成敗論英雄。曾有人反駁說，既然失敗是成功之母，那麼就不應該看重結果，只享受過程。殊不知，只有當失敗者吸取教訓，以此為鑑，最後取得成功之時，失敗才稱得上是成功之母。沒有成功的花環，就沒人欣賞你的結果。

　　當代社會強調能力。什麼是能力？不是嘴皮子說上一千遍「我有能力」別人就會信的，需要展示結果，比如你獲過什麼獎、擁有多少財產、得到過什麼成績等等。成功始於夢想，但必須終於結果。

　　曾經有一個獵人去很高的山上打獵，在山崖上的一個鷹巢裡，抓到了一隻幼鷹，於是就把幼鷹帶回家，養在雞籠裡。這隻幼鷹和雞一起啄食、嬉鬧和休息。牠以為自己是一隻雞。後來，這隻鷹漸漸長大，羽翼豐滿。

　　主人想把牠訓練成獵鷹，每天都會跑到雞籠裡對那隻鷹說：「你是一隻雄鷹，你有翱翔天空的本領。」漸漸地，鷹也相信了主人的話，開始在雞面前露出高傲的神色。一日，牠又在雞群面前炫耀說：「我是會飛的雄鷹，而你們只能在地上啄食。」雞群早就看不慣牠的態度了，於是不無嘲諷地回擊到：「你說你是雄鷹，你真的會飛嗎？」鷹聽後很是惱火，於是使勁扇了扇翅膀，打算一飛沖天讓那群沒見過世面的雞瞧瞧。可是，無論牠怎麼努力，都只能飛過柵欄，卻飛不上天空，和普通雞沒有差別。原來，牠終日和雞混在一起，生活習性已經變得和雞完全一樣，根本沒有飛的意圖也忘記怎麼飛了。

　　鷹既羞愧又懊惱，「主人說我能飛，我怎麼飛不動呢？」從此變得鬱鬱寡歡，日漸消瘦。善良的主人看出了鷹的心思，下定決心要幫助鷹飛起來。他試了各種辦法，都毫無效果。主人沒有放棄，去請教了一位當地有名望的養鷹人，回來後高高興興地把鷹帶走了。雞群議論紛紛，猜測不會

飛的鷹是不是要被主人殺掉吃肉了。

鷹的心裡也忐忑不安。最後主人把牠帶到了高高的山頂上，二話沒說，一把將牠扔了出去。最初鷹像塊石頭一樣，一直往下掉，慌亂之中牠拚命地撲打翅膀，就這樣，牠終於飛了起來！飛過雞窩上空時，牠特意盤旋了一圈。地面上的雞，都向牠投以崇拜的目光。

鷹的故事告訴我們，沒有結果一切都是空談。只有成功才有說服力。沒有結果，能力就變得虛無飄渺，無所依靠，從而失去了存在的價值。鷹是幸運的，遇到了一位堅持不懈，耐心引導牠的主人。沒有那份耐心與執著，鷹恐怕要一輩子與雞一樣在地上捉蟲吃。

那麼，你呢？是否在遇到一些挫折之後就收起了飛翔的翅膀呢？每人都渴望蔚藍的天空，但這不能依靠幻想。要把對夢想的追求凝聚成上進的力量，依靠堅持不懈的努力把意圖變成現實。

隨著網際網路高度發展，湧現了一大批這方面的菁英，其實熟悉他們發展道路的人都會認同，只有最終上市成功，才能跨入安心承受人們鮮花和讚美的行列之中。

請記住這一點：在成功之前，沒有人會相信你！其實，你自己也不會真的相信。但是，你有一個夢想，有一個信念。政府官員也好，業界人士也好，員工也好，十年創業路上真的相信自己有一天會大獲成功嗎？那是不可能的，可能的只是擁有一個信念，而這個信念不會被外界的懷疑、嘲弄和打擊所澆滅，反而愈挫愈勇。困難是一塊磨刀石，沒有足夠的磨礪，不可能走向成功。而沒有足夠的耐心也無法成功。

有人提出「九十九度加一度」的成功公式，就是說水燒到了九十九度，最後再加一度水就燒開了，這最後的一度最為關鍵。可惜的是，許多人已經把成功之水燒到了九十九度，卻放棄了這最後的一度，然後轉到別處再燒九十九度，等到只差一度時又放棄了。不管你多麼擅長燒水，不管

你為此投入了多少精力，只要水沒開，你就不會得到人們的認可。

耐心等待結果出現吧！否則只能功虧一簣！

真誠的友誼都是用耐心澆灌出來的

俗話說「一個籬笆三個樁，一個好漢三個幫」，在外打拚沒有朋友是不行的。蘇東坡的「但願人長久，千里共嬋娟」，王維的「勸君更盡一杯酒，西出陽關無故人」，何遜的「春草似青袍，秋月如團扇，三五出重雲，當知我憶君」，王勃的「海內存知己，天涯若比鄰」，無不傳達出對純真友誼的歌頌。

友誼是一種平等關係，需要互相了解、互相信任、互相支持。真誠的友誼好比一艘船，需要雙槳的搖動，才能載著我們抵達成功的彼岸。與朋友相處的路很長很長，並且不會一路平坦，不會一帆風順，會時不時地遇到各式各樣的考驗。友誼對於人，如同健康，往往在失去時才深深懂得其重要和可貴。

閉上眼想一想，你是不是很容易對朋友發火。外界的壓力太大，使你無處發洩，而在朋友那裡可以毫無顧忌地傾訴，於是煩惱、抱怨，一股腦拋到了朋友這邊。然而，語出傷人，這些不經意的傷害對友誼的破壞力是巨大的。

從前，有一個小男孩，脾氣很壞。他的爸爸給了他一袋釘子，告訴他，每次發脾氣或者跟人吵架的時候，就在院子的籬笆上釘一根。第一天，男孩釘了三十七根釘子。後面的幾天他學會了控制自己的脾氣，每天釘的釘子也逐漸減少了。他發現，控制自己的脾氣，實際上比釘釘子要容易的多。終於有一天，他高高興興地跑到爸爸面前說：「我今天一根釘子都沒有釘。」

看到孩子的進步，爸爸很開心。為了保持成果，爸爸說：「從今以後，如果你一天都沒有發脾氣，就可以在這天拔掉一根釘子。」日子一天一天過去，最後，釘子全被拔光了。爸爸帶他來到籬笆邊上，對他說：「兒子，你做得很好，可是看看籬笆上的釘子洞，這些洞永遠也不可能恢復了。就像你和一個人吵架，說了些難聽的話，你就在他心裡留下了一個傷口，像這個釘子洞一樣。」插一把刀子在一個人的身體裡，再拔出來，傷口就難以癒合了。無論你怎麼道歉，傷口總是在那兒。要知道，身體上的傷口和心靈上的傷口一樣都難以恢復。

朋友是一筆寶貴的財產，他們讓你開懷，讓你更勇敢。他們總是隨時傾聽你的憂傷。你需要他們的時候，他們會支持你，向你敞開心扉。你不需要的時候，他們就在世界的某個角落裡默默為你祝福。不要輕易傷害你的朋友，一旦傷害，也許還能挽回，但心裡的疤已是抹不去。所以，一定要小心呵護友誼，用耐心化解矛盾，不要等到失去時才後悔。

有時，交朋友是很容易的事情。幾杯酒、幾句投機的話就可以成為朋友，但是只有日子久了，才能見其真情真心。得到友誼也並不難，能保持和穩固友情卻是不易的。而深厚的友情，往往是與雙方的理解分不開的。正是由於馬克思與恩格斯能互相體諒，才釀就四十年深厚的友誼。

在時光隧道裡，我們一方面看到了朋友的缺點，幫其克服、改正，另一方面，在交往中還會發現朋友的長處，從而使自己汲取了營養。如果兩個人之間出現了摩擦，在化解矛盾的基礎上，還會使友情得到進一步的深化和昇華。

讓我們用耐心澆灌出美麗的友誼之花！

用遠見抵禦誘惑，用小忍成就大謀

「巧言亂德，小不忍則亂大謀。」最早見於《論語·衛靈公》，意為小事不忍耐就會壞了大事。朱熹《論語集註》：「小不忍，如婦人之仁、匹夫之勇皆是。」又說：「婦人之仁，不能忍於愛；匹夫之勇，不能忍於忿，皆能亂大謀。」

生活處處充滿誘惑，當我們面對各式各樣的誘惑時，我們內心的感受是什麼樣的呢？衝動會讓我們接受，理智讓我們抵擋，這個時候，我們的心裡充滿矛盾，著急起來不知如何是好？心裡的矛盾源於生活的誘惑，整天沉浸在矛盾中的我們，到底應該怎麼樣做呢？看看成大事者的選擇吧。

被社會譽為「飯店教父」的嚴長壽，進入社會的第一份工作是在美國運通公司擔任傳達小弟。後因努力好學，表現優異，提升為總務。當時總經理是英國人，公司為他在陽明山仰德大道上租了一棟華宅。英國的總經理夫婦為了安全，希望養一隻狗，很自然地，事情落在身為總務的嚴長壽身上。他陪著總經理夫婦到信義路的狗園挑選，相中了一隻杜賓犬，嚴長壽問寵物店老闆那隻小狗要多少錢。老闆見真正買狗的人不懂當地語言，就壓低聲音對嚴長壽說，如果四千塊成交的話，嚴長壽能拿到一千元的酬金，如果兩千八百元成交，嚴就拿不到任何好處。

一千元，對於嚴長壽來說是筆不小的數目。當時他的月薪不過兩千元，一隻小狗的回扣就抵得上半個月的賣力。誘惑固然大，但嚴長壽不希望外國老闆因為語言不通、行情不熟而花了冤枉錢，最終還是以老實的價錢成交。總經理夫婦高高興興地把杜賓犬領回了家，誰知道兩星期後小狗生病死了，獸醫院說那隻小狗原本就生病了。嚴長壽聽到這個消息心頭暗自慶幸，幸好當初拒絕了狗店的酬金。後來，他回到狗店要求老闆退錢，店家自知理虧，把錢如數退還了。總經理夫婦也因此更加信任嚴長壽。

　　多年之後再憶及此事，嚴長壽表示，誘惑是一條不歸路，這是他在工作經驗中，第一次感受到操守的重要性。

　　工作中面臨誘惑的情況時有發生。嚴長壽另一次類似的經驗，發生在美國運通旅行部門採買新辦公室裝置時。當時選定某家貿易商後，談妥價錢，簽好合約，過了兩天，貿易商到辦公室找嚴長壽。只和他聊了幾句不著邊際的話，卻在臨走前硬塞了一個信封到他手裡，嚴長壽心頭大驚，急忙退還，那人卻不由分說地走了。嚴長壽開啟信封一看，更是大吃一驚，裡面是八千元，相當於四個月的薪水。他不假思索地直接去見總經理，把情形告訴他，總經理認為約都已經簽了，帳也已經做了，不可能再改變。錢退回去也是便宜經銷商，不如轉交福委會，這筆錢不拿白不拿。

　　簽約一個月後，公司訂購的貨來了。其中兩個箱子是原封的，兩個卻已經拆封過，另外一臺打字機更是什麼盒子也沒有，直接抱來公司。嚴長壽檢視了打字機的橡皮卷軸，發現三臺都有使用過的痕跡，可能是舊貨，他很委婉地請對方更換，對方卻保證都是新貨，辯稱箱子是海關拆驗的。在嚴長壽的堅持下，對方很不高興地抱走了退貨。但事情並未結束。

　　貿易商覺得嚴長壽拿了回扣還假裝正人君子，很不高興。三天後，貿易商透過另一個人傳話給總經理：「聽說貴公司有一位姓嚴的年輕人，不但向廠商索取回扣，還故意找碴、刁難廠商。」總經理一聽哈哈大笑：「這件事我早就知道了，八千元在我這裡，你要，可以拿回去，否則我們將轉做員工福利基金！」傳話人登時傻眼，無言以對。

　　誘惑和陷阱無分大小，無論是一隻小狗的酬金，一臺打字機的回扣，都是對個人操守的考驗。人非草木，孰能無情？面對五彩繽紛的誘惑時，我們不可能無動於衷，但我們要像嚴長壽那樣努力告訴自己，忍住忍住。抗拒誘惑並不容易，但一旦心存僥倖，或許得到了近利，卻可能賠上自己的未來。

　　抵住誘惑還要求我們用發展的眼光看問題。

蓬萊素有「人間仙境」的美譽。一千兩百平方公里土地上生活著四十五萬人。每年有兩百多萬人次的遊客慕名而來，僅一年五一黃金週，就創下四十二萬遊客的來訪紀錄。對於商家，蓬萊也有著足夠的吸引力，近年來，眾多開發商前來參與城市開發建設，使商業地價三年平均上漲了百分之八十，尤其是海濱地段，畝招標價格由三年前的三十萬元增至一百多萬元。巨大的誘惑擺在蓬萊人面前。

但蓬萊人不為眼前盲目開發的蠅頭小利所誘惑，而是目光長遠地打造一座歷史文化與現代文明相融合、眼前利益與長遠利益相結合的「和諧名城」。這一堅持就是十年。

有所為，有所不為。蓬萊抵住開發誘惑而「不為」，創造出的是美山美水美環境，而所得又豈止於山水？在他們可以「十拿九穩」的產業培育上，蓬萊有了更大更長遠的「作為」——選擇合適的位置，優先向投入產出率和資源利用率高的專案靠攏，將主導產業做大做強。全市先後引進總投資兩百多億元的國電能源、渤海不鏽鋼、冠軍陶瓷、北方賓士等二十多個龍頭專案，2005 年，臨港工業產值同比增長百分之兩百一十五。正因為如此，在對招商引資極其苛刻的條件下，蓬萊去年實際利用外資超過兩億美元，利用內資達八十億元，在中國百強縣排名位列第四十位，四年躍升四十八個名次。

蓬萊人有句話「控制比開發更難，更重要！」控制即為對眼前利益的控制，放長線釣大魚。不能因一時之利毀了長遠發展。

地區規劃如此，人生規劃更是如此。很多人，面對高薪誘惑，放棄本來很有發展情景的行業，選擇跳槽，養尊處優。幾年之後，失去競爭力，事業發展停滯不前。

勝利的甜美果實，總在忍耐過後成熟。讓我們用遠見抵禦誘惑，用小忍成就大謀！

第三章

專心強大，精力將不再分散

業精於勤而荒於嬉，行成於思而毀於隨。孔子學琴，三月不知肉味。倘若我們都可以如此專心致志，又有什麼是完成不了的？

十年磨一劍，我們生就一雙眼睛，而目不能二視，耳不能二聽，手不能二事。精力分散了，能力也就必然降低了。

專心吧！精力將不再分散，讓專注為你指引方向，讓執著幫你披荊斬棘，成功就在彼岸等待著你！

讓你的心靈專注於一個目標

常言道：「人心不足蛇吞象。」我們一生從小到大，往往會給自己定下很多的目標，但是正如中國一句古老的諺語所說的一樣，「無志之人常立志，有志之人立長志。」如果我們常常變換自己的想法，時不時的就給自己定下一個目標，但卻沒有足夠的毅力和信心去堅持不懈地實現它，那麼我們的生活就注定充滿了失敗。

為人要學會專心，要懂得讓你的心靈專注於一個目標。一旦為自己的人生確定好了方向，就要朝著這個目標堅持不懈地走下去，無論困苦艱難，無論風霜雪雨。

業務員馬迪原本是個膽小而內向，並且沒有什麼人生目標的人，每天的生活亦是隨波逐流，今天從事這份工作，明天就可能又跑到另外一個地方混日子，生活一片混亂。

有一天，他碰巧聽了一次「讓你的心靈專注於一個目標」的演講，給他留下了十分深刻的印象。於是，他去找了一家報社的業務經理，要求對方安排他當個業務員，不支薪水，而是按廣告費抽取佣金。報社答應了，但是那時每一個人幾乎都抱著看笑話一樣的心態，大家都認為他一定會失敗。然而馬迪卻興致勃勃地開始了他的工作，他擬出一份名單，列出打算

前去拜訪的客戶類別。在去之前，馬迪取出這十位客戶的名單，念上一百遍，然後對自己說：「在月底之前，他們將向我購買廣告版面。」結果到了月底，他和名單上的九個客戶達成了交易，只剩下一位還不買他的廣告。

這時，報社的主編已很滿意他的推銷能力，想調他去推銷報紙，這樣馬迪也將會有自己穩定的收入，然而他卻拒絕了。但是在接下來的第二個月裡，他並未賣出任何廣告，因為他除了去繼續拜訪這位堅決不登他廣告的客戶之外，並未去拜訪任何新的客戶。每天早晨，當這位商人說「不」時，馬迪就假裝並未聽到，而繼續前去拜訪。

到了那個月的最後一天，對這位努力不懈的年輕人連續說了三十天「不」的這位商人說話了：「年輕人，你已經浪費了三十天的時間來請求我買你的廣告，我想知道這到底是為什麼？」馬迪回答說：「我並沒有浪費時間，這等於是在上學，而你一直就是我的老師。我一直在訓練恆心與忍耐力。我相信只要堅持，只要我不放棄，就一定可以達成我的目標。」

商人感慨地說道：「年輕人，我也要向你承認，我也等於是在上學，你讓我明白了什麼才是執著，讓我看到你專注於自己的目標而不放棄的勇氣和毅力。這一切比金子更有價值，為了表示對你的感謝，我要向你訂購一個廣告版面，當作是我付給你的學費。」最終，馬迪完成了他定下的十個客戶的目標，揭開了他成功之路的序幕。

正如故事中的馬迪一樣，無論是在生活中，還是在事業上，一旦我們確定了自己的目標，就應該全身心地投入到其中去，要有恆心、有耐心，要有百折而不撓的勇氣和毅力，不可以隨隨便便地放棄，更不要為道路中所出現的其他東西而分散了自己的注意力。但是，這往往正是人們最不容易做到的。

曾經有一位老師，他在課堂上給學生們講了這樣的一個故事：有四隻獵狗追趕著一隻土撥鼠，土撥鼠鑽進了一個樹洞裡。這個樹洞只有一個出

口，不一會兒，從樹洞裡鑽出一隻兔子。兔子飛快地向前跑，並爬上一棵大樹。樹上的兔子，倉皇中沒站穩，掉了下來，砸暈了正仰頭看的三隻獵狗，最後，兔子終於逃脫了。

故事講完後，老師問：「這個故事有什麼問題嗎？」

學生說：「兔子不會爬樹。」、「一隻兔子不可能同時砸暈三隻獵狗。」

「還有？」老師繼續問。直到學生再找不出問題了，老師才說：「可是還有一個問題，你們都沒有提到，土撥鼠哪裡去了？」一開始引起故事的土撥鼠早已被兔子所替代了，而大家卻完全沒有注意到，在我們的人生中，是不是也有這樣的情況？仔細想想我們心靈是不是早已被紛雜的各種東西所填滿，反而丟失了我們最初的目標？

人心複雜，貪求頗多，常常會失去自己的初衷，多年過去，回首往事，難免後悔。所以，有時候做人心思簡單一些，心靈專注一點未嘗不是一件好事。說到這裡，不禁想起一則同樣關於兔子的笑話。

從前，有一隻兔子來到了一個雜貨店，問老闆：「老闆，你們這有胡蘿蔔嗎？」老闆溫柔地說：「對不起，沒有。」第二天，兔子又來了，問老闆：「老闆，你們這有胡蘿蔔嗎？」老闆說：「沒有。」第三天，兔子又來了，問老闆：「老闆，你們這有胡蘿蔔嗎？」這回老闆有點不耐煩了，但還是說：「沒有。」第四天，兔子又來了，問老闆：「老闆，你們這有胡蘿蔔嗎？」

老闆生氣了，衝兔子喊道：「你要是再來這裡問有沒有胡蘿蔔，我就拿鉗子把你的牙掰下來！」第五天，兔子還是來了，問老闆：「老闆，你這有鉗子嗎？」還好，終於不再問胡蘿蔔了，老闆一邊想著，一邊回答道：「沒有。」兔子又問老闆：「那有胡蘿蔔嗎？」老闆暈倒了。

笑話淺薄，卻不能不讓我們反省，難道自詡高等智慧生物的我們還不

如一隻思維簡單的兔子嗎？

在追求人生目標的過程中，我們有時也會被途中的枝微末節和一些毫無意義的瑣事分散精力，擾亂視線；亦難免會遭遇一些艱難困苦或者是來自外界的壓力和威脅而失去勇氣，喪失信心，以至中途停頓下來，或是走上岔路，而放棄了自己原先追求的目標。

不要忘了時刻提醒自己，你要的究竟是什麼？自己心目中的目標哪去了？別讓目標受到干擾，我們要學會的是讓心靈專注於一個目標。

讓你的頭腦專注於一個夢想

夢想是我們心靈深處最純真的願望，花開花敗，夢想之花卻永遠不會凋零；夢想是構建我們未來生活的中流砥柱，潮去潮來，有夢想的支撐什麼苦難也不能壓倒我們。

每一個孩子從懂事的那一天起，各式各樣的夢想就在他們的心裡生根發芽，在他們的腦海裡張開躍躍欲試的羽翼。絢爛的色彩以及無數美妙的未來，讓我們不知所措，我們像一個個貪心的孩子一樣，把各種五彩斑斕的果子通通都裝進了自己的懷裡，卻發現五味混雜的平淡，就像把所有漂亮的顏色都混在一起，最後出現的卻是黯淡的灰色一樣，我們的人生也變得晦暗。

小心地種下屬於你自己的、唯一的夢想之花吧。從此以後，無論艱難困苦，無論荊棘坎坷，用你的一切去盡心澆灌它，經歷風雪之後，璀璨的夢想之花必將為你而開放。

貝多芬出生於德國波恩的一個平民家庭，自幼便已顯露出他的音樂天才。十二歲時，他已經能夠自如地演奏，而且擔任了管風琴師的助手。然而正當貝多芬奮發向上的時候，一個巨大的不幸卻悄悄降臨到他的頭

上……貝多芬開始出現幻聽的徵兆，可那時他還只是一個二十多歲的青年。躊躇滿志、風華正茂的貝多芬已經受到樂壇的重視，他那動人的音樂清晰明亮，宛若初春大地的一抹新綠，雖然稚嫩，但卻生機無限地在十八世紀形式主義樂壇上鋪展開來。這是一個嶄新的開始，貝多芬只要把握住這個時機，就會把音樂向前推進一大步，在音樂史上掀開新的一頁。然而，這種無休止的「嗡嗡」聲日夜纏繞著貝多芬，像一個魔鬼在光明的道路上灑滿陰森的迷霧。透過這飄忽不定的迷霧，貝多芬看到了一個寂寞的無聲世界，看到了自己最寶貴的不可缺少的財富 —— 聽覺，正漸漸離他而去，消失在迷霧裡，而夢想的花朵也悄悄開始凋零。

對一個音樂家來說，很難想像失去聽覺未來將會如何。他無法聽清楚朋友們輕鬆的談笑，美妙的樂音也變得模糊不清。貝多芬祕密地去看醫生，嘗試著用杏紅油和香草油敷在他的耳中，他顫慄著把全部希望都放在醫生的手中。然而這一切都是徒勞，醫生已經對他的耳疾搖頭。恐懼、痛苦、憂傷和憤怒充滿了貝多芬那年輕的心靈。在苦難中，貝多芬用盡整個心靈，對上蒼，對萬古不語的星空，悲憤地吶喊：「哦，上帝，上帝呀，往下看看不幸的貝多芬吧……」災難已經降臨，難道放棄才是唯一的出路嗎？

但是，正像他自己所說的一樣：「只是藝術啊，只是藝術留住了我。哦，在我尚未把我所感覺到的使命全部完成之前，我覺得我不能離開這個世界。」他內在的音樂力量是那樣的激越澎湃，像風暴中的大海，他怎能逃離它？在他五歲時，當他受到父親嚴厲的教訓而站在風琴前暗暗飲泣時，他的淚水、他的幼嫩的手指、他那敏感的思想就已經同音樂永遠地融在了一起，他又怎能割捨得了呢？於是，貝多芬緊鎖的眉頭間流露出對苦難的挑戰，緊握的手掌和下垂的嘴唇雖不露出一絲笑容，但會突然地縱情大笑。在這怪異甚至有些瘋狂的外表下，那顆流血的心上傷口正在慢慢地

癒合，它就要像洶湧的浪潮一樣去擊碎堅硬的礁岩。

沒有了外界的紛擾，他要更加清楚地聆聽命運的聲音。

「我不能再忍受了，我要和命運搏鬥，它不會征服我的，啊！繼續生活下去是多麼美麗呀！值得這樣地活一千次！我要扼住命運的咽喉！」貝多芬把退隱、逃避拋在了腦後，他鼓勵自己道：「讓你的耳聾不再是個祕密吧，即便是在你的藝術中也不必保密！」外來的災難帶給了貝多芬內在的力量——一種新而堅定的手法，深切而純潔的景象，踐踏了失敗的軟弱。他欣喜地感受到了這種嶄新的力量，迎來了音樂生涯中的黃金時期，夢想之花終於盛開了。

在海利根施塔特，貝多芬又重新出沒在鄉村牧場的碧草間，寂靜森林的濃蔭處，全身心地傾注於他的音樂之夢。穿過狹窄的翠谷，有一條林中小道，草木蔥籠，清澗流淌，這是貝多芬經常散步的地方，後人稱之為「貝多芬小道」。在這裡，貝多芬漫步、構思、創作，用音樂虔誠地歌頌著大自然的輝煌壯麗、萬千氣象。也就是在這裡，他完成了著名的《第二交響曲》以及一些奏鳴曲、變奏曲。西元 1803 年，貝多芬完成了他著名的《英雄交響曲》。這部交響曲的理想英雄主義是自傲的音樂和個人的經歷，宛如一部自傳。

在貝多芬的音樂中，塑造的「英雄」是不怕痛苦，不怕死亡，勇於面對艱難險阻，去成就驚心動魄偉業的硬漢。這硬漢，也就是貝多芬自己。他將自己不屈的精神擴大而昇華，證明自己勝利地通過了命運的考試。從此之後，貝多芬所創作的一切重要樂曲，無一不是英雄和命運的抗爭，無一不是他對夢想的執著。

《歡樂頌》、《英雄》、《命運》，一部又一部氣勢磅礴、壯麗雄渾的樂章使整個世界都達到了瘋狂的程度，掌聲、喝采聲圍繞著貝多芬，可是他卻無法聽到外部世界的資訊。西元 1824 年 5 月 7 日，《第九號交響曲》在維

也納首演。貝多芬在臺上低頭看著樂譜，打著節拍，監督演奏。此時，他早已全聾。從他創作這部樂曲起，直到此刻，他都是用「心耳」傾聽天地人神的回聲。當全曲奏畢，聽眾掌聲震耳，而他毫無知覺，依舊背向聽眾，低頭打著節拍。最後還是臺上一位女歌唱家輕輕地拉他的袖子，他才轉過身來，看到熱烈喝采的場面，於是含淚鞠躬道謝。

在五十七歲時，貝多芬已經意識到了死神在敲自己的大門，他幽默地對人說：「鼓掌啊，朋友們，喜劇收場了！」死神真正到來的那一天是西元 1827 年 3 月 23 日。在貝多芬嚥氣之前，閃電劃破了維也納黃昏的冥冥上空。三月底在維也納聽到轟鳴的雷聲是極為罕見的。就在這時，貝多芬突然睜開了眼睛，抬起右手，久久地凝視著那舉在頭頂上緊握的拳頭，好像在對狂暴的雷鳴閃電疾呼：「我要與你們抗爭！我是個英雄，無畏的英雄！」

在舉行葬禮的時候，兩萬多維也納人自動走向街頭，送殯的場面特別莊嚴、悲壯。八位當時著名的指揮家穿著蓋棺衣，走在人群的前面，年輕的舒伯特舉著火炬，緊隨其後。跟在靈柩後面的人群好像沒有盡頭，在貝多芬的《送葬進行曲》悲傷肅穆的氣氛中緩緩移動。貝多芬死了。他奏出了那個時代的最強音，用自己的生命、靈魂高唱「人並不是生來被打敗的」。他留給人們的不僅是那聽不完的貝多芬音樂，更重要的是他留給了世人對夢想永不放棄的執著精神。

失去聽覺，對於一個以音樂為理想的人來說是多麼大的打擊，然而貝多芬卻用一生的奮鬥證明了他對命運的不屈。無聲的世界裡，他更加專注地投身於夢想之中。

選擇了，就不要後悔；選擇了，就要義無反顧。讓你的頭腦專注於一個夢想，讓生活因你的奮鬥而精采。

讓你的雙手專注於一項任務

　　人，生來便具有惰性，常常一遇困難就會退縮，抑或輕易滿足。然而，倘若有人可以克服如此天性，成功在某種程度上可以說是指日可待。

　　很多的時候，成功與失敗往往只是一線之隔，你所欠缺的也許只是多一份的耐心。讓你的雙手專注於一項任務，堅持下去，成功就在眼前。

　　電燈的發明家愛迪生（Thomas Edison）是一個鐵路工人的孩子，小學未讀完就輟學了，靠在火車上賣報度日。然而，愛迪生是一個異常勤奮的人，喜歡做各種實驗，製作出許多巧妙機械。他對電器特別感興趣，自從法拉第（Michael Faraday）發明電機後，愛迪生就決心製造電燈，為人類帶來光明。

　　愛迪生在專心地總結了前人製造電燈的失敗經驗後，制定了詳細的試驗計畫，分別在兩方面進行試驗：一是分類試驗一千六百多種不同耐熱的材料；二是改進抽空裝置，使燈泡有高真空度。他還對新型發電機和電路分路系統等進行了研究。

　　早在十九世紀初，英國一位化學家用兩千節電池和兩根炭棒，製成世界上第一盞弧光燈。但這種光線太強，只能安裝在街道或廣場上，普通家庭無法使用。無數科學家為此絞盡腦汁，想製造一種燈光柔和、經久耐用的家用電燈。

　　愛迪生從白熾燈著手試驗。把一小截耐熱的東西裝在玻璃泡裡，當電流把它燒到白熱化的程度時，便由發熱而發光。他首先想到炭，於是就把一小截炭絲裝進玻璃泡裡，可剛一通電就馬上斷裂了。「這是什麼原因呢？」愛迪生拿起斷成兩段的炭絲，再看看玻璃泡，過了許久，才忽然想起，「噢，也許因為這裡面有空氣，空氣中的氧又幫助炭絲燃燒，致使它馬上斷掉！」於是他用自己手製的抽氣機，盡可能地把玻璃泡裡的空氣抽

掉。一通電，果然沒有馬上熄掉。但八分鐘後，燈還是滅了。可不管怎麼說，愛迪生終於發現：真空狀態對白熱燈非常重要，關鍵是炭絲，問題的癥結就在這裡。那麼應選擇什麼樣的耐熱材料好呢？

愛迪生左思右想，熔點最高，耐熱性較強要算白金啦！於是，愛迪生和他的助手們，用白金試了好幾次，可這種熔點較高的白金，雖然使電燈發光時間延長了好多，但不時要自動熄掉再自動發光，仍然很不理想。愛迪生並不氣餒，繼續著自己的試驗工作。他先後試用了現有的各種稀有金屬，效果都不很理想，電燈發光的時間還是達不到基本的要求。

但是，他並沒有氣餒，愛迪生對前邊的實驗工作做了一個總結，把自己所能想到的各種耐熱材料全部寫下來，總共有一千六百種之多。接下來，他與助手們將這一千六百種耐熱材料分門別類地試驗，試來試去，還是採用白金最為合適。由於改進了抽氣方法，使玻璃泡內的真空程度更高，燈的壽命已延長到兩個小時。但這種用白金材料做成的燈，價格太昂貴了，誰願意花這麼多錢去買只能用兩個小時的電燈呢？如此一來，實驗工作陷入了低谷，愛迪生非常苦惱。

一天，天氣很冷，愛迪生在爐火旁閒坐，看著熾烈的炭火，口中不禁自言自語道：「炭、炭……」可用木炭做的炭條已經試過，該怎麼辦呢？愛迪生感到渾身燥熱，順手把脖子上的圍巾扯下，看到這用棉紗織成的圍脖，愛迪生腦海突然萌發了一個念頭：對！棉紗的纖維比木材的好，能不能用這種材料？他急忙從圍巾上扯下一根棉紗，在爐火上烤了好長時間，棉紗變成了焦焦的炭。他小心地把這根炭絲裝進玻璃泡裡，一試驗，效果果然很好。愛迪生非常高興，緊接又製造很多棉紗做成的炭絲，連續進行了多次試驗。燈泡的壽命一下子延長到了十三個小時，後來經過一系列的改進又達到四十五個小時。

這個驚人的消息一傳開，就轟動了全世界。這使英國倫敦的煤氣股票

價格狂跌，煤氣行也出現一片混亂。人們預感到，點燃煤氣燈即將成為歷史，未來將是電光的時代。大家紛紛向愛迪生祝賀，可愛迪生卻無絲毫高興的樣子，搖頭說道：「不行，還得找其他材料！」

「怎麼，亮了四十五個小時還不行？」助手吃驚地問道。

「不行！我希望它能亮一千個小時，最好是一萬六千個小時！」愛迪生答道。大家知道，亮一千多個小時固然很好，可什麼材料合適呢？愛迪生這時心中已有數。他根據棉紗炭絲的特性，決定從植物纖維這方面去尋找新的更加經久耐用的炭絲。於是，馬拉松式的無止無盡的試驗又開始了。凡是植物方面的材料，只要能找到，愛迪生都做了試驗，甚至連人的頭髮和鬍子，馬鬃都拿來當燈絲試驗。最後，愛迪生選擇竹這種植物。他在試驗之前，先取出一片竹子，用顯微鏡一看，不禁高興得跳了起來，竹子的纖維結構非常合適。果然，在把炭化後的竹絲裝進玻璃泡，通上電之後，這種竹絲燈泡竟連續不斷地亮了一千兩百個小時！

這下，愛迪生終於鬆了口氣，助手們紛紛向他祝賀，可他又認真地說道：「世界各地有很多竹子，其結構不盡相同，我們應認真挑選一下！」助手深為愛迪生精益求精的科學態度所感動，紛紛自告奮勇到各地去考察。經過比較，在日本出產的一種竹子最為合適，便大量從日本進口這種竹子。與此同時，愛迪生又開設電廠，架設電線。過了不久，美國人民便用上這種燈光柔和，經久耐用的竹絲燈泡。

在那之後，竹絲燈廣泛地被人們所使用。直到 1906 年，愛迪生又改用鎢絲來做燈絲，使燈泡的質量又得到提高，一直沿用到今天。當人們點亮電燈時，每每會想到這位偉大的發明家，是他，給黑暗帶來無窮無盡的光明。1979 年，美國花費了幾百萬美元，舉行長達一年之久的紀念活動，來紀念愛迪生發明電燈一百週年。是愛迪生的專注努力，才使我們有了今天的光明。

在燈絲研製過程中，愛迪生將全部精力都放在了這項任務上，精益求精，不因暫時的挫折而氣餒，也不因一時的進展而滿足，最終，得到了他想要的成功，給人們的生活帶來了巨大的變革，也在歷史上留下了濃重的一抹色彩。

讓你的雙手專注於一項任務，不達目的絕不回頭，成功終將是屬於你的。

讓你的研究專注於一個領域

人類發展至今，無數仁人志士在科學領域孜孜不倦地探索至今，有勤奮鑽研而功成名就的，也就有窮其一生卻無所建樹的。常言道：「世上無難事，只怕有心人！」有些時候，我們其實是敗給了自己。輕浮躁動的心思，朝秦暮楚的轉變以及不堅定的信念，都是我們導致我們失敗的罪魁禍首。

多一分執著，多一點努力，讓你的研究專注於一個領域，水滴石穿，真理就在執著的彼岸。

1934 年，珍‧古德（Jane Goodall）出生於倫敦。還是小孩子的時候，珍的媽媽就開始培養她對動物的濃厚興趣和對大自然的熱愛。珍剛滿周歲的時候，倫敦動物園第一次產下了一隻小猩猩。為了表示慶祝，媽媽給女兒買了一個大的蓬鬆玩具 —— 黑猩猩。從此，這個玩具猩猩就成了珍最愛的朋友，並陪伴她度過了整個孩提時代。從小痴心於動物，喜歡讀杜立德（Doctor Dolittle）寫的動物故事書，書本告訴珍非洲的哺乳類動物最為豐富，於是到非洲去和動物們在一起成為了她的夢想，也是從這時開始就奠定她以後的成功基礎。

畢業之後，珍決定從事黑猩猩研究，以便實現她小時候和動物一起生

活的夢想。但她並沒有多少錢,就一邊當女招待或者是打零工,存旅費,一邊到博物館閱讀大量與黑猩猩以及動物行為學有關的書籍和文獻,補充自己的理論知識。當她把旅費存夠之後,珍立刻啟程到了非洲的肯亞。

在那裡,她找到了著名的猿人類考古學家路易斯‧李奇(Louis Leakey),向他申請一個和動物打交道的工作。李奇在一次保護野生動物的考察旅行中,不經意地考驗了她對野生動物的知識後,同意請她當他的助理祕書。後來,因為李奇認為黑猩猩在動物中與人的親緣最為近似,牠的基因組有百分之九十八與人類的相同,透過對黑猩猩生態習性的觀察,可以為人類的遠祖情況提供線索;又看到珍要和動物為伍的志向非常堅定,就資助她到坦尚尼亞去觀察野生黑猩猩群。

選擇女性考察員這一決定,是因為李奇認為以考察靈長類動物的群體生活習性而論,女性考察員對那些雄猩猩的威脅可能遠低於男性考察員,從而使考察工作更為可行。結果表明,李奇的理論是正確的。然而,此時當地政府提出:必須有個歐洲人陪同前往。這時,珍的母親自告奮勇地充當了女兒探險的夥伴。

於是,這個沒有受過訓練的女孩,就闖入了觀察黑猩猩這個從來沒有人嘗試過、也沒有人敢嘗試的科學領域之中。這是 1960 年,而珍年僅二十六歲,拋棄都市中的繁華,年輕女孩開始了她的探索之路。

在人們的腦海中,探險可能是一件十分浪漫並且充滿趣味的事情,然而事實上它卻是一件十分艱苦的事。在那裡,時不時會有凶狠的公狒要來襲擊營帳,搶奪她們的食物……而吃的卻只有罐頭食品。在那茫茫林海,有的只是寂寞、孤獨、險情,整天與動物為伍,和森林做伴,再加上整天奔波,水土不服,又缺醫少藥……甚至,有當地的土著人告訴她,曾有人在爬一棵油棕樹時被一隻雄猩猩從樹頂趕下來、撕破臉挖去一隻眼睛的可怕經歷。但是珍並沒有被這些故事所嚇倒,而這所有的困難也並沒有阻礙

珍要和黑猩猩在一起的決心，她和母親堅定不移地開始了她們漫長而又枯燥的研究之路。

很多人不理解這個年輕女孩的選擇，面對種種質疑，珍坦然地回答道：「人們常常問我是否思念家裡舒適的生活條件，的確，有時我想欣賞一段優美的音樂，享受一下閱讀文學作品的樂趣。但是坦白地說，除此以外，我在這片叢林裡感到很愉快。住在簡陋的帳篷裡，在可愛的小溪中洗澡，中午的炎熱，傾盆的大雨，有時甚至有討厭的小蟲，但是，它們都是森林生活的一部分。這是我一直盼望的生活。我從來沒有後悔做了這樣的選擇。」

最初的時候，黑猩猩們還對這位闖入牠們領地的不速之客懷著強烈的戒心。珍只能在五百公尺外悄悄地觀察牠們。為了求得黑猩猩的認同，古德不顧艱苦，帶著望遠鏡悄悄進入林區，靜悄悄地等待，靜悄悄地觀察。她露宿林中，吃黑猩猩吃的果子，有時只能像猩猩那樣在樹間行動。雨林中的茂草有一人多高，鋒利的葉片刮傷了她的皮膚，也曾遇到過黑猩猩對她的威脅，但由於臨危不懼，最終都安度難關。

十五個月後，黑猩猩們對珍的出現終於習以為常。珍甚至坐在黑猩猩身邊，牠們也愛搭不理地懶得看她一眼。她一天又一天輕手輕腳地逼近黑猩猩群，她仿效黑猩猩的動作和呼叫聲，能夠和牠們做一定程度的溝通，彷彿自己也是一隻猩猩。她驚人的耐心終於獲得了黑猩猩群的信賴，為牠們所接受，融入了牠們的群體之中，也為自己能夠近距離接近黑猩猩做研究提供了最有利的條件。

多年的觀察研究，珍‧古德發現黑猩猩能夠使用工具以幫助生活，這一消息震驚了世界，因為在此以前大家認為只有人類能夠使用工具。她發現黑猩猩使用細長的樹枝從白蟻窩的出入口插進去，以便用樹枝沾出白蟻來吃。與此同時，她還發現黑猩猩是雜食而不是過去所公認的素食性，因

為她見到了黑猩猩還愛吃動物的肉。

幾年之後，也就是在 1965 年，珍對黑猩猩群體生態學的觀察和研究成果，使她獲得了英國劍橋大學的博士學位。珍‧古德小姐曾經長期在英國劍橋大學從事研究工作，並被聘為美國史丹佛大學的副教授。至今為止，位女科學家領導的「珍‧古德研究所」，仍在研究、保護野生和籠養黑猩猩等方面不懈努力進行著。她和她的助手們對黑猩猩的實地觀察已進行近五十個年頭，這是人類迄今歷史最久的一項動物研究，珍‧古德的發現也被譽為世界上最偉大的科學成就之一。

五十年如一日，珍‧古德可以說將自己的一生都傾注於黑猩猩的研究之中。日復一日的觀察，年復一年的研究，她從來沒有改變過自己的想法，一心一意地在自己心愛的領域孜孜不倦地努力著，終於抵達了成功的彼岸。

讓你的研究專注於一個領域，不因孤寂而自我放棄，也不因危險而退縮，不懈的努力和頑強的意志必將引領你走上成功的道路。

讓你的能力專注於一種工作

在職場上，常常聽到人們的抱怨，不是同事有問題，就是領導太暴躁，要不就是工作本身有問題，反正種種原因都可以成為我們跳槽的理由，我們總是認為前方會有更美好的東西等待著我們，見異思遷似乎成為我們的本能。

於是，歲月蹉跎，時光在不經意之間就悄悄地溜走了，到頭來，我們只會發現自己一事無成，怪誰呢？如果我們能夠把自己的能力專注於一種工作，看緊自己的目標，不因外物的紛擾而迷亂，那麼一切是不是會大不同呢？

　　非洲有著許多寬闊的河谷，河谷兩岸綠樹蔥籠、青草嫩肥，草叢中一群群羚羊在美美地覓食。一隻非洲豹隱藏在遠遠的草叢中，豎起耳朵靜靜傾聽。牠覺察到了羚羊群的存在，然後悄悄地、輕手輕腳地，慢慢接近羊群。越來越近了，突然羚羊有所察覺，開始四散逃跑。非洲豹像百米運動員那樣，瞬時爆發，像箭一般衝向羚羊群。牠的眼睛盯著一隻未成年的羚羊，直向牠追去。羚羊跑得飛快，非洲豹更快。

　　在追與逃的過程中，非洲豹超過了一頭又一頭站在旁邊觀望的羚羊，但牠沒有掉頭改追這些更近的獵物。牠一個勁地直朝著那頭未成年的羚羊瘋狂地追。那隻羚羊已經跑累了，非洲豹也累了，在累與累的較量中，比較最後的速度和堅持力。終於，非洲豹的前爪搭上了羚羊的屁股，羚羊絆倒了，豹牙直朝羚羊的脖頸咬了下去，獵豹站在羚羊的身邊一動也不動，喘著粗氣。

　　我們都知道，一切肉食動物在選擇追擊目標時，總是選那些未成年的，或老弱的，或落了單的獵物。但是在追擊過程中，牠為什麼不改追其他顯得更近的羊呢？答案其實顯而易見，追到這時獵豹已經很累了，被追的羊也很累了，而別的羊卻還精神飽滿著呢。其他羊一旦起跑，也有百米衝刺的爆發力，一瞬間就會把已經跑了百米的豹子甩在後邊，拉開距離。如果丟下那隻跑累了的羊，改追一頭不累的羊，以自己之累去追不累，最後一定是一隻也追不著。

　　工作中也是如此，在這份工作中你也許遭受了挫折和冷眼，一切的不順讓你很想放棄，而這時，其他的很多誘惑也紛紛冒了出來，似乎除了你所從事的工作以外，任何事情都會比你手中的要簡單。可是事實真的如此嗎？

　　答案當然是否定的，任何事情都不是一帆風順的，新的工作中必然會有新的困難，而且新的開始，也意味著一切不得不重新開始熟識，而以前

你所有的付出也將付之一炬。當別人在為自己的事業而努力奮鬥時，你卻在一個個的路口猶豫、徘徊，又怎麼能期望成功的降臨呢？

做一件事情就要把它做好，不要輕易地就被其他虛幻的景象所誘惑，也不要輕易地就選擇放棄，把你的能力專注於一項工作，才能終有所獲。

有一位畫家，舉辦過十幾次個人畫展。開始無論參觀者多少，臉上總是掛著微笑。有一次，人們問他：「你為什麼每天都這麼開心呢？」他淺淺一笑，講起了小時候的故事。

那時候的他興趣非常廣泛，也很好強。畫畫、彈鋼琴、游泳、打籃球，必須都得第一才行。這當然是不可能的。於是，他心灰意冷，學習成績一落千丈。父親知道後，找來一個漏斗和一袋玉米種子。讓他雙手放在漏斗下面接著，然後撿起一粒種子投到漏斗裡面，種子便順著漏斗滑到了他的手裡。父親投了十幾次，他的手中也就有了十幾粒種子。

然後，父親一次抓起滿滿的一把玉米粒放在漏斗裡面，玉米粒相互擠著，竟一粒也沒有掉下來。父親對他說：「這個漏斗代表你，假如你每天都能做好一件事，每天你就會有一粒種子的收穫和快樂。可是，當你想把所有的事情都擠到一起來做，反而連一粒種子也收穫不到了。」

唐朝的韓愈在他寫的一篇文章《師說》中說過一句話：「術業有專攻。」而比韓愈還早，荀子曾經說過：「騏驥一躍，不能十步；駑馬十駕，功在不捨，鍥而捨之，朽木不折；鍥而不捨，金石可鏤。」這種鍥而不捨的精神和智慧，正是非洲獵豹追羊的延伸。其實我們還可以做到更加的專一，故事中的畫家把自己全部的精力投注於繪畫的事業之中，而中國著名的畫家徐悲鴻更是將自己的畫筆固定在了駿馬的身上，並成為一代傑出大師。

徐悲鴻以畫馬聞名於世，潑墨寫意或兼工帶寫，塑造了千姿百態、倜儻灑脫的馬，或奔騰跳躍、或回首長嘶，或騰空而起、四蹄生煙……他畫的馬既有西方繪畫中的造型，又有中國傳統繪畫中的寫意，融中西繪畫之

長於一爐，筆墨酣暢，形神俱足。那剛勁矯健，剽悍的駿馬，給人自由和力量的象徵，鼓舞人們積極向上。

他對馬的肌肉、骨骼以及神情動態，做過長期的觀察研究。早在巴黎高等美術學校學習期間就常常去馬場畫速寫，並仔細研究馬的解剖，積稿盈千。這為他後來創作各種姿態的馬，打下了堅實的基礎。徐悲鴻自己也說道：「我愛畫動物，皆對實物下過極長時間的功夫，即以馬論，速寫稿不下千幅，並學過馬的解剖，熟悉馬之骨架肌肉組織，然後詳審其動態及神情，方能有得。」這樣才能夠成馬在胸，遊刃有餘地去補捉瞬間即逝的動態神情，得心應手地採用前人不敢涉獵的大角度透視，創作出嶄新藝術形象。

類似的故事，例如齊白石畫蝦，鄭板橋畫竹等等，他們都成了大名家。從非洲豹追羊，我們可以聯想到水滴石穿、鐵杵磨成針這樣矢志不移的精神和智慧。那些東一榔頭西一棒槌，十個指頭想按十隻跳蚤的朋友，如果生活在非洲豹那樣的環境，不知該以何為生。

讓你的精力專注於一次行動

學會專心才算學會做事，懂得執著才明白如何去追求。學會專心不僅僅指在事業、理想、目標這些大的方面上，哪怕僅僅只是一次無意中所選擇的行動，我們都應該全力以赴。既然選擇了，就要把精力專注於此，否則不如不做。

專心是一種生活的態度，時時刻刻都能夠專心致志更是一種成功的品德。以小窺大，讓你的精力專注於每一次的行動，不因世俗的規定而氣餒，也不為他人的猜疑而放棄，只有這樣我們才能叩開成功的大門。

一天，一個年輕人來到微軟的分公司應徵職位，總經理一時沒明白是

怎麼回事，因為公司沒有刊登過應徵廣告。見總經理疑惑不解，年輕人便用不嫻熟的英語解釋說自己是碰巧路過這裡，就貿然進來了。總經理聽明白後頗感新鮮，心想莫非對方真是個人才？便笑著說，那今天就破例一次。面試的結果卻出乎意料，對總經理來說這是他在微軟任職以來所經歷的最糟糕的一次面試。

年輕人的專科學歷與微軟所要求的本科學歷不符，他對軟體程式設計也只略知皮毛，對於總經理提出的許多專業性問題，年輕人要不是答非所問，就是根本回答不上來，面試中雙方幾次陷入僵持的尷尬局面。面試結束，總經理顯得很失望，他對年輕人說：「要知道微軟公司人才薈萃，從高階管理到專業技術人員，都堪稱業界菁英。微軟的大門不是輕易能夠叩開的。」正當總經理要回絕他時，年輕人說：「對不起，這次我是因為事先沒有準備。」總經理認為他只是找個託詞下臺階，便隨口說道：「那這樣，我再給你一次機會，你回去準備兩個星期再來面試。」

回去之後，年輕人去書店買了有關程式設計的專業書籍，然後在家裡埋頭苦讀了兩個星期。兩週後年輕人果然又去見總經理，總經理沒有想到對方竟真會再次前來面試，但他想還是要兌現當初的承諾。第二次面試，年輕人對經理提出的相關專業問題已基本能有問有答。不過他卻仍沒有通過面試，因為他的程式設計知識與微軟所要求的軟體工程師水準相差實在太懸殊，但在總經理眼裡，兩週裡能有如此進步已經是很不容易了。面試後，總經理建議性地問道：「不知你對微軟的其他職位是否感興趣，比如銷售部門？」年輕人接受了建議，可是對於銷售他也一竅不通，於是總經理再一次給他機會，讓他回家準備一個禮拜。

離開微軟後，年輕人又去書店買了一些關於銷售的書籍，專心致志地學習了一週。可令人感到沮喪的是，一週後，年輕人雖然在銷售知識方面進步不小，但他卻仍沒能通過面試。無奈之下，總經理只能遺憾地搖頭並

問年輕人，為何他偏要應徵微軟呢？年輕人的回答令總經理大出意外，他說：「其實我並非只想應徵微軟，我也知道微軟錄用人時的苛刻條件，我只是想哪怕不行，好歹也累積了一定的應徵經驗。既然我來到這裡，就要專心地對待每一次的機會。」總經理啞然之餘，不乏幽默地說那我就多給你幾次增長經驗的機會。結果為了應徵，年輕人總共在微軟面試了五次，前後共用去兩個多月的時間，而總經理也破天荒地給予一個普通的年輕人五次機會，這在任何一家公司都是不可能的。

到了第五次面試時，一件不可思議的事情發生了，當他第五次跨進總經理辦公室，總經理對他宣布，其實在第三次面試時他就已經成為微軟的一員了，見副總經理疑惑不解，總經理解釋說，我發現他接受新東西的速度非常快，這說明他是一個有發展潛質的不可多得的人才，儘管他沒有相關學歷，但微軟將來的希望就在這些年輕人的身上；而且五次應徵他都沒有退縮，每一次的面試，他都全力以赴，專心致志地去準備，說明他很樂觀，並能夠堅持不懈。他還勇於嘗試，勇於接受挑戰，不放過哪怕百分之一的機會，這說明他有強者的素養。微軟需要的不光是具有知識和技能的員工，還需要那些有勇氣和毅力，肯專心對待自己每一次行動的人。

既然選擇了，既然還有機會就要努力去做。年輕人在每一次總經理所給予的機會裡，都全力以赴，專心致志地去爭取，這正是他的成功之處。也許，我們的人生旅途上沼澤遍布，荊棘叢生；也許我們追求的風景總是山重水複，不見柳暗花明；也許，我們前行的步履總是沉重、蹣跚；也許，我們需要在黑暗中摸索很長時間，才能找尋到光明；也許，我們虔誠的信念會被世俗的塵霧纏繞，而不能自由翱翔；也許，我們高貴的靈魂暫時在現實中找不到寄放的淨土……那麼，為什麼我們不可以以勇敢的氣魄，專心致志地對待每一次機會，每一次行動，也許，成功就在不遠處。

不要為其他人的眼光而分散你的精力，專注於你的行動，越是專心，

你離成功的彼岸也越近。

從前，有一群青蛙舉辦了一場攀爬比賽，比賽的終點是一個非常高的鐵塔的塔頂。一大群青蛙圍著鐵塔看比賽，給牠們加油。比賽開始了，老實說，蛙群中沒有誰會相信這些小小的青蛙會到達塔頂，牠們都在議論：「這太難了！牠們肯定到不了塔頂！」、「牠們絕不可能成功的，塔太高了！」聽到這些話，一隻接一隻的青蛙開始洩氣，只有情緒高漲的幾隻還在往上爬。群蛙繼續喊著：「這太難了！沒有誰能夠爬到塔頂的！」

越來越多的青蛙累壞了，退出了比賽。但只有一隻青蛙還在不停地往上爬，一點沒有放棄的意思。最後，除了這一隻，所有青蛙都退出了比賽，牠費了很大的勁，一步一步，終於成為唯一一隻到達塔頂的勝利者。很自然，其他所有青蛙都想知道牠是怎麼成功的，有一隻青蛙跑上去問那隻勝利者，牠哪來那麼大力氣跑完全程？這時，大家發現，牠是一隻聾子青蛙！

聾的青蛙聽不到別人悲觀的話語，也正是因為這樣才能不受其他影響一心爬塔；面試微軟的年輕人不因自身的弱點而悲觀，專心地對待每一次的面試機會不放棄去爭取工作，最終，他們都獲得了成功。

積少成多，讓你的精力專注於每一次的行動，一次再一次，專心致志地走好每一步，我們必能夠攀上成功的高塔。

讓你的努力專注於一個方向

方向是黑夜裡引領船舶的燈塔，溫暖而又明亮，指引著我們駛向歸家的港灣；方向是璀璨人生的指南針，堅定而又執著，帶領我們孜孜不倦地去追求。尋找你人生的航向，建造照亮旅途的燈塔，讓你的努力專注於一個方向，向著你的目標前進吧！

唐代著名高僧、旅行家和翻譯家玄奘原名陳禕，出生於一個儒學之家。出家後法名玄奘，敬稱三藏法師，俗稱唐僧。

唐太宗貞觀元年（西元 627 年），二十六歲的玄奘法師一人冒死從長安騎馬出發了。那是宗教史上一次最偉大的出發，也是漢民族精神歷程中一次最崇高的出發。法師的西行絕不像吳承恩小說《西遊記》筆下的唐僧，在諸多神妖保護下瀟灑的「西遊」，而是一邁步便要以死相抵的信仰之旅。

法師西行不久，風聲便驚動了朝野，當局派追兵緝捕，並令傳邊塞封鎖關路，法師只得晝伏夜行，走最險難的路。夜裡馬蹄聲聲，那是驚心動魄的信念在逼近黑暗的盡頭，鏗鏘的願力踏碎了人間的歧路，他要在眾生醒來時為他們帶來佛國的光明。從涼州到瓜州（今敦煌附近）這帝國最後一所城池，他終於被日夜戍邊的唐兵所捕。此時，法師並無悔意，決心坦然殉道。瓜州統帥是位佛教徒，感動於法師冒死取經之誠，不僅沒有為難法師，還為法師配備了淡水、糧食，請胡人嚮導送法師到大漠邊，真是山高皇帝遠，佛法卻無邊。

法師出玉門關，孑然一身，孤僧單騎面對八百里茫茫沙漠，遠方的落日如法鼓，發出鮮烈而沉寂的震響，只有法師的心能聽見；滔滔黃沙翻捲著擎天的巨浪，彌天颶風發出驚天的怒吼，法師卻充耳不聞。蒼茫無際的戈壁沙海，那是吞沒任何人煙的瘋狂地獄，法師抖擻精神以地藏菩薩本願為杖錫，以諸佛菩薩歷劫捨身求法之精神為袈裟，仰面西天禱日：「寧肯死於大漠中，也不向東退一步！」

無法想像的征程，暴雨夾雜著蒸騰的酷熱折磨著法師的瘦馬單騎，風魔捲著沙石如利劍向法師劈來，水袋第二日即被狂風捲飛破碎，每秒鐘死神都在迫近。上無飛鳥，下無走獸，草木不生，法師的口唇、面龐、肌膚開始皸裂，血肉脫落。但法師沒有一絲猶豫，仍以萬死不辭的信念向前爬行。西方哦，西方隱現的白骨就是方向，一個鐵打的羅漢伏在沙海空曠焦

渴的土地上，沿嶙峋的枯骨前行、前行。以每一秒的生死為功課，他感到信仰在肉身的艱苦中彌加熱烈，他感到死神的可憐虛弱，他感到一個信仰者在死神中穿行的無畏。前行前行，信仰的方向就在那裡。

最終，沙海的洶湧終匯於信仰的激流，酷烈的戈壁為至誠所征服。法師神奇穿越大漠後，進入了西域諸國。

諸國皆對唐朝三藏法師禮遇有加。其中高昌國是漢化國家，國王麴文泰氏自稱漢人，是虔誠的佛教徒，一心想苦留法師為國師，主持國家的宗教教育。麴氏情急之下用攀親和武力來恫嚇，法師皆不從命，麴氏又以押解其回國相威嚇，法師雖然理解其求才心切，但絲毫沒有退讓，絕水絕食四日，寧死高昌絕不中途滯留違背初衷。麴文泰見法師誓死之志不可移，只好慨嘆與法師緣淺，並為法師趕做金鏤袈裟，預備足夠的乾糧，撥給馱馬坐騎和護送人員，唯一附帶的條件是再留一月，為高昌全國朝臣講一部《仁王般若經》。法師威武不屈，富貴不淫，感動了高昌朝野，起程時，麴氏率全朝文武、人民送至數十里外，並親書二十四封信與西域諸國，請其一路關照法師。

然而一劫方消，一劫又起，駝隊未行百里即遇大批強盜，財貨、馬匹、食糧搶掠淨盡，當法師一行面對七千公尺的帕米爾北麓大冰山時，已斷糧多日。百萬年來終年積雪蒼涼雄渾的雪峰，透出崢嶸萬狀的危崖，我們大概可以從今日有關戍邊軍人的紀錄片中，略微領略到那零下四十度的旋風，和驚心動魄的萬丈雪溝深崖。法師將在寒冽的刀山中再次體會死神的冷酷。

七天七夜，風餐露宿，同行者死去一半，東晉時西行的慧景法師即是在這裡殉道凍逝。冰冽的刀鋒矗立入天，雪霧的群馬瀰漫四野，法師身軀上僅穿了一件袈裟，那是死神在希冀熱血的溫度。攀登，攀登，風暴的呼嘯是法師心跳的迴音，壯闊的冰峰是法師御駕的白駒，信仰的火焰灼燙了

千里雪幕，而法師的足跡卻灼燙了人類的眼睛。英雄的道路總是從信仰起步，翻越生命最慘烈的山峰，不斷踰越每一座通天的神峰，到達又一座更加嶙峋的山峰。一位心懷眾生的英雄就是這樣為人類開闢天國之路，前行，前行……

一個凡人，一個大唐的平凡和尚，他的堅持讓帕米爾雪峰顯得矮小單薄。玄奘經九死一生，千辛萬苦，艱難跋涉，終於抵達佛教發源地 —— 古印度。往返十九年，旅程五萬里，所經所聞一百三十八國。返長安之後，又經十九年，嘔心瀝血譯出佛經七十五部，凡一千三百三十五卷，計一千三百萬言。其浩闊壯偉的歷程，是史家語言無法到達的精神巔峰，讓後世所有筆墨只能淡染寫意而無法濃彩工描。

向著夢想的方向，向著信仰的方向，一如玄奘法師一般，讓你的努力專注於你所選定的方向，前行、前行……

花開兩岸，同相伴。在風浪中，不要迷失你的方向，專心前進吧，勝利的彼岸，成功等待著你！

讓你的情緒專注於一種環境

現代社會是一個處處要求快節奏的世界，速食一般的生活讓我們變得浮躁不堪，不再去細心聆聽自然的聲音，也不再去用心感受生活的細膩，麻木不仁的臉孔充斥於世間，我們不禁要問，渲染生活色彩的情緒和感情哪裡去了？

情緒，情緒，寓情於景才有了感情。放緩你的腳步，仔細地感悟生活，讓情緒專注於一種環境，用心去聆聽，你才能感悟生命的真諦。

有一位來自中國的留學生，在紐約華爾街附近的一家餐廳打工。一天他雄心勃勃地對餐廳大廚說：「您等著看，總有一天我會打進華爾街的。」

大廚好奇地問道：「年輕人，你畢業後有什麼打算呢？」留學生很流利地回答：「我希望學業一完成，最好馬上進入一流的跨國企業工作，不但收入豐厚，而且前途無量。」大廚搖搖頭：「我不是問你的前途，我是問你將來的工作興趣和人生興趣。」留學生一時無語。顯然他也不懂大廚的意思。大廚卻長嘆道：「如果經濟繼續低迷下去，餐廳不景氣，那我就只好去做銀行家了。」

留學生驚得目瞪口呆，幾乎疑心自己的耳朵出了毛病，眼前這個一身油煙味的廚師，怎麼會跟銀行家沾上邊呢？大廚對呆若木雞般的留學生解釋道：「我以前就在華爾街的一家銀行上班，天天披星戴月，早出晚歸，沒有半點屬於自己的業餘生活。我一直都很喜歡烹飪，家人朋友也都很讚賞我的廚藝，每次看到他們津津有味地品嘗我燒的菜，我都高興得心花怒放。有一天，我在辦公室裡忙到凌晨一點鐘才結束了當日工作，當啃著令人生厭的漢堡充飢時，我下決心要辭職，擺脫這種工作機器般的刻板生活，選擇熱愛的烹飪為職業，現在我生活得比以前要愉快百倍。」

我們忙忙碌碌，自以為一直在努力追求自己的夢想，可靜下心來仔細一想，往往連自己想要的是什麼都不知道。匆匆忙忙，時光流逝，我們錯過了生活，也錯過了自己，到頭來卻成了自己生命中的過客，茫然四顧，浮雲悠悠，驀然回首，卻發現自己其實不過只是在原地轉了個圈而已。

有一個德國商人坐在西班牙海岸邊一個小漁村的碼頭上，看著一個漁夫划著一艘小船靠岸，小船上有好幾條大魚；這個德國商人對西班牙漁夫能抓到這麼大的魚恭維了一番，然後問他要多少時間才能抓這麼多。

西班牙漁夫說，不一會兒功夫就抓到了。德國人又問，你為什麼不多待一會兒，再多抓一些魚？西班牙漁夫不以為然地說：「這些魚已經足夠我一家人生活所需啦！」德國人又問：「那麼你一天剩下那麼多時間都在幹什麼呢？」

西班牙漁夫解釋：「我每天睡到自然醒，出海隨便抓幾條魚，回來後跟孩子們玩一玩，再跟老婆睡個午覺，黃昏時分晃到村子裡喝點小酒，跟朋友們玩玩吉他，我的日子過得充實又忙碌呢！」

德國商人不以為然，幫他出主意說：「我是美國哈佛大學企管碩士，我倒是可以幫你忙！你應該每天多花一些時間去抓魚，到時候你就有錢去買條大一點的船。自然你就可以抓到更多魚，再買更多漁船。然後你就可以擁有一個漁船隊，到時候你就不用把魚賣給魚攤販，而是直接賣給加工廠。或者你可以自己開一家罐頭廠。這樣你就可以控制整個生產、加工處理和行銷。然後你可以離開這個小漁村，搬到城裡，最後，想去哪兒就可以去哪兒了，可以在任何地方經營你不斷擴充的企業。」

西班牙漁夫問：「這要花多少時間呢？」德國人回答說：「十五到二十年。」西班牙漁夫問：「然後呢？」德國人大笑著說：「然後你就可以在家運籌帷幄。時機一到，你就可以宣布股票上市，把你的公司股份賣給投資大眾。到時候你就發大財啦！你可以幾億幾億地賺啦！」

西班牙漁夫又問：「再然後呢？」

德國人說：「到那個時候你就可以退休啦！你可以搬到海邊的小漁村去住。每天睡到自然醒，出海隨便抓幾條魚，跟孩子們玩一玩，再跟老婆睡個午覺，黃昏時，晃到村子裡喝點小酒，跟朋友們玩玩吉他！」

西班牙漁夫不屑地說：「有那麼複雜嗎？我現在不是已經在享受退休的待遇嗎？」

德國人啞口無言！

多麼的可笑啊！商人費盡周折，歷經數十年才能達到的夢想生活，竟然就是漁夫眼下的日子，到底是誰出了問題呢？

其實是浮躁的環境使我們忘記了如何去體會生活，讓我們的腳步變得

匆匆，一切都被漫不經心地懈怠了，哪裡還記得自己最初的心緒到底是什麼樣子的，哪裡還會為生活中一些令人感動的場景駐足停留。

一次偶然的機會，在公園的長椅上，一位年輕人看見兩位頭髮花白的老太太，每人手裡拿著一串糖葫蘆，臉上洋溢著無比享受的笑容。這把年紀，猜想嘴裡的牙也沒剩幾顆了，居然捧著糖葫蘆心滿意足的樣子。疑惑中，他第一次停下了自己的匆匆腳步，沒想到卻聽到了一個比糖葫蘆還要甜美的故事。

原來，兩位老人曾是兒時的玩伴，在那個經濟拮据的年代，兩人存一年多的零用錢也只夠買一支糖葫蘆分著吃。於是，她們相約，等長大了，賺錢了，一定要買兩個糖葫蘆，坐在一起吃個夠。沒想到，這個約定一等卻是六十年。老人告訴這個年輕人，雖然同住一個城市六十年，但今天卻是第一次坐在一起兌現童年的承諾。此刻，年輕人看到她們眼中泛起了淚花。後來才知道，她們中的一位被查出癌症晚期，將不久於人世。

年輕人深受觸動。匆匆忙忙的生活中我們究竟錯過了什麼？我們不知道此刻老人口中的糖葫蘆還是不是童年時那個甜甜的味道，也許，應該是吧！至少她們在有生之年實現了兒時的承諾，為自己的生命留下最後一段甜美的記憶。而我們，生活在這個城市中的人們，又有多少人早已忘記了兒時的承諾，或是一直記著，卻因忙碌的生活而終未實現。

讓你的心緒專注於一種環境，放緩你的腳步，用心去聆聽，不要因為外物的紛雜而遮掩了你感悟生活的能力，有心才有情，有情才為人。

第三章　專心強大，精力將不再分散

第四章

真心強大，世界將不再模糊

這是一個混亂、急促的世界。我們每日浮沉於資訊橫溢的洪流中，穿梭來往於各色人群間，如何才能抽絲剝繭，參透其中真假？

人們常說，耳聽為虛眼見為實。但眼睛看到的就一定真實嗎？電影《十分愛》裡有句臺詞非常經典：「你看見的未必是真實的，而真實的又未必幸運地讓你看見。」人人都渴望擁有一個簡單的架構、可以觀察的趨勢，能夠讓我們跳出每日的渾渾噩噩，在眾生百態中分辨這個變化莫測的世界。不能單憑眼睛判斷，我們還能依靠什麼呢？

唯有真心！

擦亮雙眼，洞悉表象之下的真實

「天下熙熙，皆為利來；天下攘攘，皆為名往。」世界二十四小時不停運轉，人們為了各自的利益來往奔波。然而，這熱鬧喧囂的生活只是人生的一種現象罷了，說穿了，那是活給別人看的。人群是片大樹林，眾多的樹木生長於陽光和泥土之中，汲取的營養相同但結果卻迥然不同，高大偉岸者可謂風光獨領，但更多的樹木不是因為能做棟梁而存活於世間。比如梧桐，它原本是給人一片綠蔭的茂密枝葉；再如棗樹，它原本是奉於人類酸酸甜甜的果實。現實中，人們常常被那種風吹葉響的吵鬧所迷惑，卻不知其中的真實有幾分。

1994 年，由阿諾‧史瓦辛格（Arnold Schwarzenegger）主演的電影《魔鬼大帝：真實謊言（*True Lies*）》即將在一個小城公映。為了擴大影響，電影公司的經理親自上陣宣傳，畢竟，兩三百元一張的電影票在小城可是從來沒有過的。為使電影吸引更多的觀眾，公司破天荒決定，在電影公映的頭三天晚上七點推出「幸運觀眾撒謊大比拚」活動，撒謊最成功者將得到大彩色電視一臺，每天一臺。兩天下來彩色電視真的當場就贈送了，這在

小城引起了極大轟動。很多人抱著不妨一試的心理前去參加。

撒謊大比拚活動在第三天晚上整七點準時開始。活動規則是隨機抽取現場觀眾，現場撒謊。主持人按動按鈕，顯示牌上數字閃爍：「停！請把話筒交給第八排二十二號觀眾，好！請你給大家撒個謊。」

一位男性觀眾，五十多歲，站了起來，扶了扶眼鏡：「我是個老師，從來不撒謊。」

觀眾一陣鬨笑。

主持人：「這的確是一個謊言，但太老套，不能獲獎。」

「噢！」老師若有所思：「可我還沒說呢。」

觀眾又一陣鬨笑。

「我就說一個吧，我帶過的一個高中學生，特別笨，各門功課加起來還不到六十分，但我從來不打他，也不罵他，也不告訴他家長，他上課說話我也不講，睡覺我也不管，不交作業我也不問，可他後來獲得了大學文憑，而且還當上了局長。」老師說完將話筒遞給了服務人員。

主持人笑笑：「他的學歷可能是花錢買的，學歷雖是假的，但你的話卻是真的，所以你沒有撒謊。」

觀眾鬨笑。

「請第十排十五號觀眾說謊。」

一個年輕人站了起來：「我是交通部的一個公務員，這張票本來不是我的，電影公司送給我們部門三位長官三張票，我們部長做了十幾年的長官，但生活比較困難，最近女兒上了高中，連吃飯都成了問題，所以部長就把這張票賣給了我，票價三百，賣給我兩百五。聽說部長回去與在國稅局工作的老婆大吵了一頓，他老婆說虧了五十塊……」主持人認真聽完：「我知道，你們部長沒這麼窮，聽說稽查人員最近在你們部門檢查幾個長

官的收入情況。」

觀眾大笑。

「今天看來大獎要落空了，看來還是老實人多啊，現在讓我們再看一位，十八排，二十八座，多好的座位呀，有請！」

一位婦女被人拉扯著站了起來，揉了揉眼睛：「幹嘛？還沒放就把我弄醒了。」

觀眾鬨笑。

「請妳撒個謊。」

「我幹嘛要撒謊？」

「說謊有獎啊，妳看這大彩色電視，可能就是妳的，就看妳會不會撒謊了。」

女人笑了笑：「什麼大獎，明明是騙人，昨天中獎的是文化局長的小姨子，前天中獎的是電影公司經理的親戚，誰不知道是在騙人，快把這鬼把戲收了吧，我等著看電影呢。」

全場沉寂，突然爆發出雷鳴般的掌聲。

主持人不知所措，抓著頭望著經理，經理揮揮手。主持人鎮定了一下：「絕妙的謊言，我宣布這位觀眾獲得今晚的大獎。」

觀眾再一次鼓掌。

女人又站了起來：「我說的是實話。」

可麥克風已被拿走，掌聲淹沒了她的聲音。

不知你看過這個故事後有什麼感想。假作真時真亦假，真作假時假亦真。真真假假，虛虛實實，世間萬事，皆由人在操縱。如果不是在「撒謊大比拚」裡，女士說出那樣的話，大家肯定會相信，可是換了個環境，真

話卻成了假話，成了真實的謊言。

我們每日浮沉於資訊橫溢的洪流中，穿梭來往於各色人群間，如何才能跳脫出表象的迷惑，洞悉世界的真相？

不禁想起那英唱的歌《霧裡看花》：霧裡看花水中望月，你能分辨這變幻莫測的世界？濤走雲飛花開花謝，你能把握這搖曳多姿的季節……借我借我一雙慧眼吧！讓我把這紛擾看得清清楚楚明明白白真真切切！

何為慧眼？真心！

用真心去判斷，你才能發現世界的玄妙，才能看透人心的動向。

周敬王二十四年（西元前 496 年），晉頃公喪失統治權，智、中行、范、韓、趙、魏便成為晉國「六卿」，共同分享晉國政權。到了晉定公時代，趙氏和中行氏交惡，荀林父的嫡傳五代子孫、中行文子（荀寅）便聯合範昭子（吉射），共同謀攻趙氏。趙氏的趙鞅（趙簡子）聯合智氏智躒、韓氏韓簡子、魏氏魏襄子，以保護定公為名，在晉國京城和中行氏、范氏展開了一場惡戰，最後中行氏、范氏的軍隊因寡不敵眾，被擊敗。中行文子、範昭子逃往齊國。

逃亡過程中，有一次經過一座界城，中行文子的隨從提醒他道：「主公，這裡的官吏是您的老友，為什麼不在這裡休息一下，等等後面的車子呢？」中行文子答道：「不錯，從前此人待我很好，我有段時間喜歡音樂，他就送給我一把鳴琴；後來我又喜歡佩飾，他又送給我一些玉環。這是投我所好，以求我能夠接納他，而現在我流亡在外，實力不如從前，擔心他要出賣我去討好敵人了，應該盡快離去。」不久，這個官吏就派人扣押了中行文子後面的兩輛車子，而獻給了晉王。中行文子果然看透了這個官吏的心思。

佛語有云：「從心想生」。一切是由都源於心，那個官吏在中行文子得

勢時巴結奉承是為了求更高的官職，在中行文子逃亡時落井下石也是為了榮華富貴。中行文子正是用心看待官吏之前的所作所為，才推測到他之後的行徑，免遭扣押。

世事浮華，以真心為慧眼，方能洞悉表象下的真實！

活在當下，錯覺會把你引向失敗的深淵

有這樣一則寓言：

真實和謊言一起在河邊洗澡，先上岸的謊言偷穿上真實的衣服不肯歸還，固執的真實也不肯穿上謊言的衣服，只好一絲不掛光溜溜地回家。

從此人們眼中只有穿著真實外衣的謊言，卻怎麼也無法接受赤裸裸的真實。

2008 年，一場金融海嘯席捲全球並很快波及人們生活的各個層面。產生危機的原因有很多，究竟是哪出了問題，還要從頭說起。

首先是金融業對購買房子的貸款人濫發貸款。很多人沒有達到信貸標準，比如交不出房屋首付，他們根本就沒有這個存款；或者他們薪資收入很低，還貸款能力很弱，必須省吃儉用才可勉強還貸款，甚至他們還欠別的金融機構的貸款，根據這種條件，他們是沒有能力貸款買房子的，只能租房。但是金融機構仍然貸款給他們，甚至可以不要任何首付。因為貸款人的信用不好，這種貸款就被稱之為次級貸款，比貸款給信用好的人次一檔，縮寫為次貸。

次貸的產生造成了房市的虛假需求，需求的增加帶動了房子的價格上揚，吹大了房地產的泡沫。房價虛高情況下以次貸為依託的金融產品受到了人們的吹捧。投機行為一波一波地被推向高峰，金融日益與實體經濟相脫節，虛擬經濟的泡沫被「金融創新」越吹越大，似乎只要操作那些五花

八門的證券，財富就可滾滾而來。

資產過度證券化，增加了金融交易鏈長度，使美國金融衍生品越變越複雜，金融市場也就變得越來越缺乏透明度，以至於最後沒有人關心這些金融產品真正的基礎是什麼，並忘記了其中的風險。

通常，虛擬經濟的健康發展可以促進實體經濟的發展，但是，一旦虛擬經濟嚴重脫離實體經濟的支撐，就會逐漸演變成投機經濟。起初一元的貸款可以被逐級放大為幾元、十幾元甚至幾十元的金融衍生品，金融風險也隨之被急遽放大。當這些創新產品的本源 —— 次級住房信貸資產出現問題時，建立在這個基礎之上的金融衍生工具市場就猶如空中樓閣，轟然坍塌下來。

泡沫破滅，人們才從房價會一直上升的錯覺中醒悟過來。但由此帶來的損失已無法挽回，錢被套牢，房要收回，一生積蓄所剩無幾……

其實人們並不是對真相一無所知。早在 2000 年耶魯大學經濟學教授羅伯・席勒（Robert J. Shiller）就預言了市場的衰落。在他的暢銷書《非理性繁榮：股市。瘋狂。警世預言家（*Irrational Exuberance*）》中，席勒透過大量的證據說明，房地產市場的繁榮中隱含著大量的泡沫，並且最終房價可能在未來的幾年中開始下跌。他認為，2000 年股市泡沫破滅之後，許多投資者將資金投向房地產市場，這使得美國乃至世界各地的房地產價格均出現了不同程度的上漲。因此，出現了非理性繁榮。

《非理性繁榮》剛一出版就引起了民眾，尤其是經濟學家的關注，但也僅限於關注。在人人都幻想「天上掉餡餅」的時候，真實的呼喚很容易被貪婪的慾望所湮滅。人們寧願相信眼前的假象，維護這種賺大錢的錯覺，最終導致無法挽回的損失。

正覺只有一個，錯覺卻有無限的可能。花花世界，人們生活在錯覺的時候總是遠遠多於正覺。如果不能正視錯覺的危害，就很容易在錯覺的邏

輯指引下，做出荒唐謬誤的行為，後果難以猜想，甚至會搭上性命。

夏言（1482-1548）字公謹，號桂州，貴溪（今江西貴溪）人。正德十二年（1517 年）進士，官至吏部尚書、武英殿大學士。嘉靖中期，他與嚴嵩同為朝廷大臣。夏言科第在嚴嵩之前，地位在嚴嵩之上，而且寫得一手好文章，深為皇帝所器重。但是他自恃才高，難免有些目中無人，尤其喜歡別人對他奉承誇獎。嚴嵩對他並不服氣，但嚴嵩也是極有心計的人，不露一點鋒芒，耐心地等待時機。他利用與夏言同是江西老鄉這層關係，設法去討好夏言。

有一次，他準備了酒筵，親自到夏言府上去邀請夏言。夏言根本沒有把這個同鄉放在眼裡，隨便找了個藉口不見他。嚴嵩心裡恨得直咬牙，但表面卻裝得謙恭極了。他在堂前鋪上墊子，跪下來一遍一遍地高聲朗讀自己帶來的請束。夏言很受感動，以為嚴嵩真是對自己恭敬到這種境地，這也正合了他好虛榮喜奉承的心理。

從此夏言很器重嚴嵩，一再提拔他，甚至還向皇帝推薦他接替自己的首輔位置。夏言大概怎麼也不會料到，對自己恭恭敬敬的老鄉最後竟會害了自己。

夏言被虛假迷惑時，嚴嵩正細心地謀劃著下一步。他知道自己已取得夏言信任，心裡非常得意，但表面卻不露分毫，對夏言仍是俯首貼耳，只是暗中在尋找、製造機會，以將夏言一下子打倒。時機未成熟他是不會露出狐狸尾巴的。

嘉靖皇帝迷通道教。有一次他下令製作了五頂香葉冠，分賜幾位寵臣，夏言一向反對嘉靖帝的迷信活動，不肯接受。而嚴嵩卻趁皇帝召見時把香葉冠戴上，外邊還鄭重地罩上輕紗。皇帝對嚴嵩的忠心大加讚賞，對夏言很不滿。而且夏言撰寫的青詞（道教中獻給上天的「奏章」）也讓皇帝不滿意，而嚴嵩卻恰恰寫得一手好青詞。嚴嵩也利用這個機會，在寫

青詞方面大加研究，同時還迎合皇上心意，給他引薦了好幾個得道的「高人」。皇帝越來越滿意嚴嵩而疏遠夏言。

又有一次，夏言隨皇帝出巡，沒有按時值班，惹得皇帝大怒。皇帝曾命令到西苑值班的大臣都必須乘馬車，而夏言卻乘坐腰輿（一種小車）。幾件事情都引得皇帝不高興，因此對夏言越來越不滿。嚴嵩眼看時機已到，馬上一改他往日的謙卑，勾結皇帝所寵幸的道士陶仲文，一起在皇帝面前添油加醋地說了夏言許多壞話。皇帝本來就已經對夏言有諸多不滿，現在又是兩個寵臣來揭發夏言的過失，他也就沒什麼懷疑，一怒之下罷免了夏言的一切官職，令嚴嵩取代了夏言的首輔職務。

若不是輕易相信了嚴嵩，夏言也不至於如此放鬆警惕，以致最終斷送了性命。錯覺害死人，一點都不誇張。活在當下還要有長遠考慮，因一時錯覺就下的結論往往與真實情況相左。現代社會節奏太快，不要讓慾望遮蔽了心智，不要讓錯覺矇蔽了雙眼。用真心練就火眼金睛，你才能遠離失敗的深淵！

假意永遠不能和真心做朋友

芸芸眾生，與你擦肩而過的人很多，和你相識的人也是不計其數。但有親密關係的，除了親人之外，還有另外一種人，這種人儘管沒有血緣關係，但他像親人一樣關心你、愛護你、幫助你，在乎你，這種人就是朋友。

朋友就是你高興時想見的人，煩惱時想找的人，得到對方幫助時不用說謝謝的人，打擾了不用說對不起的人，高升了不必改變稱呼的人。朋友是可以一起打著傘在雨中漫步，可以一起在海邊沙灘上打滾，可以一起沉溺於音樂中，可以一起暢遊書海的人，朋友是悲傷陪你一起掉眼淚，歡樂

和你一起傻傻笑的人。

知心朋友，彼此之間情感交融，是一個靈魂寓於兩個身體，兩個身體一顆心，甚至兩顆心跳動都是同速。千金易得，知己難尋，以心換心才能成就真摯的友誼。《世說新語》裡記載了一則荀巨伯探友的故事。

荀巨伯，東漢人。一日，荀巨伯從遠方來探視生病的朋友，恰逢胡賊圍攻這座城池。朋友對荀巨伯說：「我現在快死了，你可以趕快離開。」荀巨伯回答道：「我遠道來看你，你讓我離開，敗壞『義』而求活命，哪裡是我巨伯的行為！」賊兵已經闖進，對荀巨伯說：「大軍一到，全城之人皆逃避一空，你是什麼樣的男子，竟敢獨自留下來？」荀巨伯說：「朋友有重病，我不忍心丟下他，寧願用我的身軀替代朋友的性命。」賊兵相互商量說：「我們這些沒有道義的人，卻闖入了有道義的國土！」便率軍撤回。全城人的生命財產得到了保全。

荀巨伯這樣的人堪稱真朋友：相隔萬里仍彼此惦念，心靈相通；關鍵時刻，不拋棄不放棄；寧願留下來一起死，也不願丟下朋友苟且活。生死考驗現真情，正是這高尚的友誼感動了進犯的胡人，保全了全城。

現代社會生活節奏快，人們總愛抱怨：「錢越賺越多，朋友卻越來越少了。」捫心自問，你是用真心對待朋友嗎？真正的朋友沒有必要連吃飯、上街、買衣服都膩在一起。大家各忙各的，有心事傾吐了，打個電話，問聲好，彼此安慰。關鍵在於要真誠和有責任心。朋友有難時，不敢說為之上刀山下火海，兩肋插刀，至少應不離不棄，給予精神上的支持。

而現在很多友誼都缺乏這種真心。酒場上大家吃吃喝喝，稱兄道弟，並一再表示有事之時要互相幫助，可真有事了，那些所謂的朋友就以各種藉口推脫。歌德（Goethe）說：「真正的朋友在患難中對友誼絕對忠誠，真正的朋友在危險中對友誼絕對堅定。」禁不住考驗的友誼都是虛偽的友誼。

　　布朗和瓊斯是一對好朋友，他們整天在一起遊玩，相約要一生幫助對方。有一天，他們在野獸出沒的森林裡迷了路，他們相互鼓勵：「不管遇到什麼險情，我們都要共同面對，攜手戰勝它。」

　　他們在森林裡焦急地找尋著出路，這時一頭凶猛而又飢餓的熊突然出現，向他們撲來。布朗一看，丟下瓊斯，匆忙爬上一棵大樹。瓊斯不會爬樹，哀求地看著布朗，希望能得到他的幫助。可是布朗擔心自己被熊吃掉，絲毫不顧瓊斯的請求。沒有辦法瓊斯只得趴在地上裝死。熊嗅了嗅瓊斯，就走開了。

　　布朗從樹上下來，問瓊斯說：「熊剛才在你耳邊說什麼呢？」

　　瓊斯說：「熊對我說，不要和虛偽的人交朋友。」

　　朋友之間共安樂容易，共患難難。曾經聽人說過這樣的話：「茫茫人海，漫漫長路，你我相遇，成為朋友。朋友就是走累了一起扶助，走遠了一起回顧；朋友就是痛苦了一起傾訴，快樂了一起投入。」沒有了相互扶助，遇到危險各自逃，算不得真友誼。

　　世界著名寓言家克雷洛夫（Krylov）曾說：「朋友之最可貴，貴在雪中送炭，不必對方開口，急急自動相助。朋友中之極品，便如好茶，淡而不澀，清香但不撲鼻，緩緩飄來，細水長流，所謂知心也。知心朋友，偶爾清談一次，仁愛的話，仁愛的諾言，嘴上說起來是容易的，只有在患難的時候，才能看見朋友的真心。」

　　克雷洛夫一生寫過很多寓意深刻的故事。他寫的寓言形象真切生動，用具有鮮明特點的動物形象來表現各種相應社會地位的人物的複雜性格。其中，《狗的友誼》使用了先揚後抑的手法達到諷刺效果。

　　黃狗和黑狗吃飽了飯，躺在廚房外的牆腳邊晒太陽，並彬彬有禮地攀談起來。牠們談到人世間的各種問題，自己必須做的工作，惡與善，最後談到了友誼問題。

黑狗說：「人生最大的幸福，就是能和忠誠可靠的朋友一起生活，同甘苦，共患難。彼此相親相愛，保護對方，使朋友高興，讓他的日子過得更加快樂，同時也在朋友的快樂裡找到自己的歡樂。天下還能有比這更加幸福的嗎？假如你和我能結成這樣親密的朋友，日子一定好過得多，就連時間飛逝都不覺得了。」黃狗熱情洋溢地說道：「太好了，我的寶貝，就讓我們做朋友吧！」

黑狗也很激動：「親愛的黃狗，過去我們沒有一天不打架，我好幾回都覺得非常痛心！這是何苦呢！主人挺好的，我們吃得又多，住得也寬敞，打架完全沒有道理！來吧，握握爪吧！」

黃狗嚷道：「贊成，贊成！」

兩個新要好起來的朋友立刻熱情地擁抱在一起，互相舔著臉孔，高興極了，牠們高呼著：「友誼萬歲！讓吵架、妒忌、怨恨都滾開吧！」

就在這時候，廚師扔出來一根香噴噴的骨頭。兩個新朋友立即閃電似地向骨頭直撲過去。友好和睦像燃燒的蠟燭一般融掉了。「親密」的朋友「親密」地滾在一起，相互撕咬，搞得狗毛滿天亂飛。直到一桶涼水澆到牠們背上，才把這一對寶貝拆開了。

其實人世間充滿了這樣的友誼，聽他們講話，你以為他們是同心同德，丟給他們一根骨頭，就全成了狗。為了利益，完全拋開了友誼的長篇大論。考驗朋友真假的，一個是危難，另一個是利益。

英國詩人赫巴德說：「彼此無所求的朋友，才可能是真正的朋友。」真正的友情都應該具有「無所求」的性質，一旦有所求，「求」也就成了目的，友情卻轉化為一種外在的妝點。

古人有云：「君子之交淡如水」。純真的友誼就像廣闊的藍天一樣無邊透明；就像茫茫大海般遼遠寧靜；就像雄鷹對藍天的虔誠；就像魚兒對清水的堅定。

利益永遠不是友誼的基礎，我們要拿真心換真心，用你的真誠去感動對方，在朋友患難時，及時伸出援助之手，才會使友誼之樹常青！

韜光養晦，嫉妒將不會敲你的門

露富遭人偷，露才遭人妒。

有才華是件好事，但把才華當作傲人的資本就不能說是一件好事了，恃才傲物如同炫耀一般終究遭人厭惡。所謂「花要半開，酒要半醉」，凡是鮮花盛開嬌豔的時候，不是立即被人採摘而去，就是衰敗的開始。人生也是這樣。當你志得意滿時，且不可趾高氣揚，目空一切，不可一世，否則你很容易成為別人的箭靶子。春秋時期，鄭國有幾位戰功赫赫的大將：穎考叔，大夫瑕叔盈，大夫公孫閼子都。尤其是大將穎考叔勇冠三軍，武功高強。而大夫公孫閼字子都，與鄭莊公同是周朝宗族，相貌英俊瀟灑，又有一身好武功，可是子都為人心胸狹窄，生性驕橫，狂妄自大，非常看不起大將穎考叔。

周桓王八年（前 712 年），鄭國取得了戴城，將宋、衛、蔡三個國家軍隊打得大敗。鄭莊公聯合齊國、魯國共同進攻許國。鄭莊公選了吉日到宗廟祭告祖宗。然後來到校軍場點閱軍隊，並組織比賽挑選先行官。

鄭莊公製作了一面大旗，旗竿長三丈三尺，繫著二十四個金鈴，方圍一丈二尺，大旗上繡「奉天討罪」四個大字。插在一輛漂亮的兵車上。鄭莊公對著大軍說：「如果有人能夠拿起大旗，不搖不晃，行走自如，就拜為先鋒，那一輛漂亮的兵車賜給他。」眾將領無不躍躍欲試，想一展身手。

第一個出場的是大夫瑕叔盈。只見他將大旗拔出緊緊握住上前三步，退後三步，果然力氣過人。滿場官兵一片喝采聲，瑕叔盈得意非常。這時

候大將穎考叔走出來一把將大旗握住，左搖右擺將大旗舞得呼呼作響。鄭莊公大喜道：「虎將啊！應該拜為先鋒，那漂亮的兵車是他的了！」子都見此心中不服，衝了出來也要舞旗。大夫穎考叔看見子都知道來者不善，將大旗插在兵車上駕車便走。不多時穎考叔駕車返回校軍場，被鄭莊公封為先鋒。

眼見先鋒大印被授予了穎考叔，子都在一旁見了咬牙切齒，恨透了穎考叔。

攻城之日，鄭莊公聯合齊國，魯國的軍隊將小小的許國包圍得水洩不通。那許國雖然國小、城低、兵馬少，但是許莊公寧死不降，親自登上城樓指揮作戰。許國軍民十分愛戴許莊公，都上城抵抗。鄭、齊、魯三國一時攻不進去傷亡慘重，齊、魯兩國便不肯盡全力攻城了，只有鄭國的軍隊拚命進攻。

激烈的戰鬥持續了兩天，小小的許國仍然沒有攻下來，鄭國軍隊死傷了許多。鄭莊公命令眾將限期內必須攻下許國，他不想讓齊、魯兩國恥笑。激烈的戰鬥又開始了，穎考叔和子都都想施展自己的本領，帶領著本部軍士奮勇衝鋒。

穎考叔的戰車先來到了城牆下，將旗竿往車上一點，縱身跳上了城頭。許國軍民驚呆了，紛紛後退。子都這時也來到了城牆下，他看見穎考叔跳上城頭唯恐頭功落於他人，連忙開弓放箭。一箭正中穎考叔後心，穎考叔從城頭上倒栽下來，一命嗚呼。

大夫瑕叔盈以為是許國軍民傷了穎考叔，大怒取起大旗上了兵車，也將旗竿往車上一點，縱身跳上了城頭。鄭國的軍隊看見本國的大旗在城頭上飄揚，個個勇氣十足，爭相衝上城頭。許國軍民見大勢已去，四處逃命了。許莊公只好化裝混在逃難的人群當中逃到衛國去了。

嫉妒是一支箭，一不小心就被插在了後背上。如果穎考叔能稍微收

斂，適時給子都一些機會，自己另謀機遇，既能獲得高升又能免遭子都暗算。所以，無論你有怎樣出眾的本領，都一定要謹記：不要把自己看得太了不起，不要把自己看得太重要，還是收斂起你的鋒芒，掩飾起你的才華吧。

要做到既有效地保護自我，又能充分發揮自己的才華，不僅要說服、戰勝盲目驕傲自大的心理，還要懂得韜光養晦，凡事不要太張狂太咄咄逼人。

歷史上最有名的「韜光養晦」的典故，出自《三國演義》。東漢末年，曹操挾天子以令諸侯，勢力大；劉備雖為皇叔，卻勢單力薄，為防曹操謀害，不得不在住處後園種菜，親自澆灌，以為韜晦之計。關雲長和張飛蒙在鼓中，對劉備說：「兄不留心天下大事，而學小人之事，為什麼呢？」劉備只是簡單回答說：「此非二弟所知也。」兩人也就不再追問了。

儘管如此，曹操對劉備還是不放心。一日，曹操擺下酒筵來試探劉備的野心。當時劉備正在澆菜，曹操派人來請，劉備只得膽顫心驚地一同前往入府見曹操。曹操不動聲色對劉備說：「在家做得大好事！」說者有意，聽者更有心，這句話將劉備嚇得面如土色，曹操又轉口說：「你學種菜，不容易。」這才使劉備稍稍放心下來。

曹操說：「剛才看見園內枝頭上的梅子青青的，想起以前一件往事（即「望梅止渴」），今天見此梅，不可不賞，恰逢煮酒正熟，故邀你到小亭一會。」劉備聽後心神方定。隨曹操來到小亭，只見已經擺好了各種酒器，盤內放置了青梅，於是就將青梅放在酒樽中煮起酒來了，二人對坐，開懷暢飲。

酒至半酣，突然烏雲密布，大雨將至，曹操大談龍的品行，又將龍比作當世英雄，問劉備，請你說說當世英雄是誰，劉備裝作胸無大志的樣子，說了幾個人，都被曹操否定。曹操此時正想打聽劉備的心思，看他是

否想稱雄於世，於是說：「夫英雄者，胸懷大志，腹有良謀，有包藏宇宙之機，吞吐天下之志者也。」劉備問：「誰能當英雄呢？」曹操單刀直入地說：「當今天下英雄，只有你和我兩個！」劉備一聽，吃了一驚，手中拿的筷子，也不知不覺地掉在地下。

正巧突然下大雨，雷聲大作，劉備靈機一動，從容地低下身拾起筷子，說是因為害怕打雷，才弄掉了筷子。曹操此時才放心地說：「大丈夫也怕雷嗎？」劉備說：「面對迅雷烈風連聖人也會失態，我還能不怕嗎？」經過劉備這樣的掩飾，曹操認為他是個胸無大志，膽小如鼠的庸人，從此再也不疑劉備了。

凡是想成大事之人一定不能逞一時之勇。尤其是如果自己的力量還不足與對手抗衡，或者時機尚未成熟不宜硬碰時，就更要懂得韜光養晦、深藏不露。既讓對手輕心大意，又給自己獲得反擊的機會。劉備正是深諳此道，在曹操面前故意示弱，躲過一劫，才有了之後的三足鼎立。

這是一個鼓勵人們秀出自我的時代，一有機會，就算撞破頭皮也要爭個高低。有些情況下積極表現是好的，但是要掌握好度。尤其是在取得一點成績之後要越發謙恭卑順，唯有如此，才能平息那些尚未得志之人的嫉妒情緒。

一旦處理不好，由妒生恨，你前進的路上就會無端出現很多障礙，甚至像穎考叔那樣失去性命。不妨學學劉備，大勢未定的情況下收起鋒芒，以消除他人的敵意，嫉妒自然也就不會找上門了。

識破小人，遠離小人

何為小人？教育部《重編國語辭典修訂本》釋義無德智修養、人格卑劣的人。早在兩千五百多年前，孔老夫子就注意到了這類人物。在他那篇

《論語》中，很多處提到小人，諸如「君子懷德，小人懷土」、「君子喻於義，小人喻於利」、「君子周而不比，小人比而不周」等等。

在與君子的比拚中，小人通常採取非常規手段，才可能獲得常規手段不能獲得的利益。追腥逐臭，蠅營狗苟，是對小人最貼切的形容。小人的存在，於國家無補，對社會有害，因此要處處提防。

事實上，要想提防小人就要遠小人；要做到遠小人，首先就要善於識別小人。但識別小人又不是每個人都能輕而易舉做到的。大凡小人，一般都善於察言觀色、見機行事、見風使舵、見縫插針。他們的智商並不低，一般不做讓人一眼就看穿的蠢事；並且，小人善於做情感遊戲，能夠相當準確地揣摩對方，討得對方歡心，使對方乖乖進入其布下的陷阱，誤認小人為知己。

安史之亂的始作俑者安祿山就是這樣一個小人。

安祿山（西元703年至757年）本名軋犖山，即戰鬥的意思。他生性驍勇，能通解運用六藩語言，貌似忠誠，但生性狡詐。常進獻奇珍異獸給玄宗以討其歡心，也注意討好玄宗左右的人，並派人留駐京師探聽朝廷動靜，因此應對頗為投機，很快就得到玄宗、楊貴妃的喜愛。

安祿山在唐玄宗面前回答問題非常機敏，還摻雜著詼諧。唐玄宗曾經開玩笑指著他的肚子說：「這個胡人的肚子裡有什麼東西，怎麼這個大啊？」安祿山回答說：「沒有別的什麼東西，只有一顆赤心！」唐玄宗聽到這樣忠誠的回答非常滿意。

安祿山裝傻賣乖本事非常高。一次，玄宗叫安祿山拜見太子，安祿山不行禮。左右的人催促他下拜，安祿山站著說：「我是胡人，不知道朝廷的禮儀，不知道太子是什麼官？」唐玄宗說：「這就是儲君，我死後，他代替我領導你們。」安祿山說：「我很愚鈍，過去只知道陛下您一個人，不知道還有儲君呢。」做出不得已的樣子，然後下拜。唐玄宗信以為真，更加

喜愛他了。

　　得到玄宗寵愛後，安祿山並未表露絲毫得意，相反越發顯得對玄宗更加尊敬。安祿山可以在後宮出入後，就勢要求做楊貴妃的乾兒子。唐玄宗與楊貴妃一起坐著，安祿山先拜楊貴妃。玄宗問為什麼這樣，安祿山回答：「我們胡人就是先拜母親後拜父親。」唐玄宗很高興。

　　安祿山傻呆的外表取得了玄宗的信任，從而放鬆乃至放棄了對他的警覺。結果就是這個安祿山，發動了安史之亂。連年的戰亂導致唐朝人口減少了三分之二之多，為禍極大，成為唐朝由盛至衰的轉折點。

　　對於那些顯得很憨厚，有時候說話很直的人，一般人都認為這樣的人很實在，多數是這樣，但也有少數如安祿山者，假痴不癲，透過這個方法迷惑別人，從而達到自己的目的。

　　外表精明的人，大家都很警惕，而對於憨厚直爽的人，大家往往不警覺，這就是人性的一個失誤。對於任何人，都要保持一絲警覺，不要以貌取人，被相貌及語言所迷惑。

　　與君子相比，小人都很會「裝」，因為他們深知贏得好名聲須有「大眾支持」。這方面王莽可謂是小人中的「楷模」。

　　王莽是漢元帝皇后王政君之侄。幼年時父親王曼去世，很快其兄也去世。王莽孝母尊嫂，生活儉樸，飽讀詩書，結交賢士，聲名遠播。王莽對其身居大司馬之位的伯父王鳳極為恭順。王鳳臨死囑咐王政君照顧王莽。漢成帝西元前 22 年，王莽初任黃門侍郎，後升為射聲校尉。王莽禮賢下士，清廉儉樸，常把自己的俸祿分給門客和窮人，甚至賣掉馬車接濟窮人，深受眾人愛戴。

　　西元前 1 年漢哀帝無子而崩。王政君掌握傳國玉璽，王莽任大司馬，兼管軍事令及禁軍，立漢平帝，得到朝野的擁戴。他爵位愈尊，矯情偽飾

愈甚。西元 1 年王莽在推辭再三之後接受了「安漢公」的爵位，將俸祿轉封給兩萬多人。

暗地裡為鞏固自己的權力，王莽想把女兒嫁給平帝為皇后，就上奏說：「陛下即位已三年，還沒有立皇后，後宮嬪妃也空缺。以往國家的災難，本由於無繼承人，后妃的來路不正所引起。請考查討論儒學五經的有關記載，制定聘娶皇后之禮，使古代天子娶十二個女子的規定，納入正軌，以廣求繼嗣。廣泛地在殷、周天子的後裔，周公、孔子的後代，以及在長安的列侯之家中，挑選合適的女子。」

王政君以太皇太后臨朝稱制，將此事交付有關主管機關辦理，主管官員呈上眾女的名單，王氏家族的女子多被選中。王莽恐怕王氏其他人的女兒會與自己的女兒爭當皇后，就上書說：「我本身沒有高尚的品德，女兒的資質才能又為下等，她不適宜與眾女子一起被挑選。」太皇太后以為他是誠心誠意謙虛，就下詔說：「王氏家族的女子，是我娘家人，就不要參加挑選了。」

聽說王莽的女兒被排除在了參選之外，那些擁戴王莽的人紛紛上書。平民、諸生、郎吏及以上官吏，守候在皇宮大門上書的，每天有一千餘人。公卿大夫，有的前往朝中，有的俯伏在宮內官署的門下，都要求說：「安漢公的盛大功勳，如此輝煌，如今應當立他的女兒為皇后，為什麼單單剔除了安漢公的女兒，天下人將把期望歸聚到哪一位身上呢！我們希望能讓安漢公的女兒做天下之母！」

王莽為了顯示自己的誠意，故意派遣長史及以下官員，分別去勸說阻止公卿及諸生的請願，然而上書請願的人反而愈來愈多。太皇太后不得已，就聽從公卿的意見，挑選王莽的女兒為皇后。王莽又為自己辯白說：「應該廣選眾女。」公卿爭辯說：「再選取其他女子，就會出現兩個正統，是不應當的。」王莽只好說：「請檢視我的女兒吧。」

王莽的「裝功」可謂爐火純青，集所謂「忠、孝、節、義、慈、友、信、廉」於一身，不知迷惑了多少人。王莽積幾十年的一流「裝功」，一舉登上了九五之尊。

但即使是最虛偽的小人，也會露出破綻。只需平日留心觀察和不斷努力，就能察言觀色有跡可尋，人生的變幻風雲能夠提前窺得端倪。

用真心去觀察，在茫茫人海中，你就能巧妙地避開你的「冤家」與剋星，與小人絕緣！

人需要處處警惕，但不能處處懷疑

俗話說：害人之心不可有，防人之心不可無。隨著社會發展，人與人之間的關係越來越密切，人際間的交往也就成了一門學問。講究的禮貌、彼此的尊重和小心的防備都成為實際生活中重要的一方面。

不管什麼樣的社交場合，你看到的幾乎都是微笑的面孔，無論是熟悉還是陌生；兩人偶然相逢熱情問候溢美之詞不絕於耳，不論是故友還是初識。於是，你便也展開了欣喜的容顏迎向他們，以不設防的真誠與善良敞開心扉。然而，當你帶著這份欣慰，帶著這份放心大膽而痛快淋漓地行進於漫漫人生長路時，卻發現微笑原來並不都發自於內心：那笑意背後隱藏的有荊棘也有陷阱。

任何渴望成功的人，都不會希望自己在將登臨山頂時遭到上面石頭的砸擊，都不會希望在自己即將度過急流時被折斷了船槳。那麼，該如何躲開這背後而來的襲擊呢？大千世界芸芸眾生，錯綜複雜的人際關係，高深莫測的人際社會心理，不容你忽視，不容你不細心對待。因此，為人處世還有很重要的一方面，即在這複雜的人際關係中，掌握攻防的技巧，躲開背後的襲擊。

　　鄭袖是戰國時代楚懷王的寵姬，後來魏王送給楚王一個美女，楚王喜新厭舊就冷落了鄭袖。鄭袖見楚懷王如此寵愛新人，心中十分妒忌。然而，卻深藏不露。反而按照新人的喜好，常常把自己的衣服，玩的用的送給她，處處投其所好。如此這般，取得了新人的信任，也迷惑了楚王。楚王見鄭袖如此大度，高興地說：「婦人們憑藉自己的美貌來取悅丈夫，相互間爭風吃醋，是她們的常態。而鄭袖卻與常人不同，她深知我寵愛新人，非但不嫉妒，反而顯得比我還愛新人。如此為本王著想，可見她的一片忠心。」

　　經過苦心經營，鄭袖知道楚王與新人對自己已毫無戒備之心，便繼續施行她的歹毒計謀。一天，她裝作好心相告的樣子對新人說：「妳深得楚王的喜愛，可是他不喜歡妳的鼻子，如果妳再見楚王時，把鼻子摀住，顯得更美，楚王就會更加寵愛妳。」新人不知是計，聽從了鄭袖的話，從此之後，每見到楚王時，都要用手摀住自己的鼻子。

　　楚王見了很納悶，便問鄭袖：「為什麼新人見我時總是摀著鼻子？」鄭袖故意欲言又止，楚王更加納悶，一再追問。鄭袖才說：「她好像厭惡你身上的臭味。」楚王一聽，火冒三丈，下令割掉了新人的鼻子。鄭袖從此獨占專寵。

　　有些人外表柔弱順從，內心卻陰險歹毒，就像鄭袖那樣，把她的險惡用心深藏起來，裝作十分友善的樣子，等對手喪失警惕後，伸出毒手，施行詭計。可惜那個新人沒有警惕之心，面對反常之舉，卻深信不疑，可悲可嘆。

　　我們所面對的世界是一個五彩繽紛、變幻莫測的世界；所賴以生存的社會是一個紛繁複雜、千頭萬緒的社會。我們每一個人身處於其中，在快節奏的現代生活方式下處理各式各樣的事，接觸千姿百態的人，得到了各自不同的感受。這感受有喜有悲，有歡樂有哀傷。當然，人人都希望自己

的生活美滿如意，都不希望有欠缺有煩惱有挫折。可是，希望總歸只是希望，生活卻總是希望與痛苦交織，明晰與困擾並存。生活的這種複雜性充分地向我們勾畫了一幅人心難以把握測量的圖畫。

然而，雖說我們要處處警惕，但也不能處處懷疑。

《三國演義》裡記載了一段極有意味的故事。這個故事說，曹操刺殺董卓敗露後，與陳宮一起逃至呂伯奢家。曹呂兩家是世交。呂伯奢一見曹操到來熱情迎接，殺雞宰豬地設定晚宴。由於家中無好酒，呂伯奢出門沽酒。結果曹操就起了疑心，以為他去告密。於是悄悄來到草堂觀察動靜，只聽得裡面的人說：「綁起來殺掉，怎麼樣？」曹操嚇出一身冷汗，對陳宮說：「果然不出所料！今晚若不先下手，必將遭到他們擒獲。」接著與陳宮一起二話不說拔劍殺了呂家八口人。

當看到廚房裡綁著一頭豬時曹操才知道錯怪了好人，但事已至此，呂伯奢回來一定不會善罷甘休的。索性一不做二不休，把買酒回來的呂伯奢也一起殺掉了，並說出了一句奸詐名言「寧教我負天下人，休教天下人負我」。

曹操的懷疑使得九口人死於無辜。其實只要他肯多看一眼，就不至於。我們也有很多疑心很重的人。他們大多缺乏安全感，看似是懷疑別人針對自己，其實是他自己跟自己過不去。他對自己有懷疑，覺得自己某些方面不足，因而就生怕別人看到自己的不足。因此，一看到別人說話，就懷疑他們在揭自己的「醜」。

其實大可不必太在意他人的看法。只要他人不主動侵犯你的利益，就不用時時事事懷疑。放開心，給予可信之人足夠的信任能取得意想不到的成果。

戰國初年，魏文侯派大將樂羊討伐中山國，碰巧的是，樂羊之子樂舒當時正在中山國為官。兩軍交戰，中山國想利用樂舒迫使魏國退兵，樂羊

不為所動。為把握勝局，樂羊對中山國採取了圍而不攻的策略。

消息傳到魏國，一些大臣紛紛向魏文侯狀告樂羊以私損公。魏文侯不予輕信，當即決定派人到前線勞軍，併為樂羊修建新宅。樂羊圍城數日，待時機成熟，一舉破城。滅了中山國。

班師回朝後，魏文侯大擺慶功宴，酒足飯飽，眾人離席後，魏文侯叫住樂羊，搬了一個大箱子令其觀看，原來裡面裝滿了揭發樂羊圍城不攻、私利為重的奏章。樂羊激動地對魏文侯講：「如果沒有大王的明察和氣度，我樂羊早為刀下之鬼了。」

這個故事生動地表明，用人不疑是多麼的重要。科學講求懷疑一切，但對人就要區別對待。有些明明可以託付之人，如果你處處懷疑不予重任，往往導致對方反投他主。

出於動物自我保護的本能，人人都戴上了虛偽的面具。這面具隨著年齡的增長，戴得越來越巧妙，越來不易被人發覺，致使人際關係非常複雜。為人處事不妨多些警惕之心，以免上當受騙。

掌控自我，記住快樂，爭取幸福

也許你有一份不錯的差事、穩定的收入、美滿的家庭、健康的身體，下班後有人做飯，週末邀三五好友談天說地，假期駕車一家旅行，偶爾還可以奢侈一下享受高檔生活……

可是，你快樂嗎？

問人們他們最想從生命中獲得什麼，最常得到的答案將會是：我只要快樂。樂不只是遠離沮喪和不幸，更是一種欣喜的感覺，一種對生命的滿足與喜悅。既然每個人都要快樂，為什麼這麼少人得到呢？為什麼製藥廠銷量增長最快速的藥是抗憂鬱劑呢？為什麼認為自己快樂的人那麼少呢？

先來看一則故事吧。有一個石頭切割工人，總希望成為其他人，在生命中有個不同的地位，所以一點都不快樂。有一天，他經過一個有錢的員外家，看到他家裡有一些很棒的東西，他想到這個員外在城裡會是多麼受人敬重啊！他很羨慕員外，並希望能夠成為像他一樣的人，這樣他就不再是一個卑微的石頭切割工了，而是走到哪裡都是有人尊敬的有錢人。

夜裡他做了一個夢，有一個白鬍子老道說要幫他實現願望。早上起來，他竟然就真的變成了這個員外，擁有以前想都想不到的權力和豪華生活，很多窮人也都非常羨慕他，可是他也同時擁有了想都沒想過的敵人，生活並未像想像的那樣快樂。然後有一天，一個官員經過這座城，車隊圍著許多的僕人和護衛。每個人都要向這個偉大的高官跪拜，他是更有權力和更受崇敬的人。這個石頭切割工人，現在是個員外，卻希望自己能跟這個高貴的官員一樣，有眾多的僕役和侍衛保護他的安全，而且也比別人更有權力。只有那樣他才會快樂。

夜裡他又做了一個夢，早上起來他已經變成了官員，成為全國最有權力的人，每個人在他面前都要鞠躬跪拜。可是這個官員也是全國最令人害怕和討厭的人，這是為什麼他需要這麼多侍衛和僕役的原因。此時，他在馬車裡覺得非常悶熱不舒服，他抬頭望著天空又白又熱的太陽，他說：「多麼偉大啊！真希望我就是太陽。」

他又如願地變成了太陽，懸掛於九天之上照耀大地。但是一片大烏雲飄了過來，遮住了陽光，他又想：「雲真是太了不起了！真希望我能跟雲一樣。」結果他又變成遮住陽光的雲，不久，一陣風吹過來，把雲吹走。「我真希望能跟風一樣強大。」一覺醒來他已經變成了風。強大的風可以把樹整棵拔起，也可以摧毀整個村莊，可是它卻怎麼也吹不動大石頭。石頭屹立不搖，抵抗著風。「石頭真是太堅強，得像石頭一樣有力啊！」他想著。

最後，他變成了抵抗風的大石頭。現在他終於滿意了，他是世上最有力的。可是他突然聽到了一個聲音：鏗！鏗！鏗！鑿子敲擊著石頭，把它鑿開，一片一片地鑿開。「還有什麼比我更強大有力呢？」他想，低頭一看，在石頭底下拿著鑿子的正是一個石頭切割工人！

正如故事裡的石頭切割工人一樣，許多人終其一生都在尋找快樂，卻從來都沒有找到，原因就在於他們找錯了地方。有一句話這麼說：「你跨越千山萬水，只為尋求快樂，然而它卻在每個人的身上……」

每個人都有快樂的力量，那跟你有沒有錢，做什麼工作，或住在哪裡一點關係也沒有。名聲、財產、知識等等是身外之物，人人都可求而得之，但沒有人能夠代替你感受人生。活在世上，最重要的事就是活出你自己的特色和滋味來。你的人生是否幸福，衡量的標準不是外在的成功，而是你對人生意義的獨特領悟和堅守，從而使你的自我閃射出個性的光華。只有這樣才能感受到內心的寧靜和愉悅，體悟快樂的人生。

西方哲學家卡西勒 (Ernst Alfred Cassirer) 在《人論 (*An Essay on Man*)》中有一句話：「認識自我乃是哲學家探究的最高目標。」禪宗世界裡「自我」也是一直放在中心位置上的。

有位僧人問緣觀禪師：「怎樣才是認識了自我？」緣觀禪師答道：「寰中天子，塞外將軍。」如主宰世間的皇帝，如「君命有所不受」的邊塞將軍。也就是說，普天之下唯我獨尊，這便是禪的自主精神。

慧安禪師高壽一百二十八歲，曾被武則天、唐中宗迎到宮中以「活佛」敬養。有一次，有兩位僧人問他：「達摩祖師西來的意旨是什麼？」慧安禪師卻反問一句：「為什麼不問問自己的意旨？」反對妄自菲薄，反對被別人牽著鼻子走，獨立修行，自我追尋，自我完成，這是禪的最大本色。

宋朝大禪師大慧宗杲的門下，有個名叫道謙的和尚。有一回，道謙聽說師父大慧禪師要差遣他出遠門辦件事。自忖參禪二十年，至今還沒有入

門，而這次外出約需半年之久，參禪這件大事肯定是要荒廢的了，想到這裡道謙心頭頓時悶悶不樂起來。

另一位宗元和尚知道了道謙的苦惱，便安慰他說：「我陪你一起去吧，我將盡我所能來幫助你。沒有任何理由認為一路上不能繼續參禪。」

於是，他們一起上路了。餐風飲露，朝行夜宿，可宗元一直閉口不談佛理禪悟的事。一天晚上，失望的道謙流著眼淚請求宗元幫他解決禪悟的奧祕。宗元卻對他說：「我能幫你的事盡量幫你，但有五件事是無法幫助你的，這五件事必須你自己做。」

道謙問是哪五件事，宗元回答說：「當你肚餓或口渴的時候，我的飲食不能填你的肚子，你必得自己吃，自己喝，這兩件事我不能幫你。當你想大便或小便的時候，必得自己拉屎撒尿，這兩件事我也一點不能幫你。最後，除了你自己以外，誰也不能馱著你的身子在路上走。」

奇怪，就是這幾句淺近道理，竟如阿里巴巴的咒語一樣，叩開了道謙的心扉，他猛然醒悟過來，一陣快樂流遍全身，臉上煥發出奇異的光彩。

這時候，宗元告訴道謙，自己的任務已經完成，再陪他走下去，已沒有什麼意義了。於是，他們第二天分道揚鑣，道謙獨自以一種輕快的心情自信地踏上了行程。半年以後，道謙辦事完畢，回到寺廟覆命，在半山亭遇見了師父大慧禪師，大慧欣喜地對僧徒們說：「這個人（道謙）連骨頭都換了。」

想當初，道謙處處依賴師父，以為離開了師父就不能參禪了，結果遲遲難以開悟。後來在宗元的啟發下，發現了「自我」，認識到參禪從根本上來說，靠的是「自悟自證」，這時候，他才開始走上了「悟禪之道」，而一個人一旦真正懂得自身價值的時候，他的潛能就會充分發揮出來，他的氣質、精神面貌就會煥然一新。

耶穌說：「人若賺得全世界，賠上自己的生命，有什麼益處呢？」他在向其門徒透露自己的基督身分後說這話，可謂意味深長。真正的救世主就在我們每個人身上，便是那個清明寧靜的自我。這個自我即是我們身上的神性，只要我們能守住它，就差不多可以說上帝和我們同在了。守不住它，一味沉淪於世界，我們便會渾渾噩噩，隨波飄蕩，世界也將沸沸揚揚，永無得救的希望。

掌握自我，真心感悟，方能尋得快樂，留住幸福！

苦練識人之術，閱讀各色人群

社會是由人組成的，現代人每天都要和數十人乃至數百人接觸，因此，人際關係成為現代人成功最重要的關鍵因素。

史丹佛研究中心：你賺的錢百分之十二點五來自知識，百分之八十七點五來自關係。

國際羅勃・海扶公司：百分之九十五被解僱的員工，是因人際關係差勁，百分之五因技術能力低落。

羅斯福說：「成功公式中，最重要的一項因素是與人相處。」洛克斐勒則說：「我付高薪給處理人際關係的能力，遠超過日光之下任何其他能力。

人際關係如此重要，我們就要善於經營，而經營的前提在於識人。道不同不足與謀，好的交際圈應由與自己價值取向一致、志向相同的人組成。然而，畫龍畫虎難畫骨，知人知面不知心，因此練就識人之術就顯得尤為重要。

此外眼神也是洞察一個人內心世界的一扇窗。

孟子云：「存乎人者，莫良於眸子。眸子不能掩其惡。胸中正，則眸子瞭焉；胸中不正，則眸子眊焉。聽其言也，觀其眸子，人焉廋哉？」這

段話翻譯過來就是說：「觀察一個人，再沒有比觀察他的眼睛更好的了。眼睛不能掩蓋一個人的醜惡。心中光明正大，眼睛就明亮；心中不光明正大，眼睛就昏暗不明，躲躲閃閃。所以，聽一個人說話的時候，注意觀察他的眼睛，他的善惡真偽能往哪裡隱藏呢？」

三國時期，為了除掉對手，曹操派刺客假意投奔劉備。刺客在和劉備談論伐魏的形勢時，很合劉備的心意，於是劉備漸漸親近他。刺客正準備下手，諸葛亮進來了。刺客神色慌張，引起諸葛亮的注意，諸葛亮覺得他異於常人。

一會兒刺客如廁，劉備對諸葛亮說：「剛剛得一奇士，此人足以輔君治國。」諸葛亮問，奇士何在？劉備說就是剛離席之人。諸葛亮嘆道：「竊觀此客，色動神懼，奸形外露，邪心內藏，必是曹氏刺客！」於是立即派人去追，那人已經越牆而去。

瞬息之間，透過眼神就能看出一個人的動機和目的，不僅靠智慧更靠經驗。透過周圍環境的磨練與培訓，你也能做到。

中國有句古話「人需要接近看看，馬需要騎著看看。」一個人的姿勢行為通常能反映出他的性格。

一個炎炎夏日的午後，曾國藩收到學生李鴻章的一封書信。在信裡，李鴻章向恩師推薦了三個年輕人，希望他們能在老師的帳前效力。曾國藩並未急於召見那三個人，而是照例出去散步了。

直到黃昏時分，曾國藩才慢步踱回。家人立刻迎了上來，低聲告訴曾國藩，李大人送來的人已經在庭院裡等待很長時間了。曾國藩揮揮手，示意家人退下，自己則悄悄走了過去。在離他們不遠處的地方停下來，暗暗觀察這幾個。只見其中一個人不停地用眼觀察著房屋內的擺設，似乎在思考著什麼；另外一個年輕人則低著頭規規矩矩地站在庭院；剩下的那個年輕人相貌平庸，卻氣宇軒昂，背負雙手，仰頭看著天上的浮雲。前兩個人

因等待太久已經頗有微詞，而看雲的年輕人仍舊氣定神閒地在院子裡獨自欣賞美景。

曾國藩胸有成竹地回到房間裡。很快，曾國藩召見了這三個年輕人，和他們攀談起來。漸漸地，曾國藩發現，不停打量自己客廳擺設的那個年輕人和自己談話最投機，自己的喜好習慣他似乎都早已熟悉，兩人相談甚歡。相形之下，另外兩個人的口才就不是那麼出眾了。不過，那個抬頭看雲的年輕人雖然口才一般，卻常常有驚人之談，對事對人都很有自己的看法，只是說話過直，讓曾國藩有些尷尬。談完話之後，三個年輕人紛紛起身告辭。

待他們離開之後，曾國藩立刻吩咐手下對三個人安排職位。出人意料的是，曾國藩並沒有把和自己談得最投機的年輕人委以重任，而是讓他做了個有名無權的虛職；很少說話的那個年輕人則被派去管理錢糧馬草；最讓人驚奇的是，那個仰頭看雲，偶爾頂撞曾國藩的年輕人被派去軍前效力，他還再三叮囑下屬，這個年輕人要重點培養。

看到大家一臉不解的表情，曾國藩解釋道：「第一個年輕人在庭院等待的時候，便用心打量大廳的擺設，剛才他與我說話的時候，明顯看得出來他對很多東西不甚精通，只是投我所好罷了，而且他在背後發牢騷發得最厲害，由此可見，此人表裡不一，善於鑽營，有才無德，不足託付大事；第二個年輕人遇事唯唯諾諾，謹小慎微，沉穩有餘，魄力不足，只能做一個刀筆吏；最後一個年輕人不急不躁，竟然還有心情仰觀浮雲，就這一份從容淡定便是少有的大將風度，更難能可貴的是，面對顯貴他能不卑不亢地說出自己的想法而且很有見地，這是少有的人才啊！這個年輕人日後必成大器！」

曾國藩停了一下，接著說道：「不過，他性情耿直，很可能會招來口舌是非。」說完，不由得一聲嘆息。眾人聽完此言無不連連點頭稱是。

　　那個仰頭看雲的年輕人沒有辜負曾國藩的厚望，在後來的一系列征戰中迅速脫穎而出，受到了軍政兩界的關注，並因為戰功顯赫被封了爵位。不僅如此，他還在垂暮之年，毅然復出，率領臺灣軍民重創法國侵略軍，從而揚名中外。他便是臺灣首位巡撫劉銘傳。不過，正如曾國藩所言，性情耿直的劉銘傳後來被小人中傷，黯然離開了臺灣。

　　曾國藩識人之準在於他能透過人的行為推斷其性格，從而予以恰當安排，人盡所用。

　　世事洞明皆學問，人情練達皆文章。在「魚目混珠」的茫茫人海中，我們很有必要練就「一眼看穿」、「一語識破」的高超識別人心的技巧。從對方的舉止容貌可識人心；從對方的眼神可識人心；從面部表情的變化可識人心；從對方的體型坐相可識人心；從語言風格可識人心……

　　凡此種種，需要在生活中多多練習。閱盡各色人群，方能練就識人之術，辨人於彈指之間！

第五章

競爭心強大，勝利將不再遙遠

自然界發展的歷史就是「物競天擇」淘汰的歷史；人類發展的歷史就是「百家爭鳴」競爭的歷史。競爭是人類進步，社會發展的槓桿，是全力以赴的動力來源。

因為有考場的競爭，才促使學生刻苦用功、努力學習。結果是英才輩出，群星璀璨。

因為有市場的競爭，生產者、經營者才千方百計改進技術提高產品品質、改善服務，提供物美價廉的產品，使消費者稱心如意。

因為有體壇的競爭，使運動員刻苦訓練，精益求精，造就了一個又一個冠軍，重新整理一項又一項紀錄，奪得一塊又一塊金牌。

因為有政壇的競爭，促使國家幹部廉潔奉公、兢兢業業、勇於開拓、積極進取，使政風清廉、政績斐然。

不論做何種工作，要想成功，用心是最重要的前提。每個人都是一座蘊涵著豐富潛能的寶藏，或許是缺乏成熟的條件，或許是沒有開發的勇氣，寶藏，至今仍在沉睡。喚醒你的競爭心，去拚、去奮鬥、去爭取，你才能摘到勝利的果實。

才能，競爭舞臺才是你的最終歸宿

當今時代講求的是證據，縱使你學富五車、才華橫溢、能力超群，光靠嘴皮子說是沒人會信的。尤其是面試的時候，履歷上一大段炫目的自我評價也抵不過一份證書、一個榮譽稱號來得實在。只有經權威認可的能力才易被大眾接受。怎麼樣才能讓你的才華盡快得到展露呢？競爭！

有比較才有結論，人們無不是在與別人的比較中發現自身的優勢，證明自己才能的。

學校裡的分數、賽場上的名次、職場裡的位置，都是競爭結果的展

現。俗話說，「是騾子是馬拉出來溜溜。」多麼耀眼的才華都要透過競爭的舞臺才能發出奪目的光彩。

奧林匹克運動會發展到現在受到全世界矚目，一方面是因為它促進了體育事業的發展，另一方面給那些追求「更高、更快、更強」的人提供了一個展示的舞臺。

2008 年北京奧運會，一位相貌普通、身材矮小的女子，讓全中國為之瘋狂。她就是奧運首金的得主 —— 中國女子舉重四十八公斤級奧運冠軍陳燮霞。

農家出身的陳燮霞訓練的時候非常認真，從不怕吃苦。

2006 年，此前一直默默無聞的陳燮霞迎來了舉重生涯的首次爆發。在 2006 年全國冠軍賽上，從沒有拿過全國冠軍的陳燮霞品嘗了一次冠軍滋味，雖然當時有許多名將沒有參賽，但這個冠軍帶給陳燮霞更多信心，成為她生涯的另一個轉折點。

自從奪得全國冠軍後，陳燮霞變得一發不可收拾。在 2007 年亞錦賽中，陳燮霞奪得了自己運動生涯中第一個亞洲冠軍，同時打破了挺舉的世界紀錄；同年在泰國清邁舉行的世錦賽上，一舉奪得抓舉、挺舉和總成績三項世界冠軍，這也讓她成為代表中國隊出征奧運會的熱門候選人。

2008 年四月中國舉行的全國舉重錦標賽上，陳燮霞以兩百一十三公斤的總成績力壓楊煉奪取冠軍，這讓她在出征奧運的爭奪戰中搶了一個先手。

「練得不好時，我就會笑一笑，笑一笑什麼都過去了。每天不管練得好不好，我都要笑一笑，心情放鬆一下。」這種平和的心態有助於陳燮霞征戰奧運賽場，這位健將四肢協調且力量均衡，肌肉強健而富有彈性，她是典型的女子力量型身材，2007 年世錦賽上的輕鬆奪冠更是成為她爭奪奧

運席位的有力籌碼。

2008 年 8 月 9 日北京航空航天大學舉重館四十八公斤級擂臺，陳燮霞六把試舉全部成功，最終以抓舉九十五公斤、挺舉一百一十七公斤和總成績兩百一十二公斤，在眾多強手中一騎絕塵為中國代表團斬獲第一枚金牌，並創造了新的奧運會記錄。女子舉重小級別出成績一般在十七歲左右，在「遲暮」之年登上巔峰，二十五歲的陳燮霞被媒體冠以了「大器晚成」的頭銜。

沒有大大小小的比賽，陳燮霞的舉重能力恐怕要埋沒一輩子；沒有奧運這個競技場，中國就多了一個普通農村婦女。

如果你有能力，就走上競爭的舞臺吧，讓你的光芒閃耀四方！

競爭心，猶如鬧鐘，喚醒你沉睡的潛能

沒有競爭，再美的景色都會失去顏色。競爭是前進的動力，是激發潛能的特效藥。重溫一下社會發展的歷史就會發現，

正是因為有了競爭，人類才不斷進步。

早在西元前 300 年左右，中國就有了關於「競爭」的文字記載，見於《莊子·齊物論》一書：「有競爭」。後人注：「並逐曰競，對辯曰爭。」《莊子》成書於戰國時代，其內容正反映了古代社會的現實。大家都知道，原始社會部落之間為爭奪食物或有利地盤而發生的戰爭是野蠻的，殘酷的，是流血的競爭。爭奪的目標是有限的生存資源。《荀子·禮論》中描述：「人生而有欲，欲而不得，則不能無求，求而無度量分界，則不能不爭。」《韓非子》有云：「人民眾而財貨寡，事力勞而供養薄，故民爭。」

氏族成員之間競爭的結果導致原始公社瓦解，每個成員占有財產多少不同而導致貧富差別和私有制的產生。這是不流血的競爭，競爭的手段主

要是勤勞。對此，哲學家們寫道：「賴其力者生，不賴其力者不生。」（《墨子‧非樂上》）、「強必富，不強必貧，強必飽，不強必飢；強必暖，不強必寒。」（《墨子‧非命下》）、「人惰而侈則貧，力而儉則富。」（《管子‧形勢解》）一夫一妻制家庭的產生，父權制的確立也是兩性之間競爭的結果。對此，恩格斯有過生動的記述：

「母權制被推翻，乃是女性具有世界歷史意義的失敗。」

「最初的階級壓迫是同男性對女性的奴役同時發生的。」

中華文明兩千年的傳承也依賴於競爭。在思想文化領域裡，春秋戰國時代的百家爭鳴是人所共知的盛事。當時，百家蜂起，競相鼓吹。或周遊列國、遊說諸侯，或收徒聚眾、坐而論道。學派林立，互相詰難，詰難就是一種競爭。競爭的結果，互相滲透、交融，共同造就了古代第一次文化學術大繁榮的局面。

隨著社會的發展進步，競爭將更加頻繁和激烈，生存環境越來越嚴酷。殘酷的環境可能是具體的人、具體的實體，也可能是困難、挫折、逆境、厄運。如若靜下心來認真思考一下，也許我們會發現，真正讓我們成熟起來的不是順境，而正是這些逆境；真正讓我們熱愛生命的不是陽光，而是死神；真正促使我們奮發努力的不是優裕的條件，而是遇到的打擊和挫折；真正逼迫我們堅持到底的，不是親人和朋友，而是我們的對手；真正能促使我們成功的力量，往往是在與對手的競爭中激發出來。

因此，必須保持鬥爭的狀態，時刻準備在嚴酷的競爭中求得生存。在人生歷程中，競爭是無法避免的，要生存就必須得面對競爭。既然競爭是社會發展的必然趨勢，是我們無法迴避的一種客觀存在，我們只有勇敢地去面對它，才能在激烈的競爭取勝。

競爭猶如鬧鐘，喚醒你沉睡的潛能，在成功的道路上所向披靡。

進取心態，出席成功舞會的請柬

　　如果一個人安於現狀，視平庸為正常狀態，不想努力掙脫，那麼身體中潛伏的力量就會失去它的功效，他的一生便永遠不能脫離無為的境地。平庸本身並不可怕，可怕的是平庸的思想，以及認為自己命中注定平庸。一旦有了這個思想，就會失去進取心，也就永遠走不出平庸的陰影。

　　瑪格麗特・柴契爾（Margaret Thatcher）是一個享譽世界的政治家，她有一位非常嚴厲的父親。父親總是告誡自己的女兒，無論什麼時候，都要積極進取，不要讓自己落在別人的後面。柴契爾牢牢記住父親的話，每次考試的時候她的成績總是第一，在各種社團活動中也永遠做得最好，甚至在坐車的時候，她也盡量坐在最前排。後來，柴契爾成為英國歷史上唯一的女首相，眾所周知的「鐵娘子」。

　　在這個競爭相當激烈的社會中，我們也許會被搞得身心疲憊，那是因為我們的社會發展得太快，而自己又被落在後面的緣故。要想不落後，就得培養競爭意識，隨時充電，為爭取競爭的主動做好充分的準備。

　　中國山東西北部聊城市在平縣的杜郎口中學，一個具有神祕色彩的學校，每天去這個學校的參觀人員（全國各地的老師）就有一千多名。雖然這是一個農村學校，但這裡卻有一批高水準的人，那裡的學生面對陌生人，從來不會畏懼，而且說起話來，也是抑揚頓挫、表達清晰。當問一個企業老闆：「如果這一批學生都去你那裡應徵，你會要嗎？」那位老闆脫口而出，「要。」是啊，面對這麼好的一批學生，又有誰能把他們拒之門外呢？他們的優秀足以讓所有人折服。

　　這裡的學生流傳一句話：「兩眼一睜，開始競爭。」他們利用有限的資源去學習，條件不知比城裡的孩子差多少，但他們憑藉積極進取的心態，取得了讓城市裡的學生羨慕的成績。要想在競爭中取勝，就必須做好準

備，打一個有準備的漂亮之戰。這也就需要我們從小就去培養孩子們，讓他們贏在起跑線上。

一個人的心胸有多大，舞臺就有多大。進取心和想像力是成功的起點，也是最重要的心理資源。目光高遠，時刻想著提高和進步，是成功者最重要的習慣。

拿破崙・希爾（Oliver Napoleon Hill）整日忙碌，因此需要一個人替他拆閱、分類及回覆他的大部分私人信件，於是聘用了一位年輕的小姐當助手。當時，她的工作是聽拿破崙・希爾口述，記錄信的內容。她的薪水和其他從事類似工作的人大致相同。有一天，拿破崙・希爾口述了下面這句格言，並要求她用打字機把它打下來：「記住：你唯一的限制就是你自己腦海中所設立的那個限制。」當她按要求把打好的紙張交給拿破崙・希爾時，說：「你的格言使我有了一個想法，對我們來說都很有價值。」

拿破崙・希爾並未對這件事留下深刻的印象。但從那天起，拿破崙・希爾看得出來，這件事在他助手腦中留下了極為深刻的印象。她開始在用完晚餐後回到辦公室來，並且從事沒有報酬的分外工作。

她認真研究拿破崙・希爾的風格，把寫好的回信送到拿破崙・希爾的辦公桌來。這些信回覆得跟拿破崙・希爾自己所能寫的完全一樣好，有時甚至更好。她一直保持著這個習慣，直到拿破崙・希爾的私人祕書辭職為止。當拿破崙・希爾開始找人來補這位男祕書的空缺時，他很自然地想到這位小姐。其實在拿破崙・希爾還未正式給她這個職位之前，她已經主動地接收了。她在下班之後，沒有支領加班費的情況下，對自己加以訓練，空缺一出現她就成了最有資格勝任的人。

事情還不只如此。這位年輕小姐的辦事效率太高了，因此引起其他人的注意，開始提供很好的職位請她擔任。拿破崙・希爾多次提高她的薪水，她的薪水現在已是她當初在拿破崙・希爾這裡當一名普通速記員薪水

的四倍。對這件事拿破崙‧希爾實在是束手無策，因為她使自己變得對拿破崙‧希爾極有價值，沒有其他人能替代她。

這就是進取心的力量。不管你目前是從事哪一種工作，每一天你一定要使自己獲得一個機會，使你能在平常的工作範圍之外，從事一些對其他人有價值的服務。在你自動提供這些服務時，你當然明白，你這樣做的目的並不是為了獲得金錢上的報酬。你之所以提供這種服務，因為它是你練習、發展及培養更強烈進取心的一種方式。你必須先擁有這種精神，然後才能在你所選擇的終身事業中，成為一名傑出的人物。

《追求卓越（*In Search of Excellence*）》的作者湯姆‧彼得斯（Tom Peters）被認為是當代最傑出的管理專家之一，在一次講演中，他引用了一位諮詢專家的話，他評價說，這句話可能是英語語言中最重要的話。你猜得到這句話是怎麼說的嗎？

這句話是：「如果你說不出你能怎樣使公司受益，那你就該走人了！」

就是這句話令湯姆‧彼得斯激賞。他說，這句話和我們每個人的職業生涯息息相關，影響我們的命運，決定我們的前途，對於這句話的重要性怎樣高估都不過分。

要使自己端住飯碗，就要不斷進取，使自己成為對公司有價值的人。

前微軟全球高階副總裁、微軟亞洲研究院院長曾經說過：「三十年前，一個工程師夢寐以求的目標就是進入科技最領先的 IBM。那時 IBM 對人才的定義是一個有專業知識的、埋頭苦幹的人。斗轉星移，事物發展到今天，人們對人才的看法已逐步發生了變化。現在，很多公司所渴求的人才是積極主動、充滿熱情、靈活自信的人。」

鋼鐵大王卡內基（Andrew Carnegie）曾經說過：「有兩種人絕不會成大器，一種是非得別人要他做，否則絕不主動做事的人；另一種人則是即使

別人要他做，也做不好事情的人。那些不需要別人催促，就會主動去做應做的事，而且不會半途而廢的人必將成功，這種人懂得要求自己多付出一點點，而且做得比別人預期的更多。」

哪個公司都喜歡那些真正想做點事情的人。這些人往往能自覺地、積極地進行努力，並能不屈不撓地把思想付諸行動，影響和帶動周圍的人去工作。一個人如果進取心不足，在工作中抱應付態度，自然不會提出主動性建議，也不會去開拓工作的新局面。

保持進取之心，你才能獲得出席成功舞會的請柬。

失敗的勇士比聰明的懦夫更值得尊敬

魯迅說過：真正的勇士勇於面對慘淡的人生，勇於正視淋漓的鮮血。

人活一世，要有「山登絕頂，我為峰」的豪邁氣概，要有不畏艱難勇往直前的勇氣，要有敢為人先氣吞山河的魄力。

每位勇士都是從布滿荊棘的道路上走過來的，但他們共有的品質便是勇往直前，有著強烈的競爭心和堅強意志，他們才變得自信而執著，堅韌而成熟。

荊軻一生只做了一件事，就是從河北來到陝西，行刺當時秦國的最高統治者秦王嬴政。這件事最終以失敗而告終，但是，人們卻一直把荊軻看作一個英雄。

荊軻原為衛人，好讀書擊劍。每日與善擊築者高漸離飲於燕市，酒醉高歌，旁若無人。恰逢燕太子丹從秦國逃歸，招納天下勇士，計劃行刺秦王。太子丹請教田光，田說他已年邁，便推薦荊軻與太子結識。因太子曾囑咐過田光勿洩國事機密的話，田光就自刎以明心跡。

太子丹以上賓的禮節對待荊軻。把自己的車馬給荊軻坐，自己的飯

食、衣服讓荊軻一起享用，盡量迎合荊軻的心意。「士為知己者死」，是自古以來中國封建社會做人的最高道德標準之一。太子如此厚愛，荊軻深為感激，決心以死相報。但為了刺殺戒備森嚴的秦王，必須有設法接近他的機會。

當時有一位秦將叫樊於期得罪秦王逃在燕國避難。秦王滅了樊於期的九族，正出重賞要購買樊於期的頭。荊軻建議用樊於期的頭和燕國最肥沃土地督亢的地圖進獻秦王，以獲得接近的機會。太子不忍心。荊軻就親自去見樊於期，向他說明借頭刺殺秦王的計畫。樊一聽，這正是他夢寐以求之事，便立即拔劍慷慨地割下了自己的頭。

時值秦滅趙國，兵臨東國南界。荊軻本想等他的一個好友同行，但迫於形勢危急，在太子丹的催促下，便以太子推薦的一個燕國勇士秦舞陽為副手，整裝赴秦。啟程之日，太子丹和知情的人都到易水河畔送行。人們心知他此去必難以生還，均身著白色衣冠。荊軻的好友高漸離也趕來了。高擊築，荊軻和而歌：風蕭蕭兮易水寒，壯士一去兮不復還！悲壯的歌聲使在場的人無不淚下。

荊軻圓睜雙目，怒髮衝冠。眾人望著他一飲而盡太子進的酒，手牽秦舞陽，躍上馬車，頭也不回，疾馳西去。經過長途跋涉，荊軻二人到達秦都咸陽。透過賄賂秦王的大臣，秦王同意在咸陽宮隆重接見燕國派來朝貢的使臣。

荊軻在前手捧盛著樊於期頭顱的匣子，秦舞陽於後手捧內藏匕首的地圖（這匕首是太子丹用重金買得並煮過毒液的致命凶器），走上殿去。在這緊要關頭，秦舞陽突然臉變白，身體發抖。荊軻從容地解釋說，他是北方村野的小人，未見過世面，請大王寬容他吧，就此掩飾過去了。

秦王驗過樊於期的頭，便要看秦舞陽手中的地圖，荊軻代為獻上。秦王把捲著匕首的地圖逐漸展開，等地圖全展開，裡面的凶器就立即露了出

來。說時遲，那時快，荊軻左手拉住秦王的衣袖，右手握住匕首，就向秦王的胸前刺去。秦王立刻驚起來，把袖子扯斷了，匕首未傷著他。

兩人在殿上繞著柱子追逐起來。後來在侍衛的協助下，秦王終於抽出背負的長劍斬斷了荊軻左腿。荊軻廢然坐下，用手中的匕首擲向秦王，不中，沒入銅柱。秦王又上前用劍砍了荊軻八處傷，荊軻倚柱大笑而亡。

荊軻雖然失敗了，但他這份勇氣卻得到後世的稱頌。危難之時，所謂的「聰明人」苟且偷生，而真正的勇士面臨生死考驗也要與敵人鬥爭到底。這才是競爭的最高境界。

湖面不可能永遠平靜，風雨來臨的時候，總是會掀起層層波紋。我們的一生不可能是一帆風順，挫折和艱險經常與我們並肩而行。當困難與危險向我們挑戰時，是勇敢地迎接挑戰，還是退縮或者舉手投降？從林肯的事蹟中我們可以得出答案。1832 年，林肯失業了，這顯然使他很傷心，但他下定決心要當政治家，當州議員。糟糕的是，他競選失敗了。一年裡遭受兩次打擊，這對他來說無疑是痛苦的。

接著，林肯著手自己創辦企業，可一年不到，這家企業又倒閉了。在以後的十七年間，他不得不為償還企業倒閉時所欠的債務而到處奔波，歷經磨難。

隨後，林肯再一次決定參加競選州議員，這次他成功了。他內心萌發了一絲希望，認為自己的生活有了轉機：「可能我可以成功了！」

1835 年，他訂婚了。但離結婚的日子還差幾個月的時候，未婚妻不幸去世。這對他精神上的打擊實在太大了，他心力交瘁，數月臥床不起。

1836 年，他得了精神衰弱症。

1838 年，林肯覺得身體良好，於是決定競選州議會議長，可他失敗了。

1843 年，他又參加競選美國國會議員，但這次仍然沒有成功。

1846 年，他又一次參加競選國會議員，最後終於當選。兩年任期很快過去，他決定要爭取連任。他認為自己作為國會議員表現是出色的，相信選民會繼續選舉他。但結果很遺憾，他落選了。

因為這次競選他賠了一大筆錢，林肯申請當本州的土地官員。但州政府把他的申請退了回來，上面指出：「做本州的土地官員要求有卓越的才能和超常的智力，你的申請未能滿足這些要求。」接連又是兩次失敗。

1854 年，他競選參議員，但失敗了；兩年後他競選美國副總統提名，結果被對手擊敗；又過了兩年，他再一次競選參議員，還是失敗了。

1860 年，他當選為美國總統。

林肯雖然一次次地嘗試，但卻是一次次地遭受失敗：企業倒閉、愛人去世，競選敗北。要是你碰到這一切，你會不會放棄，放棄這些對你來說是重要的事情？林肯沒有放棄，他也沒有說「要是失敗會怎樣」。面對挑戰只有勇於嘗試的人才是真的勇士，雖敗猶榮。若不是這一次次的競爭、失敗、再競爭，林肯恐怕只能做一輩子的小職員。

喚醒你內心的競爭意識，勇於打拚，即使失敗，也比聰明的懦夫值得尊敬！

沒有對手，有時比沒有朋友更加可悲

殼牌石油策劃經理蓋亞斯有句名言 —— 唯一能持久的競爭優勢是勝過競爭對手的學習能力。

現實生活中，許多人都把對手視為心腹大患，是敵人，是異己，是眼中釘、肉中刺，恨不得馬上除之而後快。其實，只要仔細想一想，便會發現擁有一個強勁的對手，反倒是一種福分，一種造化，一種力量，一劑強心針，一副推進器，一條警策鞭。因為一個強勁的對手，會讓你時刻有危

機四伏的感覺，會激發你更加旺盛的精神和鬥志，會讓你排除萬難去克服一切艱難和險阻，會讓你想方設法去超越、去奪取勝利。

世界充滿了競爭，競爭無處不在，無時不有。有競爭就會有對手，有了對手才有戰勝之而成為強者的念頭。優勝劣汰，適者生存，這就是競爭，這就是要戰勝對手的根本原因。一個旗鼓相當的對手，會讓我們在競爭中得到昇華。

沃爾瑪公司由美國零售業的傳奇人物山姆‧沃爾頓（Samuel Walton）於 1962 年在阿肯色州成立。經過四十多年的發展，沃爾瑪公司已經成為美國最大的私人僱主和世界上最大的連鎖零售企業。沃爾瑪是全球五百強企業榜首。

從一個小城鎮的超市到世界五百強，沃爾瑪的成功源於對對手的重視。

沃爾瑪的競爭對手斯特林商店開始採用金屬貨架以代替木製貨架後，沃爾頓先生立刻請人製作了更漂亮的金屬貨架，併成為全美第一家百分百使用金屬貨架的雜貨店。

沃爾瑪的另一家競爭對手實施自助銷售時，山姆‧沃爾頓先生連夜乘長途巴士到該店所在的明尼蘇達州去考察，回來後開設了自助銷售店，當時是全美第三家。

就是在與對手的競爭中，沃爾瑪從美國中部阿肯色州的本頓維小城崛起，到目前為止，沃爾瑪在全球十四個國家開設了七千八百九十九家商場，員工總數一百九十多萬人，每週光臨沃爾瑪的顧客一點七十五億人次。

與對手的競爭，其目的並非是最終消滅勁敵。真正的對手是在內心當中應該給予充分肯定的。為什麼過了一段時間之後我們的對手會變得如此

的強大，越加的難以應付？難道這本身不是一種提高嗎？難道這還不能說明什麼嗎？因為有了對手我們才不斷進步。

飲料業兩大大廠，可口可樂公司與百事可樂公司，這兩個競爭對手在雙方激烈的競爭中就突出了這種效果。百事可樂與可口可樂都盯死了對方，只要對方一有新動作，另一方肯定也會有新花樣。

早在 1920 年代可口可樂便在古巴用飛機在空中噴出煙霧，畫出「CO-CA-COLA」字樣，可惜因為缺少經驗而失敗。百事可樂在 1940 年更是一下租了八架飛機，飛了十四點五萬公里，在東西兩海岸城市，以機尾噴霧，寫下百事可樂的廣告。可口可樂當然要即時反擊，為強化國民第一飲料的形象，可口可樂贊助了 1939 年的紐約世界博覽會，並請名人喝，將其照片刊在雜誌封面。但相比之下，百事可樂的宣傳廣告方式更有創意。他們專門設計了一套卡通片，而且還創作了一首看似極普通卻風靡全美的廣告歌曲。

兩大大廠在競爭中可謂不遺餘力，使出渾身解數來擊敗對手，但結果卻是兩者都有了長足的發展。可見，只有不斷競爭，才會有生機和活力，才能不斷地克服困難，一直向前。

沒有對手的企業不能成功，沒有對手的生命會失去活力。從這一點上講，對手比朋友更重要。

美麗的非洲大草原是動物的天堂。在大河的兩岸，兩個羚羊群隔水而居，然而東岸羚羊的繁殖能力卻比西岸的強，奔跑速度也比西岸的快。後來，有一位動物學家對這些羚羊的生存環境和飼料來源等各方面的條件進行了研究，仍然沒有發現有何不同。但是多年的動物研究經驗讓這位動物學家確定：一定有某種因素影響著這兩個羚羊群的生存境況。在百思不得其解之餘，他在東西兩岸各選了十隻羚羊，分別把它們送往對岸，一年後，運到西岸的十隻繁殖到十四隻，送到東岸的十隻剩下三隻，另外七隻全被狼吃了。

　　人們這才找到答案。東岸羚羊因為與狼為鄰，整日疲於奔命成就了強壯的體格；西岸羚羊沒有天敵，生活無憂，體質漸漸退化。

　　沒有天敵的動物往往最先滅絕，有天敵的動物則會逐步繁衍壯大。因為有了天敵不斷威脅的殘酷環境，就必須時時警惕，並鍛鍊出對付天敵的本領；而如果沒有天敵的威脅，身處溫和平靜的環境中，則無意中放鬆了自己。久而久之，生存的能力就會慢慢退化，一旦天敵降臨，就無以自衛，難逃滅亡的命運。

　　日本的北海道出產一種味道珍奇的鰻魚，海邊漁村的許多漁民都以捕撈鰻魚為生。

　　鰻魚的生命非常脆弱，只要一離開深海區，要不了半天就會全部死亡。奇怪的是有一位老漁民天天出海捕撈鰻魚，返回岸邊後，他的鰻魚總是活蹦亂跳的。

　　而其他幾家捕撈鰻魚的漁戶，無論如何處置捕撈到的鰻魚，回港後都全是死的。由於鮮活的鰻魚價格要比死亡的鰻魚幾乎貴出一倍以上，所以沒幾年功夫，老漁民一家便成了遠近聞名的富翁。周圍的漁民做著同樣的營生，卻一直只能維持簡單的溫飽。老漁民在臨終之時，把祕訣傳授給了兒子。

　　原來，老漁民使鰻魚不死的祕訣，就是在整船的鰻魚中，放進幾條叫狗魚的雜魚。鰻魚與狗魚非但不是同類，還是出名「對頭」。幾條勢單力薄的狗魚遇到對手，便驚慌地在鰻魚堆裡四處亂竄，這樣一來，反而倒把滿滿一船死氣沉沉的鰻魚全給嚇活了。

　　一種動物如果沒有對手，就會變得死氣沉沉。同樣的，一個人如果沒有對手，那他就會甘於平庸，養成惰性，最終導致庸碌無為。一個群體如果沒有對手，就會因為相互的依賴和潛移默化而喪失活力，喪失生機。一個行業如果沒有了對手，就會喪失進取的意志，就會因為安於現狀而逐步走向衰亡。鰻魚因為有了狗魚這樣的對手，才能保持生命的鮮活。有了對

手，你便不得不奮發圖強，不得不革故鼎新，不得不銳意進取。否則就只有等著被吞併，被替代，被淘汰。成功者的一生總是在超越，尋找，再超越，在尋找對手之間達到極致高峰。張開雙臂迎接對手的挑戰吧，沒有對手比沒有朋友更可悲！

即使不名一文，勇敢打拚，你終將成為百萬富翁

時間一分一秒的流逝，人似乎沒有舒服清閒過。懂事了被父母送到學校，面臨考試、升學、畢業。畢業之後，走向社會，要戀愛，結婚，生孩子。孩子出生後，又要為孩子上學、就業著想。漸漸沒了臉皮，白了頭髮。本應該好好的休息一下，還要對日常生活瑣事煩惱，人事糾紛，鄰里之間，上下級關係，一方水土觀念等等。

這時，很多人開始抱怨命運的不公，忙碌一生也沒換來顯赫的地位、萬貫的家財。其實命運就掌握在我們自己的手中。少壯不努力，老大徒傷悲。閉上眼好好想想，你真的勇敢打拚過嗎？沒有打拚，再好的機會也會擦肩而過；沒有打拚，再多的寶藏也只能深埋地下。

《愛拚才會贏》裡有句歌詞很好：三分天注定，七分靠打拚，愛拚才會贏！

愛拚才會贏，只要拚一小下，你就會向前一大步的。那種年薪百萬，千萬，甚至上億的生活不是可望而不可即的，一切只是時間問題。

有些人不喜歡打拚，總是想安安穩穩地賺一些錢就好了，比如年薪十萬、二十萬就很滿足了，因為這樣不用冒險，又很容易地賺到錢，又安穩，也餓不死，何樂而不為？殊不知，人生不進則退。如果你不努力遲早會被後來者擠掉。人生不能沒有追求、滿於現狀，要勇於冒險，勇於打拚，要努力做出一番大的事業。

真正的失敗是對自己的否定

　　許多人與成功無緣，往往與自我否定有關。他們在學習、工作、創業等過程中，連續遭受多次挫折和失敗後，往往就心灰意冷，意志消沉，甚至就認命了，就不再打拚，不思進取了。

　　有些人面對新事、難事，事情還沒做之前就認為自己沒那能耐，不是那塊「料」。有些求職應徵者，一見求職應徵的人很多，就退縮不前，放棄打拚的機會。有些老闆，面對周圍的保守甚至是反對的勢力，而把原本可以辦成的一項或幾項「國家建設」輕易放棄。

　　這都是自我否定的表現，由此而逐漸產生怯懦、自卑、猶豫、悲觀、絕望等情緒，成為人們進取的心理障礙。

　　有一個罪犯，因作奸犯科，而被法官判處了死刑。罪犯聽到判決後，大聲喊冤，他氣憤地怒吼：「我不服氣！這太不公平了！我從小是個被人遺棄的孤兒，在貧民窟裡長大，老師、同學都瞧不起我，沒有人願意接納我，才逼得我走上絕路！老天太不公平了，我不服氣！我死不瞑目！」

　　法官聽了，示意罪犯靜下來，以平靜的口吻說：「我也是個孤兒，我小時候也是在貧民窟中長大的！」

　　有人在逆境中倒下，有人在逆境中奮起。成為什麼樣的人，關鍵在於自己選擇什麼樣的道路，確立什麼樣的人生目標。如果你自己都瞧不起自己，沒有進取之心，怎麼能在競爭激烈的社會中立足呢。

　　桑提亞哥孤身一人在海邊靠捕魚為生。他已經八十四天沒有捕到一條魚了。最初，一個年輕的孩子曼諾林和他一起分擔，但在過了四十天倒楣日子之後，孩子的爸爸讓孩子到另一條船上工作去了。從那個時候起，桑提亞哥開始一個人工作。每天清早他依然划著小船去捕魚，但晚上他回來時總是兩手空空。

　　桑提亞哥並未因此氣餒。在第八十五天，他在寒冷的黎明前的黑暗中，把小船划出了港口。在把陸地的氣息拋在身後之後，他放下了釣絲。他的兩個魚餌是孩子給他的鮮鮪魚，還有把魚鉤遮蓋起來的沙丁魚。釣絲垂直地下到暗黑的深水裡。老人就靜靜地等待。

　　太陽昇起了，一隻盤旋的軍艦鳥給老人指明了海豚追逐飛魚的地方。但是魚群遊得太快、也太遠了。這隻猛禽又在盤旋了，這次桑提亞哥瞧見鮪魚在太陽光下躍起。一條小鮪魚咬住了他艉纜上的魚鉤。老人在把顫動的鮪魚拉上船板以後，心想這可是一個好兆頭。

　　將近中午，一條魚開始啃起海水深處的那塊魚餌來了。老人輕輕地擺布那條上了鉤的魚，根據釣絲的分量他知道那準是一條大魚。最後他猛拉釣絲把魚鉤給穩住了。但是，那條魚並沒有浮出水面，反而開始把小船拖著往西北方向跑。老人打起精神，斜掛在肩膀上的釣絲繃得緊緊的。他雖然孤身一人，體力也不如從前，但是他有技術，懂得許多訣竅。只要魚游累了他就有機會制服牠。

　　這樣僵持了一下午，太陽在海面上投下最後一抹餘暉，寒意襲人，老人冷得發抖。當他剩下的魚餌中有一塊被咬住時，他就用自己那把帶鞘的刀把釣絲給割斷了。有一次那條魚突然一個側身，把桑提亞哥拉得臉朝下地跌了一跤，老人的頰部也給劃破了。黎明時分，他的左手變得僵硬並抽起筋來了。那條魚還是一直往北游，一點陸地的影子都瞧不見了。釣絲又一次猛的一拉，把老人的右手給勒傷了。老人肚子餓得發慌，就從鮪魚身上割下幾片肉，放在嘴裡慢慢嚼著。他期待著明天的來臨。

　　第二天的太陽終於緩緩躍出了地平線。這條魚蹦出了水面，桑提亞哥瞧見魚的躍起，知道自己釣到了一條從未見過的最大的馬林魚。一會兒魚又往下沉去，轉向了東方。在熾熱的下午，桑提亞哥節省地喝起水壺裡的水。為了忘掉劃破的手和疼痛的背，他回想起過去人們如何稱他為「優勝

者」和他如何在一家酒館裡和一個大個子黑人比手勁。期間，有架飛機從他頭上飛過，他並未求救。

黃昏之際，一條海豚吞食了他重新放上魚餌的小鉤子。他把這條「魚」提到了船板上，小心不去拉動他肩上的釣絲。休息一會之後，他切下幾片海豚肉並且把在海豚胃中發現的兩條飛魚留了下來。那天夜裡他睡著了。他醒來時覺得這條魚跳起時釣絲就滑過他的手指。他緩慢地把釣絲放鬆，盡力想把這條馬林魚拖乏。在這條大魚放慢跳躍時，他把劃破的雙手放在海裡洗，並且吃了一條飛魚。

日出時，這條馬林魚開始打起轉來了。老人感到頭暈目眩，但他盡力把大魚在每轉一圈時拉得更近一些。他雖然幾乎筋疲力盡，終於還是把自己的捕獲物拉得和小船並排在一起，並用魚叉猛擊這條馬林魚。他喝了一點水，然後把馬林魚捆綁在他那條小船的頭部和尾部。這條馬林魚比船還長六十公分。哈瓦那港從來沒有見過誰捕到這麼大的魚。

然而返航的途中，桑提亞哥遇見了鯊魚群。他完全可以把馬林魚留下，自己回去。但他不願服輸，決定與鯊魚一戰到底。老人用盡餘力把魚叉往一條鯊魚身上扎去。鯊魚打著滾沉下去了，帶走了魚叉。更多的鯊魚出現時，他把刀子向鯊魚戳去。鯊魚打了一個滾，結果把刀給折斷了。後來他又用舵把朝牠們劈過去，但是他雙手磨破了皮在流著血。直到最後他已極度疲乏。老人清楚那些鯊魚除了大馬林魚的空骨架之外，是什麼也不會給他留下的。

當他划進小港，讓小船衝上沙灘時，岸上的燈火都已滅了。在朦朧之中，他爬上岸，走進自己的棚屋，一頭倒在床上睡著了。

那天早上晚些時候，孩子發現他時他還躺著。這個時候，一些漁民聚在那隻小船的周圍，對這條從頭到尾大約有五百公分長的大馬林魚嘖嘖稱奇。當曼諾林拿著熱咖啡回到桑提亞哥的棚屋時，老人醒了。他告訴孩子

可以把他那條魚的長吻拿走。曼諾林要老人休息，把身體養好，以便日後再一起出去捕魚。整個下午老人都在睡覺，那孩子就坐在他的床旁邊。桑提亞哥正在夢見那些獅子呢。

這就是海明威的鉅著《老人與海》講述的故事。雖然八十四天沒有捕到魚，桑提亞哥從來不懷疑自己的技術。他每天照樣出海，終於釣上一條大馬林魚，證明了自己的能力。

其實，失敗並不可怕。古話說：「失敗是成功之母」，誰在人生道路上不經歷一兩次甚至多次失敗呢？可怕的是把一次次失敗在內心化為一種自我否定，一種自我設限，一種自我束縛。這是一種可怕的心理定勢。

無論什麼時候，都不要自我否定。昂起頭顱，向著下次的挑戰前進吧！

當競爭與能力結合時，你才能看到成功的火花

俗話說，「沒有金鋼鑽不攬瓷器活」，要想在競爭中獲勝首先要有競爭力，否則就是蠻幹，沒有一點結果。當美好的願望暫時不能實現時，當突如其來的不幸向你挑戰時，當付出一番心血收穫的卻是失敗時，請你想想，競爭之前你準備好了嗎？

成功的花兒，人們只驚羨它現時的明豔，誰知道它當初的芽兒，卻浸透了奮鬥淚泉，灑遍犧牲的血雨！

張強畢業後一心想去一家仰慕已久的大公司，然而和許多人的命運一樣，他在應徵時被淘汰了。但他沒有死心，發誓一定要進入這家公司。於是他採取了一個特殊的策略 —— 假裝自己一無所長。他先找到公司人事部，提出為該公司無償提供勞動力。公司未加考慮便分派他去打掃工廠裡的廢鐵屑。一年來，張強勤勤懇懇地重複著簡單勞累的工作。為了餬口，下班後他還要去酒吧打工。雖然他透過努力得到了上上下下的好感，但是

還是沒有人提及可以錄用他。

有段時間，這家公司的訂單被大批集中退回，導致公司陷入困境。在緊急會議上公司高層一籌莫展，這時張強闖入會議室，對公司面臨的問題提出了自己的見解和改進方案。這個方案，恰到好處地保留了原來機械的優點，同時克服了已出現的弊病，是幫助公司走出困境的好辦法。張強當即被聘為該公司負責生產技術問題的副總經理。

原來，張強在做打掃工作時，就細心觀察了全公司各部門的生產情況，並全部做了詳細記錄，發現了目前各部門所存在的技術問題並努力尋找解決辦法。為此，他花了近一年的時間設計，做了大量的統計數據，為最後一鳴驚人積蓄了力量。張強是聰明的。他在第一次應徵被淘汰後，沒有灰心喪氣、否定自己，而是在做著沒有任何報酬的工作時，細心觀察公司各部門情況，累積了寶貴數據。一年的準備，大大提升了他的競爭力，從而在關鍵時刻一舉成功。

能力的培養一方面來自書本學習，一方面來自於社會實踐。一方偏頗，尤其是後者的缺失，都會導致競爭中的失利。

趙括從年輕時候起就學習兵法，談論用兵打仗的事，認為天下沒有人能夠抵擋他。趙括曾經跟他的父親趙奢議論過用兵打仗的事，趙奢不能駁倒他，然而趙奢不說他好。趙括的母親問趙奢其中的原因，趙奢說：「用兵打仗，本是危險的場合，但是趙括把它說得輕而易舉。假使趙國不讓趙括做將軍也就算了，如果一定要他擔任將軍，那麼毀掉趙國軍隊的一定是趙括了。」

趙括代替廉頗擔任抗秦大將後，全部更改原有的紀律和規定，撤換並重新安排軍官。秦將白起聽說了這些事，假裝敗退，截斷了趙軍運輸軍糧的道路，把趙國的軍隊一切為二，於是軍心離散。經過四十多天，軍中兵士飢餓，趙括帶領精銳的兵士親自上陣戰鬥。秦軍射死了趙括，軍隊大

敗，幾十萬兵士投降了秦國，秦國把他們全部活埋了。

　　這就是著名的「紙上談兵」的故事。能力的培養不是一朝一夕，也不是一方一面。戰場變幻莫測，單憑啃書本不可能應對實際情況。趙括沒有明白這點，貿然出征，葬送自己性命不說，還毀掉了一國軍隊。

　　現代競爭更需要全面的能力，尤其是在職場中。很多人認為專業技能不外乎語言能力、電腦應用能力、學歷和證書。其實，專業能力只是職場競爭力的一部分，很多人卻習慣將兩者劃上等號。一位金融機構的主管目睹同事報考專業證書的盛況，不禁感嘆考證書固然有必要，但很多人的考照動機無異於「買保險」，以為「多一張證書，工作多一分保障」，其實，並非每張證書對工作都有幫助，多證在手只不過是求心安。

　　因為除了專業技能之外，成功還需要很多條件的配合，這些條件就是你的競爭力。

　　不同的生涯階段，需要不同的競爭力。在二十五至三十歲的事業起步期，核心競爭力在於專業技術；三十至三十五歲的事業起飛期，核心競爭力是管理能力；三十五至四十五歲的事業高峰期，關鍵競爭力則是策略規劃與資源整合能力。

　　事業起步階段對一個人非常重要，幾個知名的人力資源管理專家曾列了一份這一階段競爭力清單。如下所示：

　　高學歷：另一個補救方法是選擇學歷門檻較寬的工作，例如部分服務業、製造業等，由於在人才競爭上處於劣勢，對學歷也不敢要求太高，不妨先累積一定的資歷，因為資歷和學歷同樣重要。

　　證書：除了法律、會計、醫療等行業要有證書才能執業外，目前包括金融業、IT業、房地產業、美容業等行業，也都已走向「證書化」。如果你的學歷條件較差，專業證書可彌補學歷的不足。

　　專業技能：在校期間所學習的專業，只是你踏上專業之路的第一步，許多行業所特有的專業技能，學校沒辦法教，一定要實際進入職場後，才能從工作中學習。所以，在工作最初幾年的「學習期」，薪水待遇是其次，學習機會才最重要，要把工作當成學校的延伸，把主管和資深同事當成良師，像海綿般虛心學習，專業技術的「馬步」才扎得穩。

　　過去所謂「一技之長」，現在成了「一技之短」，因為單一技能的人才過剩，若能跨領域培養多重專長，將可拉開你的領先距離。

　　歷練：跨國公司培養高階人才，最重要的方法就是「輪調」，讓你在不同部門與國家之間培養閱歷。歷練的多少，決定你究竟可成大器，還是一顆小螺絲釘。對職場新手來說，對於上司交辦的高難度任務，不可視為畏途，反而應該積極爭取參與各種專案，以及外派出差的機會，給自己更多歷練。

　　人脈：往往會在你意想不到的時候，提供意想不到的一臂之力。但是「貴人」不會從天上掉下來，平時就要勤於耕耘。在你獲得別人的幫助之前，要先樂於助人，先有付出才有回報。

　　若想成功，你必須審視自己的競爭力清單。生命的每個階段，隨時更新自己的清單，做好自我盤點，一方面補強自己的弱項，一方面將強項發揮出來。

　　以能力為基礎去競爭，你才能看到成功的火花！

第五章 競爭心強大,勝利將不再遙遠

第六章
愛心強大，身體將不再冰冷

　　知名作家羅曼‧羅蘭（Romain Rolland）曾經說過：「愛是生命的火焰，沒有它，一切將變成黑夜。」

　　愛心是一片冬日的陽光，使飢寒交迫的人感到人間的溫暖；愛心是一場灑落在久旱土地上的甘霖，使心靈枯萎的人感到情感的滋潤；愛心是一首飄蕩在夜空裡的歌謠，使孤苦無依的人獲得心靈的慰藉。

　　愛心如高原的久遠，似海洋的浩蕩，什麼都無法比擬。

　　讓愛心布滿世界，無邊無際。

愛心，價值最高的終身財富

　　人生一世，煙雲浮華，名利紛爭，無止無盡。萬千世界中，誰又會真正的擁有一切。慾望之淵深不見底，當物質已不再能滿足我們時，什麼才是心靈最終的依託？

　　唯有愛。

　　懂得關心別人，能夠幫助別人解決困難和痛苦，在你奉獻出自己的愛心的同時，幸福和快樂亦將伴隨著你，即使你身無分文，只要擁有一顆善良的心，你就是世界上最富有的人。

　　在一個平凡的小鎮中，有一間普普通通的學校，他是那裡的老師。教師節那天，一大群孩子爭著給他送來了鮮花、卡片、千紙鶴……一張張小臉蛋洋溢著快樂的笑容，好像過節的不是老師倒是他們自己。

　　在這一大堆精緻的禮物中，一張用硬紙做成的卡片很是特別，硬紙上畫著一雙鞋。看得出紙是自己剪裁的 —— 周邊很粗糙，圖是自己畫的，圖形很不規則，顏色是自己塗的 —— 花花綠綠的，紙的上面歪歪扭扭地寫著幾個字：「老師，這雙皮鞋送給你穿。」看著署名像是一個女孩。這個班級他剛接手，一切都還不是很熟，從開學到教師節，也就是十天。他把

「鞋」認真地收在了櫃子裡，「禮輕情義重」啊！呵呵，想到這裡不禁輕輕笑了起來。

節日很快就過去了，一天他在批改作文的時候，看到了這個女同學送給他這雙「鞋」的理由：「別人都穿著皮鞋，老師穿的是布鞋，老師肯定很窮，我做了一雙很漂亮的鞋子給他，不過那鞋不能穿，是畫在紙上的，我希望將來老師能穿上真正的皮鞋。我沒有錢，我有錢一定會買一雙真皮鞋給老師穿的。」這是一個不到十歲的小女孩的心願，他的心為之一動。但是，她怎麼認為穿布鞋是窮人的標誌呢？他想問問她。這是一個很純潔的女孩子，一雙眼睛清澈得沒有任何雜質。當她站到他面前的時候，他似乎找到了答案。他看見了她正穿著一雙方口布鞋，鞋的周邊開了花，這雙布鞋顯然與他腳上的這雙布鞋不一樣。

於是有了下面的對話：

「爸爸在哪裡上班？」

「爸爸在家，退休了。」

「媽媽呢？」

「不知道……走了。」

他再一次看了她腳上的布鞋，那一雙開了花的布鞋。他從抽屜裡拿出那雙「鞋」來。這時他感受出這雙鞋的分量。

她問：「老師你家裡也窮嗎？」

他說：「老師家裡不窮。妳家裡也不窮。」

「同學都說我家裡窮。」她有些委屈。

他笑著摸摸她的頭髮，「妳家裡不窮，妳很富有，妳知道關心別人，送了那麼好的禮物給老師。老師很高興，妳高興嗎？」

她笑了。

「和老師穿一樣的鞋子，高興嗎？」

她用力地點點頭。

他帶著她來到教室，他問大家老師為什麼穿布鞋呢？有的同學說，好看。有的說，透氣，因為自己的奶奶也穿布鞋。有的同學說健身，因為自己的爺爺打拳的時候都穿布鞋。很奇怪沒有人說他窮。他說穿布鞋是一種風格，透氣，舒適，有益健康，小女孩害羞地笑了。

後來這位老師告訴同學們，腳上穿著布鞋心裡卻裝著別人，是最讓老師感到幸福的！只有富有的人才能給予別人，才能給予別人幸福，能給予就不貧窮。

能給予就不貧窮，有愛心就相當於有了一筆價值最高的終身財富。人的出身不能選擇，生存的環境也不能任由自己挑選，財富可以經由奮鬥來一點點獲取，但不是命中注定的，也不是永不消散的，只有愛心，才是人生最寶貴的財富。只要你有心，只要你想，你就可以做得到，就像故事中的小女孩，孑然一身也並不意味著一無所有，擁有愛心，就擁有給予別人幸福的能力，而幸福難道不是人生中最大的一筆財富嗎？

常言道「送人玫瑰，手有餘香」，有時候你收穫的也許不僅僅只是一縷芳香，而是危難中所期盼的援手，黑暗中所希冀的曙光。

中國有句成語叫做「啣環結草」。「啣環」典故見於《後漢書‧楊震傳》中注引的《續齊諧記》。楊震父親楊寶九歲時，在華陰山北，見一隻黃雀被老鷹所傷，墜落在樹下，為螻蟻所困。楊寶見牠可憐，就將牠帶回家，放在籃子中，並以黃花餵養牠，百日之後的一天，黃雀羽毛豐滿，悄然飛走。當夜，有一黃衣童子向楊寶拜謝說：「我是西王母的使者，君仁愛救拯，實感成濟。」並以白環四枚贈與楊寶，說：「它可保佑君的子孫位列三公，為政清廉，處世行事像這玉環一樣潔白無暇。」後事果如黃衣童子所言，楊寶的兒子楊震、孫子楊秉、曾孫楊賜、玄孫楊彪四代官職都官至太

尉，而且都剛正不阿，為政清廉，他們的美德為後人所傳誦。

「結草」的典故則見於《左傳·宣公十五年》。西元594年的七月，秦國出兵伐晉，交戰於晉地，晉將魏顆與秦將杜回相遇，二人廝殺在一起，正在難分難解之際，魏顆突見一位老人用草編的繩子套住杜回，使這位堂堂的秦國大力士站立不穩，摔倒在地，當場被魏顆所俘，晉軍大敗秦師。獲勝收兵後，當天夜裡，魏顆在夢中見到那位白天為他結繩絆倒杜回的老人，老人說：「我就是那位沒有為你父親陪葬的妾室的父親。我今天這樣做是為了報答你的大恩大德！」原來，晉國大夫魏武子有位沒有兒子的愛妾。魏武子剛生病的時候囑咐兒子魏顆說：「我死之後，你一定要把她嫁出去。」不久魏武子病重，又對魏顆說：「我死之後，一定要讓她為我殉葬。」等到魏武子死後，魏顆出於仁愛之心，沒有把那愛妾陪葬，而是將她嫁給了別人，並解釋道：「人在病重的時候，神智是昏亂不清的，我嫁此女，是依據父親神智清醒時的吩咐。」後世將「啣環」「結草」合在一起，流傳至今。

故事雖然帶有神話色彩，卻表達了人類美好的願望。善有善報，用一顆仁愛之心去看待世界，去對待他人，你所收穫的可能遠遠超出你所付出的。

名利財富，如過眼煙雲，生不帶來，死不帶去，唯有愛心，才是你一生中唯一可以積聚的財富。

愛心，融化任何堅冰的魔棒

愛心是一股撞開堅冰的春水，它使鐵石心腸受到心靈的震撼；愛心是沙漠中的一泓清泉，它使瀕臨絕境的人重新看到生的希望；愛心是一座亮在黑夜的燈塔，它使迷途航船找到歸家的港灣。愛心是風，捲起濃密的

雲；愛心是雲，化作及時的雨；愛心是雨，滋潤乾旱的樹；愛心是樹，撐起一片綠蔭。愛心——融化任何堅冰的魔棒！

生活中有風雨，生命中有磨難。滄海桑田，世事變遷，人類依舊生生不息繁衍於大地之上，正是因為愛心的力量。因為它的存在，人們懂得互幫互助；因為它的存在，人們在殘缺的現實中依然可以擁有情感上的完美；因為它的存在，人們在危難之中依然不會放棄希望。

2008年5月12日，一場突如其來的災難突襲了四川。幾乎失去一切的巨大悲傷，使家在汶川的李菊陷入無盡的絕望。但是，三個月後，這位痛失十多位親人的女孩子卻站在了北京奧運會閉幕式的舞臺上，成為接受國際奧委會委員獻花的奧運志願者之一。很多人在問：與那麼多至親生死相隔的她怎麼還會去加入到志願者的行列？李菊勇敢地，帶著哽咽說道：「是好心的人們給我的愛讓我擁有了感恩的心。」

地震發生後第一時間，老師和同學們送來一份又一份愛心捐款；學校為來自災區的學生專門安排心理輔導。最讓李菊難忘的，是一位老師把母親在彌留時刻留給自己的零用錢塞到了她手中。「這是一份多麼厚重的愛，這是一份多麼無私的愛，正是這些愛和關心，支撐著我走過了那段最痛苦的時間。」返鄉探親的途中，李菊看到了來自各地的志願者：他們有的放棄了在北京的優越工作；有的不遠萬里從國外來到北川；有的身上揣著家裡的全部積蓄；還有很多與她年紀相當的同齡人……

他們在危樓瓦礫中參與救援，在餘震不斷時照顧傷員，在受阻道路旁分發食物，在每一個有受災群眾的地方，都會有他們忙碌的身影，「再小的愛乘以無數人會匯成愛的海洋，再大的苦難除以無數人也會變得可以分擔」，從災區返回學校的時候，這句在抗震救災中流行起來的愛心話語已深深刻進李菊的心裡，她下定決心，用愛來忘記悲傷，讓自己也融入這愛的洪流，用自己的愛心來打破苦難的堅冰。在身負如此巨大苦難之時，也

許有人就從此一蹶不振，也許有人就此相隨而去，而李菊卻因為愛的力量，突破層層絕望的堅冰，重生於愛心之中。

愛，讓我們於苦難中可以再一次勇敢地站起來，像李菊一樣用愛支撐起自己；愛，亦可讓我們從死神之手爭奪回生命的希望，於灰敗之中再次讓生命煥發出本來的光彩。

5月12日，地震來襲的那一刻，軍校生郭生還在上課。他家在重災區都江堰市，因為通訊癱瘓，與家人失去連繫。當天晚上，包括郭生在內的三十名同學組成的救援隊到達了都江堰，郭生看到外公外婆的房子已成為廢墟。但是，他卻不能停留，甚至在偶遇父親、得知爺爺和外婆去世的消息時，也不能遲疑片刻。因為從出發那一刻起，他就告訴自己：要服從命令、聽從指揮、全力以赴，做一名真正的軍人。死者長已矣，而廢墟下的生者還等待著我們的救援，時間分秒必爭。

沒有人可以知曉，在地震災區，究竟有多少大學生志願者，背負著家破人亡的悲傷，在暗夜裡獨自擦乾淚水；但正是他們，用自己血肉模糊的雙手，幫助部隊和救援群眾挖出一個又一個倖存者，抬起一副又一副擔架。救災不是最可怕的，最可怕的是失去愛心和勇氣。地震發生後，大學生志願隊和二十七名同學主動來到成都火車東站搬運救災物資。每天需要搬運的救災物資至少有上千噸，需要在車站的十幾條車線上往返上百次。就這樣，從5月17日到22日，他們一做就是五天五夜，每天休息不到五小時！腳走破了，來不及清理包紮；飯變冷了，來不及吃上兩口。有的同學幾天幾夜沒有休息，竟然搬著物資，倒在鐵軌邊上就睡著了⋯⋯

回憶那些日夜，大學生志願隊說，一想到每搬一瓶礦泉水就能救出一條生命，大家就都有了無窮的力量。「只要還沒有倒下，就把時間都交給那些搬運物資。比起一條條鮮活的生命，這一點點付出算得了什麼⋯⋯」在四川省抗震救災指揮部的安排下，大學生志願隊來到綿陽江油市，為受

災群眾進行心理安撫工作。在大學生志願隊建立的流動學堂，失去親人的北川縣小學生董仁良重新開始願意和人說話，並畫出了龜兔在陽光下賽跑的圖畫。面對這一切，人們不禁潸然淚下，突如其來的災難冰封了幼小的心靈，而愛卻一如夏日裡最耀眼的驕陽，可以融化一切苦難，我們的愛心將永遠呵護他們健康成長。

愛心是一道飛架在天邊的彩虹，它使滿目陰霾的人見到世界的美麗；愛心是夜空中的一輪明月，它使孤苦無依的人重新獲得心靈的慰藉。有愛，有你，有我，有他，任何苦難都不會壓倒我們，愛心是融化任何堅冰的魔棒，身懷魔棒的我們，以愛的魔法，必將創造生命的奇蹟！

成功的藍天下不是只有金錢

什麼才是成功？對於這個問題，也許，每個人都有他自己不同的答案。很多人喜歡用財富、官位、權勢或者聲望來定義成功人生。通常情況下，如果這個人非常有錢，坐擁幾個億的資產，那人們就會不假思索地認為這個人很成功，因為他擁有了他們不可企及的財富；如果一個人占據高位，在政壇可以呼風喚雨，那人們也會毫無異議地承認這個人很成功，因為他獲得了他們所不敢想像的政治權勢；如果一個人聲名顯赫，在公眾眼裡光芒四射，那人們也會毫不猶豫地認為這個人很成功，因為他們享受了萬眾矚目的自豪和快樂。

那麼，成功的藍天下只有這些東西嗎？只有這些金錢可以衡量的財富名利嗎？

「我叫阿飛，來自深圳，義工編碼是 2478。能對社會有所奉獻，能對他人有所幫助，我感到很快樂。」無論到哪裡，阿飛都是這樣介紹著自己，不遺餘力地宣傳慈善事業。三十六歲的阿飛，唯一的職務是藝工隊隊

長，這是一份沒有薪水的社會工作。作為一名職業歌手，阿飛以唱歌為生，但他又是一名星級義工，他短暫的一生為社會進行公益演出三百多場，義工服務時間達到三千六百多小時。作為一名著名歌手，阿飛的商演頻繁，本可以過上富裕生活，但他傾其所有，累計捐款捐物三百多萬元，資助捐助失學兒童和殘疾人超過一百五十人，自己卻一直過著清貧的生活，經濟狀況時常捉襟見肘。特別是在 2003 年至 2004 年間，為了在開學前籌齊助學款，他先後背上了十七萬元的債務。

阿飛不僅多次到北京與巨星同臺演出，還多次應邀到國外演出，但更廣闊的舞臺還是在人民群眾之中，他一次次深入到部隊礦廠、貧困山區、學校社群，全身心投入到慈善事業，積極參與社會公益演出。1998 年 3月 10 日至 16 日，阿飛為了資助深圳的貧困孩子讀書，連續舉辦了七場「幫困助弱阿飛義演晚會」，表演結束後他將門票收入全部捐獻給了深圳青少年事業發展基金會。1998 年 8 月 19 日，地方局處邀請阿飛參加次日的「情繫災區抗洪救災大型義演」，阿飛立即推掉正在進行的商業演出趕回深圳，並將自己在湖南演出收入全部捐了出來。據不完全統計，僅在 1998年，阿飛在各類義演中為公益事業籌集到的資金就高達一百多萬元。

從 1995 年正式公開認養第一批輟學孩童起，一直到他生命終止的那一刻，阿飛陸續資助了來自貴州、湖南、四川、雲南等地的貧困學生一百四十六人，其中有布依族、彝族、羌族、苗族、白族等十多個少數民族。在他身患癌症住院治療的前一年，他又認養了三十二名孤兒和貧困學生，資助孩子的總數達到一百七十八個。在身患晚期胃癌的情況下，阿飛仍牽掛著他的「孩子們」，將別人捐贈給他的醫藥費捐給他們當學費、生活費。在病房裡，「愛心市民」阿飛收穫了來自社會各界的關愛，他的愛心接力棒被更多人接了過去、傳了開來。躺在病床上的阿飛樂觀堅強，但此時的他已然無聲，因為癌細胞已經浸潤了他的聲帶。4 月 22 日，阿飛

住進醫院，被診斷為晚期胃癌。5 月 13 日，醫院為阿飛實施手術，但開啟腹腔後才發現癌細胞已經擴散到全身臟器。一位醫學專家對記者說：「阿飛的癌細胞已經廣泛擴散，太遲了。如果他能提早半年手術，一切都會不同。」然而，在這生死攸關的半年裡，我們在阿飛的工作記錄裡看到的卻是這樣一組震撼人心的數字：

2004 年 10 月，參加各類文藝演出二十五場，到殘疾人康復站義演兩場，其中兩場是收費的商業演出，兩萬元收入全部當貧困生的學費；

2004 年 11 月，持續高燒、胃部疼痛的阿飛堅持到養老院、福利院及監獄義演了八場，到殘疾人康復站義演四場；

2004 年 12 月，阿飛開始吐血、便血，胃部劇烈疼痛，在止痛藥的支撐下演了十六場，僅 12 月 25 日聖誕節當天就演出三場。這十六場演出中，只有一場是有收入的商業演出，其他不是友情贊助就是慈善義演；

2005 年 1 月，阿飛的病情繼續惡化，全身開始劇烈疼痛，但他還是以常人難以想像的毅力參加了六場為海嘯災區的賑災義演；

還有，還有……

只是我們已經無力，也不忍再去回憶。是什麼在支撐著他？是什麼樣的力量讓他在病痛之中依然堅強地奔走於各場演出？

猶記得，在那生命的最後日子裡，醫院走廊盡頭，屏風後的房間裡，病人躺在床上。陽光從窗外斜射進來，斑駁的樹影搖曳著落於平靜的房間裡，穿著綠色條格病服的阿飛，靜靜地看著書。手術後，他曾向醫生詢問病情，但醫生和家人都沒有如實告之，至今阿飛也僅僅知道自己患了胃癌，但並不知道已經擴散，動手術後，樂觀開朗的他以為切除了，一切都會好起來。精神好的時候，他喜歡在病房和門口散步，用眼神和別人交流，只有到非說不可的時候才開口。他說，如果嗓子恢復不了，做不了歌

手，他還可以演啞劇，還可以做他想做的事情，他還可以繼續資助那些可愛的孩子，他還可以……

短暫的時光之中，阿飛全心全意懷著無私的愛心演繹了屬於他自己的成功人生，直至生命的盡頭。我們無法找到更加合適的詞彙來形容我們的感覺、我們的感動，在阿飛面前一切言語都顯得是那麼的蒼白無力。

時光流逝，歲月變遷，一切都會慢慢地消失在歷史的長河之中。曾經流行的旋律，耀眼的群星，終將變為一段過去的回憶；曾經令人垂涎的財富，叱吒一方的力量，也終將褪變成一段歷史的符號。然而，無論多久，當我們再一次看到阿飛的故事時，文字之中，塵埃之上，我們的心依然會為之顫動，依然可以感受到他那如流星一般短暫卻又耀眼的生命所散發出的愛的光芒。

我們相信，天堂有知，阿飛一定可以笑著回憶自己的一生，不一定需要所有人的理解，不一定坐擁財富名利，為自己的人生目標而努力，為獲得愛心幫助的人們而開心，為自己的人生信念而堅守自己的原則。阿飛，你是成功的！

不同的成長曆程，不同的生活信念，不同的價值觀，就會有不同的人生目標。什麼是成功？有人把名利財富界定為衡量成功與否的標準，我們無可厚非。但是，漫漫人生路，有荊棘，也有鮮花。藍天下，成功不只是金錢！

給予，比笑話更長久的興奮劑

黎巴嫩的文壇驕子曾經說過：「在花中採蜜，是蜜蜂的娛樂；但將蜜汁送給蜜蜂，也是花的快樂。」你快樂，我開心，就像蜜蜂和花兒一樣，給予的是愛，收穫的是快樂；接受的是幫助，回饋的是微笑。一個簡單的

笑話，說給別人聽，說者開心，聽者亦陶然，一種快樂的氣氛就會油然而生，而給予更是比笑話更加長久的一劑打破平淡乏味生活的興奮劑。

給予，並不是一件困難的事情，有時僅僅是一朵路邊的野花，一個簡簡單單的擁抱，帶給別人的是生活中的一縷溫馨，收穫的是別人真心的微笑。

天性極富愛心的法官李‧夏普洛，在退休後依然致力於愛心傳播活動。他認為愛是人世間最偉大的力量，能夠給予別人快樂更是人世間最快樂、最開心的事情，因此他總是擁抱別人。他的大學同學給他取了「抱抱法官」的綽號，甚至連車子的保險槓上都寫著：「擁抱我！」

幾年前，他發明了所謂的「擁抱裝備」。外面寫著「一顆心換一個擁抱」的袋子，裡面則裝著 30 個背後可貼的刺繡小紅心。他常帶著「擁抱裝備」到人群中，給一個紅心，換一個擁抱。

李‧夏普洛因為「抱抱法官」的活動而聲名大噪，許多人邀請他到一些會議進行演講；他總是和人分享「無條件的愛」這種概念。一次，在洛杉磯的會議中，地方小報向他挑戰：「擁抱參加會議的人，當然很容易，因為他們是自願選擇參加的，但這在真實生活中是行不通的。」他們要求李試驗是否能在洛杉磯街頭擁抱路人。大批的電視工作人員，尾隨李到街頭進行探訪。

首先李向經過的婦女打招呼：「嗨！我是李‧夏普洛，大家叫我『抱抱法官』。我是否可以用這些愛心和妳換一個擁抱。」婦女欣然同意，地方新聞的評論員則覺得這太簡單了。李看看四周，他看到一個交通女警正在開罰單給一臺寶馬車車主。李從容不迫走上前去，所有的攝影機緊緊跟在後面。接著他說：「妳看起來像需要一個擁抱，我是『抱抱法官』，可以免費奉送一個擁抱。」那女警接受了。那位電視時事評論員不服氣，又提出了最後的難題：「看，那邊來了一輛公車。眾所皆知，洛杉磯的公車司機最

難纏，愛發牢騷，脾氣又壞。讓我們看看你能從司機身上得到擁抱嗎？」李接受了這項挑戰。當公車停靠到路旁時，李跟車上的司機攀談：「嗨！我是李法官，人家叫我『抱抱法官』。開車是一項壓力很大的工作哦！我今天想擁抱一些人，好讓人能卸下重擔，再繼續工作。你需不需要一個擁抱呢？」那位一百九十公分高、一百多公斤的公車司機離開座位，走下車子，高興地說：「好啊！」李擁抱他，給了他一顆紅心，看著車子離開還一直說再見。看到這一幕，跟隨的工作人員，個個無言以辯。最後，那位電視時事評論員不得不承認，獲得別人的擁抱人們是真的很開心。

　　某一天，李的一個朋友南西來拜訪他。她是位職業小丑，畫著小丑的臉譜，穿著小丑的衣服。她來邀請李帶著「擁抱裝備」，一起去殘疾之家，探望那裡的朋友。他們到達之後，便開始分發氣球、帽子、紅心，並且擁抱那裡的病人。李心裡覺得很難過，因為他從沒擁抱過臨終的病人、嚴重智障或四肢麻痺的人。剛開始很勉強，但過了一會兒，南西和李受醫師和護士鼓勵之後，便覺得容易得多了。數小時之後，他們終於來到了最後一個病房。在那裡，李看到他這輩子所見過情況最糟的三十四個病人，頓時他的情緒變得十分複雜。他們的任務是要將愛心分出去，點亮病人心中的燈火，於是李和朋友便開始分送歡樂。此時整個房間擠滿了被鼓舞的醫護人員。他們的領口全貼著小紅心，頭上還戴著可愛的氣球帽。

　　最後李來到最後一個病人面前。那病人穿著一件白色圍兜，神情呆滯地流著口水。李看他流著口水時，對南西說：「我們跳過去別管他吧！」南西回答：「可是他也是我們的一個朋友啊！」接著她將滑稽的氣球帽放在病患頭上。李則是貼了一張小紅心在圍兜上。他深呼吸一下，彎下腰抱了一下他。突然間，那名病人開始嘻嘻大笑，其他病人也開始把房間弄得叮噹作響。李回過頭想問醫護人員這是怎麼一回事時，只見所有的醫師、護士都喜極而泣。李只好問護士長發生什麼事。李‧夏普洛永遠不會忘記她

的回答：「二十三年來，我們第一次看到他笑了。」讓別人的生命有一點不同，有一點亮光是何等簡單！只要你有心，只要你肯去做，給予別人快樂是一件多麼容易的事情啊！只是一個擁抱，你所獲得的就是發自內心的微笑。點亮別人，也溫暖自己。

此外，正如人們說常說的：「送人玫瑰，手有餘香」，有時給別人留有餘地，往往就是給自己留下了生機與希望。

曾經有一個鄉村種了很多的柿子。金秋季節，這裡處處可見人們採摘柿子的忙碌身影，但是，採摘結束後，有些熟透的柿子也不會被摘下來。這些留在樹上的柿子，成為一道特有的風景，一些遊人經過這裡時，都會奇怪地問道，這些柿子又大又紅，不摘豈不可惜。當地的果農則回答說，不管柿子長得多麼誘人，也不會摘下來，因為這是留給喜鵲的食物。是什麼使得這裡的人留有這樣一種習慣呢？原來，這裡是喜鵲的棲息地，每到冬天，喜鵲都會在果樹上築巢過冬。有一年冬天，天特別冷，下了很大的雪，幾百隻找不到食物的喜鵲一夜之間都被凍死了。第二年春天，柿子樹重新吐綠發芽，開花結果了。但就在這時，一種不知名的毛蟲突然氾濫成災。因為毛蟲的大敵喜鵲大量凍死，那年柿子幾乎絕產。從那以後，每年秋天收穫柿子時，人們都會留下一些柿子，作為喜鵲過冬的食物，留在樹上的柿子吸引了許多喜鵲到這裡度過冬天，喜鵲彷彿也會感恩，春天也不飛走，整天忙著捕捉樹上的蟲子，從而保證了這一年柿子的豐收。自然界裡的一切，都是相互依存的，一榮俱榮，一損俱損。留幾枚柿子在樹上，那是一道人間最美的一道風景。

給予，是一種發自心靈深處的快樂，是一種哪怕自己在病痛中也能感受到的心靜似水的快樂。因為給予並不是完全的失去，而是一種高尚的、雙向的收穫。給予是一劑生活的興奮劑，因為它會在你發生危險時，給你回饋，給予你奮鬥下去的力量。

一顆「給予」的心便是沙漠中的一片綠洲，在滋潤別人的同時滋潤自身。給予他人一點關懷、一絲溫馨、一次幫助，收穫快樂，枯燥的生活就會散發出光彩。

愛是醫治精神疾病的特效藥

愛是相互間的信任與諒解。愛是艱難中的支持與相依。月有陰晴圓缺，人有旦夕禍福。

人生一世，或苦難，或傷痛，總有著不如意的時刻，總有藥石無靈之時，什麼才能拯救我們於絕望之中？什麼才能重新溫暖我們內心的孤獨世界？

愛，只有愛，無論何時，無論何種境地，只有愛永遠不會輕言放棄，只有愛有力量、有勇氣生死相依、貧困相扶，永遠不離不棄。

每個人的心中都盛開著一朵屬於他自己的心靈之花，或嬌豔，或清冷，而愛是他們唯一的滋養，無論是朋友之愛、父母之愛，還是情人之愛，都是我們心靈最後的慰藉，最可靠的依託，最有效的良藥。

諾貝爾獎得主小約翰‧富比士‧納許（John Forbes Nash）是一位英俊而又十分古怪的數學家，早年他在數學方面就已有了驚人的發現，並享有國際聲譽。但納許出眾的直覺受到思覺失調症的困擾，使他在向學術最高層次進軍的歷程發生了巨大改變。面對這個曾經擊毀許多人的挑戰，納許在深愛著的妻子艾麗西亞（Alicia）的相助下，毫不畏懼，頑強抗爭。經過了幾十年的艱難努力，他終於戰勝了這個不幸，並於 1994 年獲得諾貝爾獎。他們之間的愛情故事感動了很多世人，奧斯卡最佳影片 ——《美麗境界（*A Beautiful Mind*）》，就是以他們的故事為原型。

1947 年納許進入普林斯頓大學學習並開始研究數學。當時的普林斯頓

151

已經成為全世界的數學中心，愛因斯坦等世界級大師均雲集於此。在普林斯頓自由的學術空氣裡，納許如魚得水。1958 年，納許因其在數學領域的優異工作被美國《財富》雜誌評為新一代天才數學家中最傑出的人物。納許最重要的理論就是現在廣泛出現在經濟學教科書上的「納許均衡」，這也是他二十一歲博士畢業的論文，奠定了數十年後他獲得諾貝爾經濟學獎的基礎。

後來，納許獲得了在麻省理工學院做研究和教學的工作，這是一個眾人覬覦的工作，但是他對這些並不在意。科學曾為美國第二次世界大戰的獲勝發揮了巨大的作用。當時，冷戰盛行，納許渴望在這場新的衝突中發揮自己的優勢。他的願望得到了實現，神祕兮兮的威廉・帕奇（William Parcher）招募他參加一個絕密的任務，破解敵人的密碼。納許在麻省理工學院工作的同時，全身心地投入到了這個耗神的工作中。同時在這裡，納許受到全新的挑戰，但是這次的挑戰卻是來自光彩照人的艾麗西亞（Alicia），一個物理系學生，她將納許引入了一個從來沒有認真考慮過的領域 —— 愛情。

墜入愛河的納許和艾麗西亞結婚了，但是他不能告訴她自己正在從事的危險專案。這項工作若稍有不慎洩了密，後果將不堪設想。納許一直是悄悄地做，他被這項工作深深地迷住了，最終迷失在這些無法抵禦的錯覺中。經診斷，他得的是妄想型思覺失調症。納許的遭遇嚇壞艾麗西亞，她掙扎在幾乎於被毀的天才的愛的重壓下。隨之而來的每一天都會帶給他們新的恐怖，這對令人羨慕的伴侶正面臨危機。1958 年的秋天，正當艾麗西亞半驚半喜地發現自己懷孕時，納許卻為自己的未來滿懷心事，越來越不安。系主任已答應在那年冬天給他永久教職，但是納許卻出現了各種稀奇古怪的行為：他擔心被徵兵入伍而毀了自己的數學創造力，他夢想成立一個世界政府，他認為報紙上每一個字母都隱含著神祕的意義，而只有他才

能讀懂其中的寓意。他認為世界上的一切都可以用一個數學公式表達。他給聯合國寫信，給每個國家的大使館投遞信件，要求支持他成立世界政府的想法……終於，納許被送進了精神病醫院。

幾年後，雖然艾麗西亞與納許離婚了，但是她一直都沒有放棄納許。離婚以後，艾麗西亞再也沒有結婚，依靠自己的微薄收入和親友的接濟，繼續照料前夫和他們唯一的兒子。她堅持納許應該留在普林斯頓，因為如果一個人行為古怪，在別的地方會被當作瘋子，而在普林斯頓這個廣納天才的地方，人們會充滿愛心地想，他可能是一個天才。有人說，站在金字塔尖上的科學家都有一個異常孤獨的大腦，納許發瘋是因為他太孤獨了。

但是，納許在發瘋之後卻並不孤獨，他的妻子、朋友和同事們沒有拋棄他，而是不遺餘力地幫助他，挽救他，試圖把他拉出疾病的深淵。儘管納許決心辭去麻省理工學院教授的職位，但他的同事和上司們還是設法為他保了保險。他的同事聽說他被關進了精神病醫院後，打了通電話給當時美國著名的精神病學專家說：「為了國家利益，必須竭盡所能將納許教授復原為那個富有創造精神的人。」越來越多的人聚集到納許的身邊，他們設立了一個資助納許治療的基金，並在美國數學會發起一個募捐活動。基金的設立人寫到：「如果在幫助納許返回數學領域方面有什麼事情可以做，哪怕是在一個很小的範圍，不僅對他，而且對數學都很有好處。」

也許真的是這一份份滿滿的愛感動了天地，守得雲開見月明，妻子和朋友堅持不懈的關愛終於得到了回報。八零年代末的一個清晨，當普林斯頓高等研究院的戴森教授像平常一樣向納許道早安時，納許回答說：「我看見你的女兒今天又上了電視。」從來沒有聽到過納許說話的戴森仍然記得當時的震驚之情，他說：「我覺得最奇妙的還是這個緩慢的甦醒，漸漸地他就越來越清醒，還沒有任何人曾經像他這樣清醒過來。」隨之，在2001 年，經過幾十年風風雨雨的艾麗西亞與約翰‧納許復婚了。事實上，

在漫長的歲月裡，艾麗西亞在心靈上從來沒有離開過納許。這個偉大的女性用一生與命運進行博弈，用愛與困擾納許的精神疾病作鬥爭，她終於取得了勝利。而納許，也在得與失的博弈中取得均衡，最終獲得了學術界的最高獎勵——諾貝爾獎。今天，納許繼續在他的領域中耕耘著。

納許的精神疾病，曾被多位著名的精神病專家判定為只能希冀好轉、不能治癒的嚴重思覺失調症，而他意外的完全康復，至今仍是人類醫學史上的奇蹟。對於納許來說，那段被禁閉治療、孤立無援的日子，正是由於妻子忠誠不渝的愛和同事、朋友的關愛，陪他走過了那艱難的歲月，正是愛將他拉出了那孤獨、絕望的內心世界。愛，是最終治癒他精神疾病的特效藥。

愛，在心中盛開為花，花中的日子明媚如新；

愛，在雨中相依為傘，傘下的世界溫暖依舊。

愛，你在，所以，我也在這裡！

愛沒有大小，愛並無形狀

愛沒有大小，愛並無形狀，無論何種愛都是人世間最美好的感情，都是支撐我們在這個世界堅持奮鬥下去的不竭動力。

愛不分大小，一絲一縷，哪怕一個洋溢著溫暖的微笑，一個充滿愛心的擁抱，只要是真心真意，都是無比珍貴的。

5 月 12 日漢川地震之後，一方有難，八方支持。人們紛紛慷慨解囊，一筆筆捐款從四面八方源源不斷地匯往災區。對於那些向災區和災民捐了幾萬、幾十萬、幾百萬、幾千萬甚至上億的人，很多人都會投去讚美和讚嘆的目光，都會默默地代災區人民向這些捐款者道聲「謝謝」。

但是，在南京，一筆看起來十分微薄的捐款，卻讓許多人為之淚流滿

面。不錯，四百六十五元，相對於那些高額和鉅額捐款來說，真的太微不足道了。可是，當我們知道這四百六十五元是出於一位乞討老人之手，一位在很多人不屑的眼光中生存的老人之手，沒有幾個人會不為之動容。我們真的無法想像，對於這位乞丐老人來說，四百六十五元，需要他走多少路、低多少次頭、說多少好聽的話、看多少人的白眼，但是，他卻毫不猶豫地把這四百六十五元捐給了災區人民，甚至為了「好看」一些，還特地把那些沾滿憐憫和同情的「零錢」到銀行換成了「鈔票」，投進了捐贈箱。「災區的人比我更困難，他們的生命都受到威脅，不容易啊！」

我們不知道，世上還有沒有比這分量更重、感情更濃的語言，但我們明白，這是一位老人最真誠的心，最質樸的愛。

愛沒有大小，四百六十五元對於我們很多人來說，是一個很小的數字，也許只是一頓速食，一場電影的價錢，但是對於這位乞討老人來說確是他全部的身家。這情，這份愛又是如此之重。

愛沒有大小，愛亦並無形狀。困苦中的資助、危難中的幫扶、平淡裡的溫馨、乏味中的笑顏，這都是愛。無論是嚴父之愛的厚重，還是慈母之愛的溫暖；無論是情人之愛的熱烈，還是友人之愛的溫馨，都是我們所能擁有的人世間最寶貴感情。也許當時的你並不一定能夠完全理解，歲月飛逝，時光流轉，當某一天切都已經明白，總有一種感動，讓我們淚流滿面。

在那個寒冷的冬天，他的事業也幾乎遭受了滅頂之災，他們不得不搬出那套豪華溫暖的房子，在市郊另租了一套簡陋的房子。房間陰冷潮溼，一如他們當時的心情。他對她說：「相信我，會好起來的！」

她信！白天，他在外面賣命地奔波，有時一整天也不打一個電話回來。她理解他，知道他在外面所做的一切都是為了他們的將來。晚上到家大部分時間裡，他總是一個人坐在電腦前查數據，整理資訊，打電話然後

昏昏地睡去。他很少和她閒聊。她理解他，知道他很累，需要休息。但不管怎麼累，他都要天天洗澡，那是他多年養成的習慣。浴室裡只有簡陋的沐浴，這讓她很懷念那套曾經溫馨的豪宅。

想起以前的日子，她有些傷心，因為她突然發現他不在乎她了。不再對她噓寒問暖，這從洗澡這件事上就能看出來。在以前，他總是讓她先洗，他自己卻留著一身臭汗在客廳或者書房裡，直到她洗完。這樣的細節曾令她自豪和感動。可是現在，他總是要先洗。每當她要走進浴室的時候，他就會突然說，我先來吧。然後她便聽見浴室裡嘩嘩的水聲。生活的艱難磨去了他的紳士風度，改變了他們的相敬如賓，更削減了他對她的愛戀。她想他為什麼不能繼續讓著她呢？這是不是說明他已經不再愛她了？後來有一天，她終於忍不住了，問他為什麼。他愣了半天說：「在外面跑了一天，一身的臭汗不舒服，所以急著沖一下。」她幾乎絕望了。他終於不再疼她了嗎？難道她不僅僅失去了以前那套豪宅，並且也正在失去愛情嗎？

那一天，如往常一樣，他出去了。她百無聊賴，開啟了他的電腦。驚奇的發現他竟然天天在電腦上寫日記！她慢慢地讀著，讀著。然後，泣不成聲。她看到這樣一段文字：「今天她問我為什麼總是要搶在她前面洗澡。我沒有說實話，我怕她為我難過。浴室很冷，但我知道，在沐浴完以後，那裡面的溫度會升高一點點，哪怕是一度也好。那樣的話，她在洗澡的時候該會暖和一些吧？在這艱苦和寒冷的日子裡，至少我還能送給她這一度的溫暖！」

你先還是我先，多麼簡單而且微不足道的問題，可無論哪一種情況，都滿含了他對她的疼愛。愛有一定的形狀嗎？愛有固定的模式嗎？有些時候，只是我們的眼睛蒙蔽了我們的頭腦，我們固定的思維讓我們忽視了眼前的愛。

在她小的時候，有一天，她曾問媽媽為什麼會嫁給爸爸，媽媽一臉幸福地摸著她的頭說，他們那時候都是經過相親而結婚的。媽和爸相親的那一天，剛好牙疼，吃飯的時候又不好意思說不吃，於是捧著碗慢慢地嚼，身旁的爸爸輕輕地問了一句：「妳是不是牙痛呀？」媽媽紅著臉點點頭，爸爸也就放慢了速度，陪著她慢慢地吃。後來，媽媽就這樣嫁給了爸爸。

她的心裡便有了這麼一種想法，以後要是有哪個男孩會在她吃飯的時候問她是不是牙痛，她也一定嫁給他。後來她有了自己的男朋友，他溫柔體貼，對她也十分好，一次一起吃飯，她想起了媽媽和爸爸的故事，就故意慢慢地吃著，可他不但沒有什麼反應，還一直不停地往她碗裡夾著菜，讓她快點吃，多點吃。她很失望，漸漸地也失去了愛的激情，最終他們分手了。

多年以後，一次偶然同桌吃飯，她的牙齒卻真的疼了起來，她沒有說話，低著頭慢慢地吃，他問：「怎麼？是不是牙痛？」她猛地抬起頭，怔在原地，眼淚，在眼眶裡打轉。他接著說：「我女友也是牙痛，吃飯的時候牙痛了便一聲不哼地慢慢吃。」這次，眼淚便如決堤的河水，一發不可收拾，這句話，她等了多少年？盼了多少年？如今，等到了，但是她為這句話而嫁給他的可能卻變成了永遠的不可能了。原來，愛並沒有固定的形狀，執著於形式，往往卻錯過了我們一直所想要的。

真愛不在於大小，不在於奢華與貧窮。真愛沒有任何固定的模式與形狀，擦亮你的眼睛，不要讓愛在身邊悄悄地溜走。

當你獻出愛時，就會發現自己早已被愛包圍

愛是人類的一種感情，當你拒絕愛時，當你遮蔽了自己愛的感覺時，即使你的身邊早已充滿了愛，卻仍然如身處密閉的寒屋一樣，不管屋外的陽光是多麼的燦爛，你的身心依舊是冰凍的。而你所需要的僅僅是開啟

門，走出來，你就會發現，原來陽光是如此的明媚。當你獻出愛時，就會發現自己早已被愛包圍。

喬琪是一位美麗的女孩，在她的身邊有著無數愛慕的身影，可最後她卻和一個異國的年輕人墜入了愛河，結成了夫妻，並隨他遠赴異鄉，來到一個陌生的地方。在那裡，外貌的差異和陌生的環境，都令她感到惴惴不安，他的國家的人們相對於喬琪都長得異常高大，嬌小的她心中難免有著一絲恐慌。每天除了在自家的房子裡，她連外面的花園也不願意出去，煩悶枯燥的生活令她深感壓抑。年輕的丈夫看在眼裡，很是心疼，卻又無可奈何。

一天，丈夫去上班了，喬琪一個人在家把屋子打掃了一遍又一遍，卻還是悶悶不樂。沒有朋友的日子，沒有人可以交流的日子是多麼乏味啊。這時，門鈴卻突然響了起來，喬琪並不想去開門，在那些高大的人面前，她像一個小孩子一樣無措。「喬琪姐姐，妳在家嗎？」門外卻突然傳來了一個軟軟的小孩子聲音，「我需要幫助。」小孩子？什麼幫助？喬琪好奇地開啟了門，臺階上站著一個可愛的小男孩，大概七八歲吧，他的手裡拿著一件襯衫，將另外的一隻手伸到了她的面前，掌心放著一顆小小的扣子，「喬琪姐姐，我叫雅各布，我住在隔壁，我校服的扣子掉了，爸爸說我的衣服太小了，他抓不住這個釦子，也縫不上，您能幫我嗎？」也許是好久沒有和丈夫以外的人說過話了，也許是這個小孩看起來很可愛，總之，喬琪把小男孩帶進了家裡，給他縫上了校服的扣子，小男孩興奮地親了她一口，不知道為什麼，喬琪感到心裡暖暖的。晚上，年輕人回來以後，喬琪把這件事情告訴了丈夫。

第二天是休息的日子，年輕人並沒有上班，而是帶喬琪一起去後花園裡栽種金盞菊，花很美麗，喬琪很驚奇地問道：「你每天不是都在上班嗎？為什麼還有時間來整理花園呢，這裡幾乎看不到一顆荒草，花也開得

好美麗啊！」年輕人笑著回答道，「還記得昨天的雅各布嗎？他的爸爸是專業的園藝師，我們的花園靠在一起，每次雅各布的爸爸都會幫我們管理。看，他正在花園裡呢！」喬琪抬起頭，那個高高大大的男人竟露出一抹好像害羞一樣的笑容。年輕人走過去和雅各布的爸爸說了幾句話，回來時手裡竟然捧著一隻小小的貓咪，喬琪驚喜萬分，「喏，他們的貓咪生了小貓，特意留給妳的，感謝妳幫了雅各布的忙，喜歡嗎？」小小的貓咪捧在手裡，絨絨的腦袋低低地蹭著她的胸口，有什麼不一樣的東西緩緩地流進了她的心裡。

晚上，她趴在丈夫的懷裡逗弄著小貓咪，「我是不是做錯了，他們好像……」喬琪小聲地說著，「小笨蛋，才發現嗎？」丈夫笑著說道：「出去看看吧，他們都會很愛你的！」

從那以後，喬琪慢慢地開始接觸大家，去幫助別人，也接受別人的關懷和愛。她教隔壁的米婭姨媽學會了家鄉的茶道，才發現家中她一直津津樂道的香茶是來自於米婭的茶園；她去幫湯姆大叔準備小兒子的慶生會，電話叫雜貨舖送麵粉時，才發現原來他們是不負責送貨的，一切只是為了照顧新來的她，還有好多好多……喬琪的心好溫暖，好溫暖，原來，窗外的陽光一直是如此燦爛。當你獻出愛時，就會發現自己早已被愛包圍。

其實，愛的味道就猶如一杯香醇的咖啡，芬芳綿長，但需要你去用心品嘗。懷著一顆愛的心，原來幸福就藏在生活中，就在我們的身邊。

夜已深，桌前的兒子仍在奮筆疾書，一陣倦意襲來，長長的哈欠，兒子伸個懶腰，起身推開窗戶，秋風瑟瑟，夜竟是如此之涼。天氣變了，媽媽的被子夠厚嗎？放下手頭的工作，輕輕地推開她的房門，媽媽今天竟然已經睡了，雖然已近午夜，可她不總是說，人老了，睡眠也少了，不到深夜定是睡不著嗎？難道是今天太累了嗎？還是身體不舒服呢？有點擔心，明天一定要仔仔細細地問問。取一床羽絨被悄悄地蓋在她的身上，桌上的

手機卻突然響起，兒子趕緊按掉鈴聲，竟然是一個重要記事，而且還是日日重複的鬧鐘，期限是「無限」，「要給兒子熱牛奶了」。心中一酸，原來竟是如此，往日深夜裡，睏倦的桌前，朦朧中，那一隻溫暖的手，那一杯香甜的牛奶都是這樣得來的，即使是深夜，即使是在睡夢中，媽媽也不忘給自己辛苦的兒子熱上一杯牛奶，兒子沒有休息，媽媽也不能安心地睡下。心暖洋洋的，被幸福沐浴著，飄散的是奶香，回味的是幸福。

幸福其實隨處可見，只要人人都有一點愛，世界將會成為幸福的港灣，接納著每一位遠道而來的客人，讓我們敞開心扉，去感受幸福吧！學會去愛別人，才會發現原來你也是如此之深地被別人所愛著。當你獻出愛時，才會發現自己其實早已被愛包圍。

奇蹟的出現是愛心的累積

在絕望的痛苦之中，我們常常渴望奇蹟出現，期盼奇蹟可以為我們帶來救贖。然而，我們卻不知道，這奇蹟往往正是由我們自己親手創造。無論任何時候，無論何種境地，都請不要喪失愛的能力，都不要因為自己的哀傷與痛苦就吝嗇於愛的付出，只有愛才能創造真正的奇蹟，只有愛心壘砌的天梯，才能讓我們攀登上奇蹟的高峰。

有的時候，奇蹟的出現只要你再多付出一點點的愛！

二戰期間，馬丁‧沃爾作為戰俘被關進了位於西伯利亞的一個戰俘營裡，離開了他的兒子雅各布和妻子安娜。在以後的幾年裡，他與家人天各一方，音信隔絕，以致連妻子在他被帶走後不久又為他生了一個名叫索妮婭的女兒他都不知道。

戰爭結束之後，馬丁被釋放了出來。然而，不幸的是，他從紅十字會得到了家人在前往西伯利亞途中死亡的消息。頓時，他傷痛欲絕，悲不自

勝，覺得生活一片絕望。直到一天，他竟偶然遇見了過去在家鄉時的一位既充滿歡樂，又聰明伶俐的同學——格蕾塔，兩人結為夫妻，馬丁才覺得生命又有了意義。但是，對於有些女人來說，她們總是希望能有個孩子可以疼愛，而格蕾塔就是這樣一個女人。雖然她知道馬丁已經沒有生育能力，但是，她仍舊渴望能有個孩子。

終於，有一天，她實在忍不住了。於是就對馬丁祈求說：「馬丁，孤兒院裡有許多可憐的孩子，我們何不領養一個呢？」

「格蕾塔，妳怎麼會想到領養一個孩子呢？」馬丁吃驚地答道，「難道妳不知道那些孩子都發生過些什麼事嗎？」這時的馬丁，他的心再也經受不起任何打擊了——他已經將它完全封閉了。

但是，格蕾塔卻始終沒有放棄她的渴望，終於，她那強烈的愛戰勝了馬丁的冷漠與偏執。於是，在一天早上，馬丁對格蕾塔說：「妳去吧，去領養一個孩子吧。」

為了領養一個孩子，格蕾塔做好了一切準備。終於，去孤兒院領養孩子的日子到來了，那天一大早，她就搭上火車趕往孤兒院。來到孤兒院，走在那長長的、黑黑的走廊上，看著那些站成一排的孩子，審視著，權衡著。他們仰起一張張沉默的小臉，乞求地望著她。她真想張開雙臂把他們全都擁入懷中，並把他們全都帶走。但是，她知道，她做不到。

就在這時，有一個小女孩羞怯地微笑著，向她走來。「哦，這就是上帝幫我做出的選擇！」格蕾塔想。她單膝下跪，抬起一隻手撫摸著小女孩的頭，愛憐地問道：「妳願意跟我走嗎？去一個有爸爸媽媽的真正的家？」

「哦，當然，我非常願意，」她答道，「不過，您得等我一會兒，我去喊我哥哥來。我們要一塊兒去才行，我不能離開他的。」格蕾塔非常難過，無奈地搖搖頭說：「但是，我只能帶一個孩子走啊。我希望妳能和我一塊走。」

小女孩又一次用力地搖了搖頭，說：「我一定要和哥哥在一起。以前，我們也有媽媽，她死的時候囑咐哥哥要照顧我。她說，上帝會照顧我們兩個的。」這時，格蕾塔發現她已經不再想尋找別的孩子了，因為眼前這個孩子深深吸引了她，打動了她。她要回去和馬丁好好商量商量。

回到家，她向馬丁乞求道：「馬丁，有件事我必須要與你商量。我必須帶兩個小孩一起回來，因為我選的那個小女孩有一個哥哥，她不能離開他。我求求你答應我。」

「說實在的，格蕾塔，」馬丁答道：「有那麼多孩子可以選擇，妳為什麼要偏偏選這個小女孩呢？難道不能選別的孩子嗎？或者乾脆就一個也不要。我真的不知道妳是怎麼想的。」

聽馬丁這麼一說，格蕾塔難過極了，並且不願意再去孤兒院了。看著格蕾塔傷心的樣子，馬丁的心裡不禁又湧起了一股愛憐。於是，愛又一次獲得了勝利。這次，他建議他們兩人一塊兒去孤兒院，他也想見見那個小女孩。也許他能說服她離開哥哥而願意一個人接受領養呢。這時，他又想起了自己的兒子雅各布，也許他也被送進了孤兒院。如果真是那樣的話，他不也一樣希望雅各布被格蕾塔這樣的好人領養嗎？

當格蕾塔和馬丁走進孤兒院的時候，那個小女孩來到走廊裡迎接他們，這一次，她的手緊緊地拉著一個小男孩的手。小男孩的身體非常瘦小，而且很虛弱，但是他那雙疲憊的眼睛中卻流露出柔和善良的目光。這時候，小女孩撲閃著明亮的大眼睛，輕聲地對格蕾塔說：「您是來接我們的嗎？」

還沒等格蕾塔搭腔，那個小男孩就搶先開口了：「我答應過媽媽永遠都不離開她的。媽媽臨終的時候讓我必須向她作保證。我答應了。所以，我很抱歉，她不能跟你們走。」

馬丁默默地注視著眼前這兩個可憐而又可愛的小孩子。片刻之後，他

以一種堅決的口氣果斷宣布道：「這兩個孩子我們都要了。」他已經不可抗拒地被眼前這個瘦弱的小男孩吸引住了。

於是，格蕾塔就跟著兄妹倆去收拾他們的衣服，而馬丁則到辦公室去辦理領養手續。當格蕾塔兩手各拉著一個孩子來到辦公室時候，卻發現馬丁正不知所措地站在那裡。只見他的臉蒼白得像紙一樣，雙手也在劇烈地顫抖著，根本就無法簽署領養檔案。

格蕾塔嚇壞了，她以為馬丁突然得了什麼急症，連忙跑過去，驚叫道：「馬丁！你怎麼啦？」當然，馬丁根本就不是得了什麼急症。「格蕾塔，你看看這些名字！」馬丁一邊說一邊遞給她一份檔案。格蕾塔接過寫有兩個孩子名字的檔案，讀了起來：「雅各布‧沃爾和索尼婭‧沃爾，母親是安娜‧沃爾；父親是馬丁‧沃爾。」不僅如此，除了索妮婭之外，他們三人的出生日期都與馬丁記憶中的完全相符。

「哦，格蕾塔，他們兩個都是我的孩子啊！一個是我以為早就已經死了的，我深愛的兒子雅各布，一個是我從來都不曾知道的女兒！如果不是妳那麼懇切地求我領養他們，如果沒有妳那顆洋溢著仁愛的心，我可能就會錯過這次奇蹟了！」馬丁激動得淚流滿面，一邊說著，一邊蹲下身來，把兩個孩子緊緊地摟在了懷裡。

多麼不可思議的事情，多麼微妙的奇蹟，如果不是他們一再地付出愛心，馬丁的錯過將會是多麼的可怕。是咫尺之間？還是天涯萬里？此間一線牽。人們常說：「好人必有好報」，亦是如此。

奇蹟的出現是愛心的累積，永遠不要放棄愛，不管是愛別人，還是愛自己，幸福的奇蹟總會出現在我們身旁，隨處可見。

第六章　愛心強大，身體將不再冰冷

第七章

喚醒誠心，品質將不再迷失

所謂誠心，即意念誠實，不欺騙，表現在行動上即為誠信。

如果生命是水，那麼誠信是流動；如果生命是火，那麼誠信是跳躍；如果生命是小鳥，那麼誠信是飛翔；如果生命是一棵枝繁葉茂的大樹，那麼誠信是澆灌大樹的甘露；如果生命是一朵綻放的鮮花，那麼誠信是促成花開的激素。

誠信沒有重量，卻可以讓人有鴻毛之輕，有泰山之重；誠信沒有標價，卻可以讓人的靈魂貶值，可以讓人的靈魂高貴；誠信沒有體積，卻可以讓人的心胸狹隘，目光短淺，也可以讓人的心胸寬廣，高瞻遠矚；誠信沒有色彩，卻可以讓人的心情灰暗、蒼白，可以讓人的情緒高昂、愉快！

人沒有了誠信，生活便沒有了分量。人沒有了誠信，世界就變得渾濁而寒冷。舒展心靈的翅膀，讓我們在彼此的信任中開啟大門，奏響激情的共鳴，釋放心中的喜悅。留住信用，我們的眼睛成了忘記的「監視器」，留住信用，我們的耳朵成了背約的「除塵器」。人間的紛繁複雜，留住信用給自己，我們才能不怕雨淋，不怕風吹，也不怕雷擊。

有了誠信，你才能在商戰中贏得主動

誠信，對於商家來說就是一筆無窮的財富。良好的信譽就是無形的招牌，能為商家贏得商機、留住顧客，從而在市場競爭中立於不敗之地。

1835 年，摩根先生想投資做生意，苦於沒有資金之際，剛好有一家名叫「伊特納火災」的小保險公司招募股東。公司聲稱，不用馬上拿出現金即可入股成為股東，這正符合摩根先生沒有現金卻想獲得收益的情況，於是加入這家公司成為股東之一。

很快，有一個投保的客戶發生了火災。按照規定，如果完全付清賠償金，保險公司就會破產。股東們驚慌失措，紛紛要求退股。摩根先生斟酌

再三，認為自己的信譽比金錢更重要。於是他四處籌款並賣掉自己的房子，低價收購了所有要求退股的股份，然後他將賠償金如數付給了投保的客戶。一時間，伊特納火災保險公司聲名鵲起，大街小巷都能聽到人們對該公司信譽的稱讚。

還清賠償金後，摩根先生已是身無分文。身為瀕臨破產的保險公司的所有者，他不希望公司就此關閉。無奈之中他打出廣告：凡是再到伊特納火災保險公司投保的客戶，保險金一律加倍收取。不料客戶很快蜂擁而至。原來在很多人心目中，該保險公司是最講信譽的保險公司，這一點使他比許多有名的大公司更受歡迎。伊特納火災保險公司從此崛起。摩根先生也從中賺回了賠償金，還淨賺了十五萬美元。

許多年後，摩根家族主宰了美國華爾街金融帝國。而當年的摩根先生，正是現在美國億萬富翁摩根家族的創始人 —— 約瑟夫・摩根（Joseph Morgan）。

摩根家族的成就並不僅僅來源於一場火災，而是比金錢更有價值的信譽！還有什麼比讓別人信任你更寶貴的呢！成功的大小是可以衡量的，而信譽是無價的。當我們用自己的誠信感動了別人的時候，我們就取得了成功。當你經過努力，把換取的這份成功握在手中時，你會感覺到：用誠信獲得的成功，就像用一塊金子換取同一樣大小的一塊石頭一樣容易。

成功來自誠信！加拿大是市場經濟體系建立比較完善的國家之一。其市場執行之所以成功，原因很多，其中誠信是最堅實的基礎和最重要的保障。

在加拿大，做買賣主張簡單的錢貨兩清。許多交易行為並不是依合約進行的，俗稱「無約交易」。

有人做過一項粗略調查和估算，加拿大經濟活動中約有一半的買賣交易是在不簽約的情況下進行的。有位王先生主要做銷售加拿大的二手裝

置、金屬材料、化工材料和再生材料的生意，每年的交易在幾百萬美元以上。一年下來，不管怎麼忙，驗貨、裝船、報關，就是沒有忙過簽合約。慢慢地，他以前絞盡腦汁研究合約的習慣不知不覺也沒有了。

王先生仍記得在加拿大做的第一筆生意，那是一種高壓聚乙烯材料，共二十噸，一個貨櫃。他看貨物品質不錯，價格也合理，就打算交定金，忙問對方怎麼簽合約。貨主是個一百九十公分的大塊頭，叫麥克。大家習慣叫他「大個子」。「大個子」聽了一笑，一邊挑動濃密的眉毛一邊說：「朋友，你得記住一點，和我做生意，永遠沒有合約。如果你想寫合約就寫好了，我可沒有興趣簽。如果你喜歡我的貨，就來買，我們錢貨兩清。」王先生想入鄉隨俗吧，他不簽就不簽，反正一箱貨如果有損失也不會太大。

第二天，他趕了個早，提前到貨場想監督裝貨。但等他到貨場的時候，發現貨櫃和他要的貨都不見了！他問「大個子」：「貨呢？」對方說：「裝走了。」不監督怎麼就發貨？但看「大個子」一臉誠實和自信，王先生也沒好再問，可心裡直打鼓。裝的貨品質好不好？數量夠不夠？王先生挺納悶，「大個子」一分錢沒收，怎麼敢發貨？如果自己不認帳或者賴帳，他難道不著急？王先生滿腹狐疑付了款，焦急地等消息。後來，他的合作夥伴按時收到了貨，不僅貨物品質上乘，而且數量準確無誤，甚至連紙箱的皮重都算得很清楚。王先生這才鬆了口氣。

其實在加拿大，不是只有「大個子」才沒有簽合約的習慣，和王先生做生意的其他加拿大人也是這樣——不需要合約。一年幾百宗生意，幾乎都如此，慢慢地，王先生也適應了。這樣的交易偶爾也出現誤差，但故意欺詐和瞞騙等現象從未發生過。

有一次，在卡加利出貨，王先生住的地方離該市很遠，發貨時沒有到現場。後來，客戶來信反應貨物的顏色和品項有誤差，造成了一定損失。王先生想，已經給卡加利的貨主付了款，要想要回差價，談何容易。不過

他還是透過電話向貨主反應了這一情況，出乎意料的是，一星期後，收到了一筆匯款──不僅有給他的賠償，還有表示抱歉的信函。

其實，誠信已經滲透到加拿大社會生活的各個層面，成為良性互動的基石。維護自己的誠信，是在加拿大生活的必要條件。

不論哪個社會，做人都要誠實。而且，文明程度越高，就越重誠信。誠信終結的企業也必將遭到市場的終結。聖經說：「我們所誇的，是自己的良心見證我們憑著神的聖潔和誠實在世為人。」這個神不是別人，正是市場，市場的遊戲規則本是聖潔而誠實的，如果一個企業總不自覺，總是企圖尋求僥倖，那時市場也只好將它請入「廣寒宮」了。

某位 IT 企業總裁講過一則關於誠信的故事。幾人一起玩一種叫「紅藍」的遊戲，三方在一起出牌，互相欺騙，騙成得三分，不騙得一分，被騙得零分。玩過多少次之後，他突然發現，最後總是不騙的得總分最高。為此，他又反覆做了試驗，結果就是不騙的總分越高。以此，他悟出了一個道理：不誠信可能一時得利，但從長久看，必須誠信，人無信不立，企業無信譽，必然會垮掉。

無庸諱言，良好的商業信譽會給企業從事市場交易創造良好的外部環境，形成習慣的吸引人的力量，使經營者在競爭中處於有利地位。

商業信譽，誠信使然，作用恆久，贏得先機！

有了誠信，你就能在同事中得到響應

有些人認為，要想得到同事的好評與讚美，只有阿諛奉承、曲意逢迎、委曲求全等才能做到。實際上，這是極為錯誤的，結果只能是事與願違。人們的心裡都有一桿秤，無論對自己還是對外界都有一個客觀的評價。如果你非要把壞說成好，或為某種目的欺上瞞下，終有一天東窗事發

遭到大家的鄙夷和唾棄。

培根（Francis Bacon）有句名言：「成功與美德是衡量人生事業的兩把尺，同時具備這兩者的人，是幸福的。」不能因為追求一時成功而拋棄了誠信這一美好品格。古往今來，那些為人津津樂道的故事無不展現了主角「誠」的光輝。

北魏的崔浩和中書侍郎高允兩個人就遭遇過生死考驗。作為司徒，他們奉命撰寫北魏的國史，叫做《國書》。《國書》寫好以後，就被鐫刻在首都平城南郊十字路口的石碑上。崔浩和高允兩人依據實錄作史的精神，對北魏早期的歷史多秉筆直書，有些史實在後人看來是很不堪的。很多鮮卑貴族看了國史之後，非常不滿，就跟北魏太武帝拓跋燾進讒言，說史官真不好，不管好壞都寫出來了，這不是影響貴族形象嗎？

拓跋燾聽後很是氣憤，就下令逮捕了司徒崔浩，接下來就要逮捕中書侍郎高允。偏偏太武帝的兒子，就是當時的太子拓跋晃，曾經跟高允唸過書，他知道這件事情以後，想保護自己的老師，就把高允請到東宮住了一夜。第二天早上，拓跋晃和高允一起進宮朝見。二人來到宮門前，太子對高允說：「我們進去見皇上，我自會引導你怎麼做。一旦皇上問什麼話，你只管按照我的話去說。」高允問為何如此安排，太子也不回答只說進去便知。

太子應召先進去了，例行禮節後，便跟他父親說：「高允做事一向小心謹慎，而且地位卑賤，《國書》中的一切都是崔浩寫的，與高允無關，我請求您赦免高允的死罪。」拓跋燾就召見高允，問：「《國書》果真都是崔浩一個人寫的嗎？」這個時候，高允明白發生了什麼事，但他是這樣回答的：「《太祖紀》由前著作郎鄧淵撰寫，《先帝紀》和《今紀》是我和崔浩兩人共同撰寫的。不過，崔浩兼職很多，他只不過領銜總裁而已，至於具體的著述工作，我寫得要比崔浩多得多。」拓跋燾一聽，大怒，說：「原

來你寫的比崔浩還多，你的罪行比崔浩還大，怎麼可能讓你活！」太子慌了，非常害怕，趕緊對他的父親說：「您的盛怒把高允嚇壞了，他只是一介小臣，現在說話都語無倫次了。我以前問過他這件事，都說是崔浩一人寫的，真的與他無關。」

拓跋燾聽罷轉向高允問到：「真的像太子說的那樣嗎？」高允不慌不忙，回答說：「我的罪過確實非常大，應該滅族，但我不敢說虛妄的話來騙您。太子因為我長期給他講書而哀憐我，想要救我一條命。其實，他沒有問過我，我也沒有對他說過這些話。我不敢胡說。」顯然，為了維護史實真相，高允連命都不要了。太子很是擔心，以為高允這次必死無疑了。不料，拓跋燾回過頭去對太子說：「這就是正直啊！這在人情上很難做到，而高允卻能做得到！馬上就要死了，卻不改變他說的話，這就是誠實。作為臣子，不欺騙皇帝，這就是忠貞。應該赦免他的罪過，要褒揚他。」於是，皇帝不但赦免了高允，還給了他很多獎勵。

高允寧死不說假話，為後來的史官樹立了良好的榜樣。高允的勇氣從何而來？它來自於一種內心的忠誠，對歷史真相的執著守護。誠信，有時候是需要膽量的。面對生命的威脅，高允沒有選擇撒謊來逃避責任，而是恪守誠信的原則。正是這種精神獲得了太子的支持，也獲得了皇帝的赦免。

心理學家曾對五百餘人進行過測試，居前幾位的優良品格是正直、坦率、忠誠、真實等等；而不良品格主要是不守信用、欺騙、奸詐等幾種。誠信是人際交往中如金子一般寶貴的品格，誠信的人對待競爭是公開的。競爭時是對手，而等到競爭的勝負確定以後仍然是朋友，這是應該大力提倡的現代人的優良品格。與同事相處時，無論你是否與他存在事實上的競爭關係，一定都要做到坦誠陳述己見、以誠相待。

職場中，同事之間相互信任，是成功合作的前提。美國著名管理專家

傑克‧威爾許（Jack Welch）說：「在現代社會，競爭是必然的，但不能因為競爭，就去摧毀一切良好的人際關係。相反，現代領導更需要這張王牌——『相互信任』。」

剛被提拔的主管，在工作的初始階段都會碰到這樣的情況：同事對自己存有一種本能的心理戒備和防衛。這是由於陌生感而產生的心理「禁區」，必須盡快設法予以消除才行。否則的話，會影響你與同事的關係。

消除這個禁區的方法，就是誠信待人，這樣才能取得大家的信任。在人品上獲得信任比在能力上獲得信任更有效、更迅速、更持久。這是因為，信任是一切好感的催化劑，它會將美好的色彩灑在你的身上。

堅持誠信，競爭的同事也會為你鼓掌！

有了誠信，你就能在競選中獲得投票

還記得那個櫻桃樹的故事嗎？美國北部一個可愛的小男孩，為了試一試他那把嶄新的小斧頭，砍掉了院子裡櫻桃樹。父親回家後發現心愛的櫻桃樹被砍，非常氣憤，揚言要狠狠教訓砍樹的傢伙。盛怒的父親面前，小男孩毫不遮掩地承認了自己的過錯，得到父親的讚許。他便是美國國父——華盛頓（George Washington）。這位偉人無庸置疑擁有許多的美德，使他贏得了無數的尊敬和愛戴，而誠信是他生命中最閃光的點。

還記得霸王別姬的故事嗎？秦朝末年那個力能扛鼎的西楚霸王項羽，因鉅鹿之戰聞名天下。他力敵千軍、不可一世，但縱使有一腔熱誠、驚世的膽略武功，最後仍落得四面楚歌的境地。原因之一，在於他缺少一顆對民眾誠信的心。他初到咸陽時的「三光政策」，他的猜忌，使他失去了誠信，也失去了民心。沒有了民眾的支持，七載成敗轉頭空。

同樣是壯志勃勃，一位因誠實守信而受人愛戴，一位因失信於民而痛

失江山。匹夫行忠言，可以保一生；君主行忠言，可以保一國。古今中外，得民心者得天下，只有誠信之人才能在領袖之爭中勝出。

頭戴寬沿草帽、腳蹬皮包頭靴子、腰繫寬大腰帶並在扣板上刻上自己的姓氏，你能把這樣一身牛仔裝束和國家領導人連繫起來嗎？他就是墨西哥總統福克斯（Vicente Fox Quesada）。別看他穿著不拘小節，做事可不含糊，以誠實守信的品格受到國人的尊重，他一生做人的原則就是兩個字：誠實。正是這樣的人格品格，使他從一個普通的業務員成為一個國家的總統。

福克斯經常受邀到大學裡演講。有一次，一個學生問他：「在你從政的經歷中有沒有撒過謊？」福克斯說：「不，從來沒有。」大學生在下面竊竊私語，有的還輕聲笑出來，因為每個政客都會這樣表白。他們總是發誓，說自己從來沒有撒謊。福克斯並不氣惱，他對大學生說：「孩子們，在這個社會上，也許我很難證明自己是個誠實的人，但是你們應該相信，這個世界上還有誠實，它永遠都在我們的周圍。我想講一個故事，也許你們聽過就忘了，但是這個故事對我卻很有意義。」於是，福克斯開始講述他的故事。

有一家人幸福地生活在農場裡，父親是農場主人。有一天，他覺得園中的那座亭子已經太破舊了，就安排工人們準備將它拆掉。他的兒子對拆亭子這件事很感興趣，於是對父親說：「爸爸，我想看看你們怎麼拆掉這座亭子，等我從學校放假回來再拆好嗎？」父親答應他的要求。孩子走後，父親就把這件事忘記了，在他的指示下工人們很快拆掉了亭子。

假期終於到了，孩子興沖沖地回到家卻發現舊亭子已經不見了。他悶悶不樂地對父親說：「爸爸，你對我撒謊了。」父親驚訝地看著孩子。孩子繼續說：「你說過的，那座舊亭子要等我回來再拆。」父親說：「孩子，爸爸錯了，我應該兌現自己的諾言。」這位父親重新召來工人，讓他們按照

舊亭子的模樣在原來的地方再造一座亭子。亭子造好後，他將孩子叫來，然後對工人們說：「現在，請你們把它拆掉。」

故事講完了，福克斯說，我認識這位父親，他並不富有，但是他卻在孩子面前實現了自己的承諾。

學生們聽後問到：「請問這位父親叫什麼名字？我們希望認識他。」福克斯說：「他已經過世了，但是他的兒子還活著。」

「那麼，他的孩子在哪裡？他應該是一位誠實的人。」福克斯平靜地說：「他的孩子現在就站在這裡，就是我，墨西哥總統福克斯。」福克斯接著說：「我想告訴大家的是，我願意像父親對我一樣對待這個國家，對待這個國家的每一個人。」

臺下爆發了雷鳴般的掌聲。

父親絕不僅僅是為了滿足孩子的願望而將亭子建了又拆，最主要的是兌現自己的諾言。在園子裡重新拆掉一座亭子，就在孩子的心裡重建了一座亭子，這座亭子就是一個信念 —— 對誠信的信念。

《論語》中還有這樣的話：「子夏曰：『君子信而後勞其民，未信則以為厲己也；信而後諫，未信則以為謗己也。』」（《論語·子張》）孔子的學生子夏說，一個君子要在建立起信譽、贏得老百姓的信任之後，才可以讓百姓們去工作，不管是讓他們服兵役，服搖役，還是去做什麼，老百姓這時都會心甘情願。如果老百姓沒有對這個執政者產生信任，就會覺得執政者是在虐待自己。

孔子提出的治國之道，其基本出發點就是誠信，主持國家政務的人要講信譽。真要有信譽，不僅僅對國家好，對於發布政令的人本身也有好處。

其實不僅國家治理需要誠信，現實生活也需要誠信。真實地面對別

人，不誇大自己、隱瞞缺點，心口如一，誠信的品質能讓你在眾多競爭者中脫穎而出。

一家知名企業應徵，收到了三百多封履歷。最終多數面試官都把票投給了兩名學生。他們說相中這兩名學生的理由是，履歷中展現的資料沒有做假，是實事求是描述自己的能力。面試時的表現也非常誠懇，有一說一，不懂的問題也不會逞強。有很多面試者把自己的能力寫得天花亂墜，結果被具體詢問時，這個不會那個不會，簡直浪費雙方的時間。

由此可見，對於面試者來說，誠信的品質比實際技術更加重要。課本裡學的專業知識畢竟不完整，也在一定程度上缺乏實用性，一般都要到企業中經過實戰操作，才會真正熟悉專業技術。這樣一來，一個新人最基本的人品和素質就成了企業最關注的東西。如果新人秉性誠實守信，那麼以後的道路基本不會走歪；但是若新人原本就有點滑頭耍小聰明，怎麼正確引導都可能偏離軌道。這就是為什麼越來越多的企業應徵員工時以誠信為標準。

堅持誠信，你就能在競選中獲得投票！

有了誠信，你就能在主管中拿到提名

作為做人的前提、人生的基礎，《論語》提出了「信」的原則。孔子曾經說過：「人而無信，不知其可也。大車無輗，小車無軏，其何以行之哉？」（《論語‧為政》）翻譯成現代漢語即為：一個人要是沒有誠信的話，那真不知道他在這個世界上怎麼度過一生？這就好像大車沒有輗、小車沒有軏一樣，它靠什麼走起來呢？

大車、小車，分別指牛車和馬車。大車、小車車轅前面都有駕牲口用的橫木，這橫木要怎麼鉚住呢？就是用包了鐵的木銷插在小孔裡，才能把

175

橫木固定住。輗和軏，就是牛車和馬車上的木銷。如果車上沒有這樣的木銷，就無法套住牛馬，它又怎麼能行走呢？

誠信是人行走於世界最基本的那個保障。只有靠誠信，才能把人生這輛車驅動起來。只有誠信，才能夠讓你不管穿越什麼樣的風險、坎坷，都有驚無險，而在坦途上一路前行的時候，也能夠保障你的速度。

一位剛從學校畢業的護士，幾經周折終於來到一家大醫院做實習生。如果在一個月的實習期內讓院方滿意，她就可正式獲得這份非常想得到的工作；否則就得離開。機會難得，這位護士做每件事都認認真真，保證不出差錯。

時間過得很快，離實習結束還有最後一天的時候，交通部門送來一個因車禍而生命垂危的人，她被安排做執刀手術的外科專家——該院院長亨利教授的助手。複雜艱苦的手術從凌晨進行到黃昏，就在患者的傷口就要縫合的時候，這個實習護士嚴肅地盯著院長說：「亨利教授，我們用了十二塊紗布，可你只取出了十一塊。」

「我已經全部取出來了，一切正常，立即縫合。」院長頭也不抬，不屑一顧地說。

「不，不行！」這名實習護士高聲抗議：「我記得清清楚楚，手術中我們共用了十二塊紗布！」

院長沒有理睬她的抗議，命令道：「聽我的，準備縫合！」

這名實習護士毫不示弱，她幾乎大叫起來：「你是醫生，你不能這樣做！」

直到這時，院長冷漠的臉上才露出欣慰的笑容，他舉起左手心裡握著的第十二塊紗布，向在場的人大聲宣布：「她是我最合格的助手。」

人生面臨很多選擇。關鍵時刻，對錯誤的做法，是視而不見、置若罔

聞，還是堅持誠信、據理力爭？十二塊紗布的故事給了我們很好的啟示。人生道路上，只有堅持誠信，才能走的平穩，走的長久。

漫漫人生路，誠信導我行。留住誠信，就留住了美麗，留住了希望，留住了通往燦爛和輝煌的階梯。

部隊在進行軍官選拔的考核。在前面的測試中，徐昊一路過關斬將表現優異，只要再透過最後一項，他就能升級了。天不遂人願，這項偏偏是他最不擅長的長跑。比賽開始，所有人都奮力地向前跑去。最初的時候，徐昊還能跟得上大部隊，越往後跑越吃力，他與其他人的差距也漸漸拉大了。

他不甘心就這樣被淘汰，仍全力地向前跑。轉過幾道彎，他遇到了一個岔路口，一條路，標明是軍官跑的；另一條路，標明是士兵跑的小徑。這顯然是部隊實習時留下的標記，利於指揮，軍官跑的路程通常要比士兵跑的路短很多。徐昊停頓了一下，四周都沒有人，如果他選擇軍官的小徑就會神不知鬼不覺少跑很多里程，自己勝出的把握就會大大增加。他馬上又打消了這個念頭，軍人不能沒有誠信，弄虛作假。於是，毅然朝著士兵的小徑跑去了。沒想到過了半個小時就到達終點，而且是前幾名。他感到不可思議，明明有很多人是跑在他前面的，怎麼都不見了呢。過了兩個小時，大批人馬才陸陸續續地到了，他們跑得筋疲力盡。

原來標記是按長官指示故意換的，就是為了考核大家的誠信。軍隊是保護國家的重要力量，訓練有素忠於國家的軍人則是核心因素。徐昊堅守誠信，如願以償地得到晉升。可見，在岔路口誠實守信，是多麼重要。

誠信是你需要取暖時的那粒火種，是你撥開心頭雲霧的那陣清風，是你深陷迷茫時的那盞航燈。心有誠信，你就能走得更遠。

「金海灣」酒店開業已幾個月了，先後來了好幾位年輕貌美的女服務員，都只做了一個月就被王老闆炒了魷魚。大家都私底下嘀咕那位王老闆用人太苛刻。

　　這天「金海灣」又貼出了徵人啟事，恰好被路過的小琴看見。小琴是從外地城鎮出來工作，目前還沒找到工作，看到有徵才廣告，就鼓起勇氣前去應徵。王老闆對小琴做了一番目測口試後，便拍板錄用了小琴，並說明給小琴的月薪是三萬兩千元，另加夜班費。小琴喜出望外，臉頰紅撲撲的就像初綻的夾竹桃花。

　　小琴是個手腳勤快的姑娘，挺珍惜這份工作。每天，她總是提前十分鐘上班，下班也總是走在最後；她的臉頰上終日笑意盈盈，還能熱情地向顧客介紹特色菜名，不少顧客常向老闆誇獎小琴。王老闆看在眼裡也非常滿意。

　　不知不覺小琴來了快一個月了。這一天，小琴收拾餐桌時，竟意外地發現桌腳旁躺著一張嶄新的千元大鈔。小琴的心一陣狂跳，忙往四周一看，似乎沒有人注意自己，就躬下身撿起了錢。

　　然而，小琴的這種興奮瞬間便消失了。她的腦海驀地湧上一件往事：八歲那年，小琴的家境很貧寒。父親為了讓小琴過年時能穿上一套新衣裳，就偷偷地去山外醫院賣血。在山口，父親意外地撿到一隻錢包，裡面有五百塊（當時的五百塊可是一筆可觀的錢財呀）。按理，父親可以不用再去賣血了，可他卻沒這麼做，硬是在山口苦苦地等了大半天，終於等到了失主。事後，父親多次對小琴說：「孩子，不是自己出力賺的錢，拿了燙手。咱人窮，可絕不能志短呀！」這句話一直像刀刻斧鑿般留在小琴的心間。

　　今天，儘管這千元大鈔非常誘人，可自己能動心嗎？小琴毅然把這錢交給了王老闆。沒想到，王老闆坦率地說出這是自己的一個「計謀」，有幾位同事就是禁不住這種誘惑而被辭退的。王老闆頗有意味地說：「君子愛財，但應當取之有道！」一個月後，小琴被提升為酒店副經理，專門負責採購原材料。

人因為有誠信，才稱得上是完整的人。若是失了誠信，也就失去了安身立命最根本的條件。帶上誠信上路，你就能得到主管提名！

有了誠信，你就能在情場上獲得良緣

金庸的武俠小說想必大家都很熟悉。裡面的主角，有老實的，有愚鈍的，有狡猾的，有聰明的，但無論怎樣的人，心中永不變的就是誠信。《射雕英雄傳》裡的郭靖，《神鵰俠侶》裡的楊過，《倚天屠龍記》裡的張無忌，《天龍八部》裡的蕭峰，《笑傲江湖》裡的令狐沖……無不是因其誠信守義而獲得一段良緣。

誠信是每個文學作品都讚美提倡的，也是每個情場中的人應具備的。

話說，一位受人愛戴的國王住在一座美麗的古堡裡。國王有七個美麗的女兒，個個風華絕代，且各有所長，國王視她們為掌上明珠！在一次新年的晚宴上，國王分別給七個心愛的女兒送了一隻同樣的髮飾，每個女兒都視若珍寶，因為，髮飾不但漂亮無比，還是父親愛的見證。

一天，是例行禱告的日子，國王要帶幾個女兒去教堂。大公主很早就梳妝完畢，因為，今天父親要和女兒們一起去教堂做禱告。可是，她準備戴上髮飾時卻發現髮飾不翼而飛了！慌張的大公主仔細地回憶，哦對了，可能是前些天去森林裡玩的時候丟掉了。她既傷心又懊惱，如果今天父王看不到她戴那隻髮飾，該多難過啊？可去哪裡找一樣的髮飾呢？情急之下，她突然想到一個辦法……

禱告結束了，七位漂亮的公主簇擁在國王周圍，國王滿足地看著心愛的女兒，卻發現最可愛的小公主一臉不悅，嘴噘著，好像還掛著淚痕。他準備過去逗逗這小丫頭，心裡想，是不是小寶貝被姐姐們欺負了？這時，侍者來報：鄰國使者求見。國王想接見完使者再安慰小女兒也不遲，於是

便帶著女兒們來到大殿。

鄰國使者很高興國王的女兒們也在場。他對國王說：尊敬的陛下，見到您非常榮幸，下官今天帶來了一個喜訊，中國的太子殿下，準備擇日登基，並且準備在這個振奮人心的時刻，完成人生最重要的大事——大婚。我王對陛下的公主們早有所聞，並心儀已久，願選一位成為他的王后，作為他畢生的伴侶！聽到這，國王爽朗的笑聲在大殿裡迴響，女兒們也都異常興奮。因為，誰都知道，鄰國的王子，才貌雙全，愛國愛民，每個女子都夢寐以求願意嫁給他。

可是國王有七個女兒，王子要娶哪個呢？公主們心懷忐忑地等待著。國王問使者道：不知貴國王子殿下看上本王哪一個女兒呢？使者回道：前些日子，我王到森林裡打獵，無意中拾到一隻名貴美麗的髮飾，經人鑑定，為陛下國內的珍寶，且為幾位公主所有，我王感嘆：此物必是上天所贈，安排下美好的姻緣。所以，敢問陛下是哪位公主丟了這隻髮飾？那誰就將成為我們至尊的王后！

聽完此話，國王才知道有個女兒丟了髮飾。他用詢問的眼神看著女兒們，女兒們的表情都很怪異，欲言又止的樣子，沒有人敢看父親的眼睛，也沒有國王想像的那種歡呼雀躍。最後，國王把目光落在小女兒身上，若有所思的說道：「我最親愛的寶貝，今天父王看見你一直不開心，究竟為了什麼事情啊？」

小公主羞澀地說：「父王，是我丟了髮飾，但是……」

「哈哈哈哈……」國王笑了起來，對使者說，「讓你們的王子殿下擇日來娶我最美麗可愛的小公主吧！」使者將髮飾還給國王，就騎快馬回國覆命了。

小公主本來想要阻止，已經來不及了。她羞愧地對國王說道：「父王，可是我的髮飾是在房間裡丟的呀！這些日子我喜歡畫畫，想把中國美麗的

疆土都畫下來，好讓自己隨時都銘記自己是國王的女兒，愛國愛父王，就沒有像平日一樣，和幾個姐姐去森林裡追小兔。您應該問問，是不是哪位姐姐丟了髮飾，或許我的丟在另外一處。」國王這才恍然大悟，並讚許地點點頭，隨後看向其他幾個女兒，可是，髮飾在她們每個人的頭上，並沒有丟失。

這時，幾個女兒都慚愧地低下頭，六公主來到國王面前說：「父王，我感到非常羞愧，是我拿了小妹的髮飾，因為早上，我發現自己的不見了，怕您看到，所以……」這時，五公主扯扯六妹的袖子，低低地說：「是我拿了妳的，因為我發現我的不見了。」依此類推，到了二公主這裡，大家都把目光看向大公主，大公主已經啜泣起來，她哽咽著說：「是我在森林裡丟了髮飾，因為今天是重要的日子，一定要帶的，早上梳妝時才發現已經不在了，我怕父王傷心，到二妹的房間拿走了她的髮飾……我辜負了父王對我的厚愛，也沒做好當姐姐的榜樣，情願受罰。」

至此，大家才明白了事情的原委。國王聽完，並沒有發火，他帶著微笑意味深長地看著他的女兒們說：「孩子們，你們聽著，誠信是一個人最優秀的品德！髮飾丟失了可以再做一個，但誠信丟失就再也找不回來了。妳們勇於承認自己的錯誤，證明妳們內心還是純潔美好的。父王這次原諒妳們，但妳們要記住，如果沒有誠信，再姣好的容顏也會黯然失色。」

故事的結局如何呢？還是那位誠實的小公主贏得了王子的愛情。

誠信是人類不可或缺的品質。戀愛中，信任是兩人維持平衡關心關係的重要支撐點。沒有了信任，就會陷入無限猜疑的深淵，本來很浪漫的事被弄得和偵探小說無異，嚴重影響兩人的感情。誠信對待彼此，你就能獲得一段良緣！

有了誠信，你就能在人群中尋到知己

如果把誠信解釋為誠實守信，還不夠積極；但若把誠信解釋為真誠與自信，那麼誠信一詞就大放異彩。因為我們發現人格魅力的最大祕密就是真誠和自信！儘管誠信與靈魂的答案還差一級，但是就人格魅力的這一層次來說，誠信就是最核心的答案。

無論愛情、生活、工作與學習的哪一個場合，缺乏誠信就沒有人格魅力，就沒有真正的「身價」。外在的財富、容貌和職位可以影響別人對你的評價，但若無誠信，你的外部條件只能使你更加遭人棄恨；你若有誠信，這些外部條件就會加倍地放大你的人格魅力。所以我們要牢記：誠信乃魅力之本。季布出生於秦朝末年。當時政治十分黑暗，老百姓的生活非常痛苦，還要負擔沉重的官差、徭役。季布心中仰慕古代的游俠，立志當一個「除惡濟貧」的人。他從小練就了一身好武藝，決心做一個說話講信用、行動講效果、答應別人的事一定要做到、幫助別人不惜犧牲自己的人。長大後，他成了身材魁梧、武藝精良、說一不二的青年，很受大家器重。為了躲避差役，季布乾脆離家出走，沿著長江四處流浪，他沿途幫助窮苦人民，主持正義，凡是答應過的事情他一定做到，在長江中游一帶很有名聲。老百姓都說：「得黃金百，不如得季布諾。」後來這個諺語就演變為成語「一諾千金」。由於他的信譽非常高，許多人都同他建立起了濃厚的友情。

季布遇上楚霸王的農民起義軍後，就興沖沖地參軍。季布作戰很勇敢。經常帶領士兵衝在最前面，繳獲敵人的旗幟最多，起義軍裡都把他稱作「壯士」。不久，他就成了起義軍中的高階將領。

楚漢相爭時，爆發了「成皋之戰」。楚霸王項羽命令季布押解漢王劉邦的父親太公。項羽對劉邦喊道：「你若不急速退兵，我就把你爹用油

鍋烹了！」雖說在其位謀其政，但劉邦得天下後一想起季布押解太公的情景，一股怒火從心中升起，恨得咬牙切齒。他讓大臣去查明季布的情況，但誰也不知道季布的下落。於是，他發布了「通緝令」緝拿季布，說「誰抓到季布就賞給千金，勇於匿藏季布的要誅殺三族（父族、母族、妻族）。」

季布見到令城門口懸掛的通緝後，立即轉回到周氏的家裡，躲在屋裡發狠磨著寶劍，決心要衝出去拚個魚死網破。主人周氏認為硬拚不是好辦法，於是就對他說：「現在你急我也急，還有一位比你我更急，那就是皇帝！你是楚霸王下面的一員勇將，又是個大個子，很多人都認識你。如今將軍在我家，如果不願聽我的話，我只好先去自首，免得他人受連累。如果願意聽我的話，我倒是有一條計策獻上。」

季布想二想，丟下手中的寶劍，斬釘截鐵地說：「願意聽從安排！」周氏高興地說：「這就對了。人們都說：得黃金百，不如得季布諾。你答應別人的事情不會有反覆。我現在要把你裝扮成奴隸，運到山東去賣給朱家。他雖然是一個大財主，卻是一個行俠仗義的性情人，而且與朝中幾個大臣很有交情。世上惺惺惜惺惺，好漢惜好漢，恐怕只有他才能夠救你。」季步聽了，認為值得一試。於是，第二天一清早，周氏把季布和幾個家奴關進了柳條馬車，自己騎上馬押解著，向山東出發了。一連走了好幾天，才到了山東朱家的府上。周氏也不計較價錢的多寡，把奴隸全部賣給了朱家。他指著季布對朱家說：「這個奴隸性子剛烈，希望先生多多給予照顧。」朱家仔細一看，認得這個奴隸是季布，就笑著答應了，在生活上對他非常照顧。

一日，朱家來到洛陽，求見汝陰侯夏侯嬰。夏侯嬰見到老朋友分外高興，忙設宴款待。

席上，朱家問道：「不知季布有什麼大罪，皇上要派您負責緝拿他？」

夏侯嬰回答說：「季布屢次為項羽圍困皇上，皇上怨恨他，志在必得。」朱家又問：「依您看，季布算是個什麼樣的人呢？」夏侯嬰說：「平心而論，季布也是個人才，作戰勇敢，為人講信用，心地很公平。」

朱家趁勢建議說：「這就對了。做臣下的人，都是各為其主。過去，季布是項羽手下的大將，他為項羽出力，那是在盡他的職責。皇上與項羽也曾約定為兄弟，淮陰候韓信等一大批人，也都當過項羽的將官。如果項羽的臣下都該殺，哪能殺得了那麼多！如今皇上一統天下，唯獨要憑自己的私怨在全國通緝一個季布，怎麼表示團結天下人共同治理國家的宏圖呢？如果季布被逼急了，北方可以投靠匈奴國，南方可以去南越國，那豈不是把名將送給敵國嗎，君侯！您應該把這個道理向皇上奏明啊！」

憑著與劉邦的親密關係，夏侯嬰第二天就去見了皇帝，把朱家教他的話一五一十地奏給劉邦。劉邦歷來是一個「從諫如流」的君主，立即答應撤消通緝令，赦免季布，封季布做了「郎中」。就這樣，季布總算倖免於難。

一個人誠實有信，自然得道多助，能獲得大家的尊重和友誼。季步的故事很好地印證了這一點，他的舊日朋友不僅不被重金所惑，而且冒著滅九族的危險來保護他，使他免遭禍殃。誠信之人無論走到哪裡，都會被大家擁戴，反過來，如果貪圖一時的安逸或小便宜，而失信於朋友，表面上是得到了「實惠」。但為了這點實惠，他毀了自己的聲譽，而聲譽相比於物質是重要得多的。所以，失信於朋友，無異於失去西瓜撿芝麻，得不償失的。

劉備、關羽、張飛，桃園三結義的故事大家並不陌生。

建安五年（西元200年），曹操攻破徐州，劉備、張飛敗逃，關羽被俘。曹操對關羽惺惺相惜，一直希望這樣一個忠勇之人可以來輔佐自己，但是他也看出關羽不會久留，所以他一方面誠意相待，另一方面派自己的

大將張遼去探聽關羽的口風。關羽跟張遼說，我知道曹公待我恩重如山，但是我已經跟劉備有兄弟之約，生死結盟，我對他的忠心絕不會改變。我一定不會留在這裡，但是我會報答了曹公之後才走。過了幾個月，機會終於來了，關羽斬殺了袁紹軍中大將顏良。這時候曹操知道，關羽已經報恩，非走不可了。於是曹操對關羽厚加賞賜，而關羽呢，把所有的賞賜都封存起來，並不帶走，留書告辭，去找劉備了。關羽走的時候，曹操的部將要去追，曹操把他們都攔住了，他知道關羽不會投靠他的。

　　無論是廟宇裡供奉的關公，還是京劇裡打殺的關公，永遠是紅臉的忠勇形象。就是因為他篤誠守信。從正史到小說，都記載或流傳著關羽心戀故主的忠勇故事。很多人看三國是看熱鬧，其實在那些政治紛爭之外，還流傳著深入人心的道德價值。

　　行走天下，誠信為重，惺惺相惜，知己易尋！

有了誠信，你就能在家庭裡支起藍天

　　家庭是社會的細胞，古人云「修身齊家治國平天下」，家庭和諧才能建立起社會的和諧。孟子說：「身不行道，不行於妻子；使人不以道，不能行於妻子。」（《盡心》下）孟子還說：「是故誠者，天之道也；思誠者，人之道也。」（《離婁》上）他提倡的人之道、治家之道就是講誠信，這是根本之原則。家庭成員之間真誠相待，相互信任，才能建立一個溫馨和諧的康樂之家。

　　曾參是春秋末期魯國有名的思想家、儒學家，是孔子門生中七十二賢之一。他博學多才，且十分注重修身養性，德行高尚。一次，他的妻子要到集市上辦事，年幼的孩子吵著要去。曾參的妻子不願帶孩子去，便對他說：「你在家好好玩，等媽媽回來，將家裡的豬殺了煮肉給你吃。」孩子聽

了，非常高興，不再吵著要去集市了。這話本是哄孩子說著玩的，過後，曾參的妻子便忘了。

不料，曾參卻真的把家裡的一頭豬殺了。妻子看到曾參把豬殺了，就說：「我是為了讓孩子安心地在家裡等著，才說等趕集回來把豬殺了燒肉給他吃的，你怎麼當真呢。」曾參說：「孩子是不能欺騙的。孩子年紀小，不懂世事，只得學習別人的樣子，尤其是以父母作為生活的榜樣。今天你欺騙了孩子，玷汙了他的心靈，明天孩子就會欺騙你、欺騙別人；今天你在孩子面前言而無信，明天孩子就會不再信任你，你看這危害有多大呀。」可見，古代賢人對孩子的誠信教育多麼重視。

幸福美滿的家庭，是人人所嚮往的，也是人們在努力去做的，沒有人不希望自己有個幸福的家庭，哪怕是那些不幸福的家庭，我想他們恐怕比一般的人更嚮往幸福的家庭，並且也在努力的去做，但是失敗了。畢竟幸福不是很容易就能得到的，個人的、社會的、歷史的、各式各樣的影響深刻地左右家庭的幸福！有人說，幸福的家庭各有不同，但不幸的家庭卻是相同的，不幸一個重要因素是誠信的缺失。

有了誠信，你就能在社交中左右逢源

有句古話「人而無信，不知其可」。意思是一個人不講信用，真不知道怎麼能行。一個人要是沒有了誠信，他在世界中的地位就如同世人所唾棄，越來越渺小，越來越無立足之處，越來越微不足道。誠信是民族的美德，是交際的準則，是人生的通行證。說到底，誠信是作為一個人應具備的基本素養。

誠信是品質上乘的鞋子，走遍千山萬水也不會變質；誠信是道路，隨著開拓者的腳步越走越遠。

晏殊是宋代著名的詞人，他寫的「昨夜西風凋碧樹，獨上高樓，望盡天涯路」至今仍為人們稱道。

由於七歲時就能寫文章，晏殊被人們稱為神童。十四歲時，他和大人一起參加考試，成績很好，皇帝封他為進士。過了兩天，又進行複試。考試的內容是詩、賦、論。晏殊拿到考卷以後，高興得差點叫了起來：天下竟有這樣巧的事情！原來考題是他過去曾經練習寫過的一個題目。而為了寫好這篇文章，他曾經反覆推敲、修改，所以寫得文情並茂，先生看了都說好。現在，只要把文章默寫出來，肯定能得個好等第。這時，晏殊又想：這下雖然可以考中，但是不能顯示自己的真才實學，算不得真功夫。於是，他就向皇帝進言說：「陛下，這個題目，臣過去曾經做過，請另出一個題目給我做吧。」

此話一出，在場的人無不訝異。多少人絞盡腦汁猜題目，都猜不中，現在放著做過的題目不要，卻要捨易求難，真是十足的書呆子！

皇帝也很吃驚，說：「做過的題目也不要緊。你寫出來。如果做得好，也可以錄取。」主考官從來沒遇到這種事。他想：科舉考試是升官進爵的階梯，考中了進士，就可以做官，於是開導晏殊說：「放著做過的題目不做，而另換新題，萬一考砸了，前程就完了，請你三思而行。」晏殊不為所動。他說：「國家實行科舉制度，是為了發現人才，加以錄用。即使僥倖考中了，也看不出我的真才實學。如果是個庸才，占據了官位，於心不安。另換題目，如果做不好，說明我才力不濟，自當加倍努力。即使落第，我毫無怨言。」皇帝和主考官聽了晏殊的一番話，十分讚賞他的誠實和抱負，於是按他的要求另出了一個考題。

新考題並未難住晏殊。他認真思索了一會，就提筆一氣呵成，很快就交了卷。皇帝批閱後，覺得十分滿意，賜給他「同進士出身」。

晏殊當職時，正值天下太平。於是，京城的大小官員便經常到郊外遊

玩或在城內的酒樓茶館舉行各種宴會。晏殊家貧，無錢出去吃喝玩樂，只好在家裡和兄弟們讀寫文章。有一天，真宗選晏殊為輔佐太子讀書的東宮官。大臣們驚訝異常，不明白真宗為何做出這樣的決定。真宗說：「近來群臣經常遊玩飲宴，只有晏殊閉門讀書，如此自重謹慎，正是東宮官合適的人選。」晏殊謝恩後說：「我其實也是個喜歡遊玩飲宴的人，只是家貧而已。若我有錢，也早就參與宴遊了。」

這兩件事，使晏殊在人們心中樹立起了信譽。宋真宗更加信任他了，朝中大臣也都願意與他交往。

今天競爭日益激烈，生活壓力加大，交際活動增多，從某種意義上說，「誠信」是現代交際之本。只有把「誠信」作為現代交際的一條準則，才能不斷提升我們的交際質量。誠信待人，才能在人際交往中遊刃有餘。

有一位麵包師做的麵包香甜可口，深受大家喜愛。麵包師一直從他的鄰居——一個農民那兒購買奶油。突然有一天，他覺得本應是三英磅重的奶油好像重量不對。於是，他開始定期秤一秤奶油，發現每回重量都不足。他非常生氣，決定要好好地懲罰一下農民，就把這件事告到了法官那裡。

「你沒有天平嗎？」法官問農民。

「有哇，法官先生。」農民回答道。

「砝碼準嗎？」

「用不著砝碼，法官先生。」

「那你怎麼秤奶油呢？」

「這好辦，」農民回答說，「在他跟我買我奶油的那天，我也向他買了同樣重量的麵包，這些麵包就是秤奶油的砝碼。如果砝碼不準的話，我想不應該是我的錯。」

於是，農民被判無罪，而麵包師不但沒有得到賠償，反而因為缺斤短兩遭到人們鄙視，生意日漸冷清。

誠信是人際交往的基本要求。小而論之，「人無信不立」，人與人之間最初級的交流和溝通是建立在「信」其所言的基礎之上的，很難想像，一個說話從來不算數的人如何能同他周圍的人進行基本的交流和溝通，更不用說經濟、政治等高階活動了。

我們周圍有很多為堅守誠信而不惜代價的事例。

感動候選人名單中，有一位家住偏鄉社區的老人，她叫蘭嫂，老人入選的理由是：誠信。

蘭嫂今年七十五歲，二十六歲時移居偏鄉，1990 年代，老伴和兒子相繼去世，只留下為了治病欠下的債務。當債主們紛紛上門準備討要欠款時，她的境況卻讓他們難以張口，但蘭嫂給他們的卻是堅定的回答：欠債還錢天經地義，不管有多難，都會還清欠款。從 1999 年兒子去世後的九年時間裡，蘭嫂每天都出去撿報廢，風雨無阻，最終用拾荒錢還了近萬元的外債。還完最後一筆債時，老人長舒一口氣，挺直腰板說：「終於還清債務了。」

當媒體都在報導老人誠信故事的時候，老人卻不好意思地笑道：「我不覺得自己做了多大的事情，欠債還錢是天經地義的，沒有什麼嘛！」

是啊，欠債還錢天經地義。可當下很多人忘了這一點。他們做事不講誠信，欺瞞敲詐，最後害人害己。

古人云：「誠信者，天下之結也。」信守諾言，真實不欺，精誠之至，光明磊落。在當代社會中，誠信問題越來越受到人們的關注，大到國與國家之間的合作，小到人們彼此間的交往，決定合作能否成功、與他人的交往能否繼續的重要因素在於誠信。

讓我們高唱誠信之歌，行走於天地間！

第七章　喚醒誠心，品質將不再迷失

第八章
虛心強大，性格將不再倔強

「虛心竹有低頭葉，傲骨梅無仰面花。」虛心——謙虛之心，謙虛就是要有自知之明，是一種有修養的表現。一個人只有謙虛，才會讓別人尊重；而一個驕傲的人，結果總是在驕傲中毀了自己。

「海納百川有容乃大，壁立千仞無慾則剛。」我們不需要自己的心像大海一樣寬廣，接納百川入懷，卻也應該擁有一個較為寬容的胸懷，能夠虛心求教，能夠聽取他人的意見。

虛懷若谷，我們才能得到更多。喚醒你的虛心吧，不要讓倔強的性格和自大的目光阻礙了你前進的道路。

乘上虛心之雲，登上進步階梯

「虛心使人進步，驕傲使人落後」的道理幾乎眾人皆知，但是能真正做到的從古到今又有幾人？我們敬佩身懷學識卻始終能保持虛心的能人志士，但依然不能清醒地認識自己，總有一些東西會蒙蔽我們的眼睛。

正是在這種情況下，驕傲往往成為阻擋我們翱翔藍天的最大障礙。不管是生活中，還是工作上，自視高人一等的驕傲心態總是讓我們的雙翼負重纍纍。低下你高傲的頭顱吧，乘上虛心之雲，才能登上進步的階梯。

李波是著名的經濟學博士，學識豐富，工作能力也很強。但是，讓人難以理解的是在他畢業後的三年裡，竟然走馬燈似地換了好幾個公司，每次都因為這樣那樣的原因待不下去，最後只好辭職。

李波很苦惱，他覺得自己工作非常努力，可為什麼公司總是對他先熱後冷，最後一點也不認可他呢？他找到職業諮詢機構，尋求解決的辦法。在那裡，他講述了自己三年來的工作經歷，那裡的教授聽了之後，幫他分析了李波連續三年坐「冷板凳」的原因。驕傲成了他工作中最大的絆腳石，他的心太滿了，整天活在「經濟學博士」的光環之下，結果連職場發

展的基本規則也沒有掌握。

李波博士畢業後便開始找工作。剛開始時，人資一聽說他是博士頭銜，都競相聘請他。於是，他選擇了其中不錯的一家。但剛到公司第一天，他就有些不滿意。因為沒有人專門接待他，主管只是讓一位同事幫他安排了住宿。這樣的待遇讓李波有些受冷落的感覺，心中難免忿忿不平，覺得自己一個博士生，公司居然一點都不重視。帶著這種情緒開始工作，自然就免不了處處挑剔。這樣一來，手中的工作遲遲也沒做出什麼實質性的成果。

就這樣過了三個月，公司對他的態度急轉直下。因為沒有創造出價值，主管對他的能力開始產生懷疑。不僅如此，因為過於驕傲不合群，同事也疏遠他，不願和他一起做事。後來公司將他安排到新成立的分公司當經理。這家公司是和別人合作，對方出技術，他們公司出錢。可在雙方合作中，他的態度始終非常高傲。他認為那樣的技術很平常，哪裡都找得到，於是常常流露出瞧不起對方的樣子。最後，雙方的合作沒有成功，大家不歡而散。分公司也因為他不善管理，沒有創造效益而被撤銷。這樣一來，他自然也被公司辭退了。

後來，李波又到了另外一家公司當部門經理。吸取了上次的教訓，這次他表現得對誰都很客氣，但從骨子裡，他還是誰也瞧不起。抱著這樣的心態，工作自然還是做不好。沒多久，他又一次被辭退。之後，他又去過幾家公司，但每次都是大同小異，過不了幾個月就被辭退。

聽完了他的講述，教授對他說：「其實你的發展，是被『經濟學博士』的光環給葬送了。你從來沒有空下心來，仔細想想職場發展的基本規則是什麼。」

「什麼？職場發展的基本規則？」很顯然，這是一個李波從未想過的問題。教授換了一種方式問他：「換句話說，你認為公司是根據什麼給員

工薪水的呢?」

他想了想,說:「根據每個人的能力。」

「你講得有一定道理,但不全對,甚至有很大的失誤。」教授告訴他:「你用的是價值導向思維,而公司卻是依據員工的使用價值而不是能力支薪。」聽了教授的話,他若有所思,但接著又問:「難道我一個博士生,還不能為公司創造效益嗎?」

教授對他說:「不一定。能力僅僅代表你的價值,而使用價值,則是你利用自己的能力,為公司創造效益的那一部分。舉例而言,假如你掌握了五門外語,這對你而言是很有價值的。但是,只有你用這五門外語為公司創造了效益,公司才會為你支薪,如果你根本沒用這五門外語為公司創造效益,那麼就絕不會有一個公司為它們支薪。你說對嗎?」

這番話讓李波茅塞頓開:「我現在終於明白自己坐冷板凳的原因了。我總覺得自己是博士生,有學識,理所當然應該得到公司的重視,卻沒有想到重視是建立在腳踏實地為公司創造效益的基礎上的。現在我明白了,職場發展的基本規則,就是重視使用價值,凡是能展現自己使用價值的地方,就該努力去做;凡是影響自己發揮使用價值的地方,不管是觀念、個性,還是其他方面,都要盡力排除掉。一句話,要虛心工作,輕裝上陣,最大展現自己的使用價值!」

從那以後,李波徹底改變了過去高高在上甚至咄咄逼人的個性,也沒有了懷才不遇、怨天尤人的情緒,而是一心變得腳踏實地,處處為公司著想,發揮自己的才能去為公司創造價值,並處理好與方方面面的關係。現在,他已經是一家上市公司的常務副總裁,成了一個不僅在公司,而且在方方面面,都很受歡迎的高階管理者。

經濟學博士坐了三年冷板凳,這在職場中其實帶有很大的普遍性。很多人都因為自視過高而不能虛心工作,結果導致了職場中的種種問題,例

如應徵時，不談自己將怎樣為公司創造價值，而只談待遇，結果儘管有才能，也沒有公司願意接受；再比如，進入公司之後，自我感覺太好，只想著公司應該給自己怎樣的職位、多高的待遇，卻沒想到職位和待遇是和貢獻直接掛鉤的等等。這樣驕傲自大的人，最後的結局往往發展緩慢，甚至成為公司最不受歡迎的人。

烏龜和兔子賽跑的故事我們從小就聽過很多次，當你在嘲笑那隻驕傲的兔子竟然輸給慢吞吞的烏龜時，不妨反省一下自己是不是也在途中睡著了呢？

茫茫蒼穹，無邊世界，天外有天，人外有人。過去的光環不一定能照亮你今天的生活，腳踏實地，才能為成功建構堅固的基石，乘上虛心之雲，才會登上進步的階梯。

懷抱空杯，才能有空間裝進更多知識

捨得、捨得，有捨才有得。人生中有失去，就必然亦有所獲。正如海納百川，有容乃大，有時候將自己放空，才能有空間承載新的東西。

歷史上，唐末五代正是群雄逐鹿，硝煙四起的時期。閩王為了收容人心，祈求江山永固，也為了懺悔濫殺無辜的罪行，開始篤信佛教。他曾創下剃度兩萬人的壯舉，並先後拜請諸多大禪師出任國師，為其開示佛法，指點迷津。

西元 928 年的一天，閩王在福州西湖拜見南隱禪師，叩請治國方略。無論閩王怎樣好聲好氣，南隱禪師一直保持沉默，只顧喝茶。儘管閩王不愛喝茶，南隱禪師仍然不時地向閩王的杯子裡加茶。眼看著閩王的杯子茶水溢位，南隱禪師仍然不停地向閩王的杯子裡加茶。

閩王看見茶水流滿桌面，一臉訝異，便問：「師傅，杯子已經滿了，

為什麼還要加茶呢？」南隱禪師依然沉默，繼續為他倒茶。闖王似有所悟，便把杯子裡的茶一口喝乾。

南隱禪師還是把闖王的茶杯滿面上，問：「你會喝茶嗎？」

闖王回答說：「不會。」

南隱禪師說：「那就先學喝茶吧。」

闖王納悶地問道：「喝茶還要學嗎？」

南隱禪師說：「你的心就像這個杯子一樣，已經裝得滿滿的了，不把茶喝掉，不把杯子倒空，如何裝得下別的東西呢？」

如是，闖王終於明白此中禪意，恍然大悟，從此開始研習茶道，並從喝茶中悟得治國之策。

只有空的杯子才可以裝水，只有空的房子才可以住人，只有幽蘭空谷才可以傳聲……每一個容器的利用價值都在於它的空。有道是：海納百川，有容乃大；海闊憑魚躍，天高任鳥飛。空是一種度量和胸懷，空是「有」的可能和前提，空是「有」的最初因緣，因此，佛經裡常有「一空萬有」、「真空妙有」之說。可見空是人生的最高境界。南隱禪師教導的「把自己的杯子倒空」，不僅是佛學的禪義，更是人生的至理名言。心太滿，什麼東西都進不去，心不滿，才能有足夠的裝填空間。這就是「空杯心態」。懷抱空杯，我們才能有空間裝進更多知識。

從白手起家，到成為最具影響的企業集團之一，有人曾經問過集團經理一個問題：「這些年發展那麼快，與你們的團隊建設密切相關。那麼你們團隊建設的『核心密碼』是什麼呢？」集團經理回答說：「『核心密碼』談不上。如果有什麼深切的體會，那就是我們經常要求管理者和員工做到的一點——時刻歸零。也就是說，在我們這間公司，不管是誰，也不管是個人還是公司，永遠不要把過去當回事，永遠要從現在開始，進行全面的超越！」

「歸零」——也是空杯的另一種表述，嚴格意義上來說，它是空杯的最「極致」的展現，是讓自己最完全、最徹底的空杯。而「時刻歸零」則告訴我們，「歸零」不是一次或幾次，而應該成為一種常態，是延續不斷、時刻要做的事情。

很多情況下，我們往往把自己過去的、身邊的一些東西看得過重。其實，有時候，適當地捨棄一些實質上並沒有多麼重要的東西，把自己歸零重整，換一種心態，我們才能獲得自己真正想要的。

馮小姐在法國留學時，得知巴黎一家著名企業要為在家鄉開設的專賣店應徵主管，於是決定去應徵。這家企業應徵的要求很高，內容包括相關的專業知識和美感、創造力、領導才能等等。馮小姐在首次面試中表現得十分自信，也很出色，加上自己是土生土長，學成之後會回家鄉發展，比其他競爭者更有優勢，她認為得到這個職務是十拿九穩的。但沒想到的是：面試之後，馮小姐很久才得到複試的消息，而且主考官通知她的語氣也顯得比較冷淡，沒有太多的熱情。這樣的結果和一開始的猜想完全相反，令她很是不解。

但是，馮小姐是一位很懂得思考的人，她想：為什麼會這樣，是不是自己哪方面出了問題？這時她突然想到了一個情景：進門的時候，主考官的目光在她齊腰的長辮子上停留了一會。馮小姐突然意識到，問題會不會出在這一頭她留了十多年的長髮上？因為她應徵的公司，是一家世界著名的、以經營服飾和珠寶為主的企業，辦事幹練是公司員工的整體風格。應徵的主考官，就都是一頭齊耳短髮，顯得特別精明能幹。是不是因為這條長辮子，讓主考官擔心她無法融入企業的整體文化呢？

在某些外國人的腦海中，辮子恐怕仍然是保守的象徵。於是，馮小姐一咬牙，剪去了她一直視為珍寶的及腰長髮，並選擇了一款與主考官風格相近的套裝去複試。她的分析一點沒有錯，當她再次出現在主考官面前

時，主考官一看到她那一頭短髮，眼中立刻就閃過一絲讚許，然後會心地一笑，說：「看來你已經準備好了。」

複試十分順利，馮小姐很快就獲得了自己夢寐以求的職位。

長辮子是馮小姐個人的所愛，但當她意識到自己珍愛的東西，也許與企業整體風格有衝突時，便毅然決然地將它剪掉，最終贏得認同。或許，主考官看到的不只是她剪掉長辮子的勇氣，更是那種展現在取捨之間的職業精神。

在生活中，很多人未必留著馮小姐那樣的長辮子，但卻留著思想等方面的「長辮子」。這種無形的「長辮子」，實際上就是他們向來所看重的一些東西。

每個人都有自己的優點，這些優點按常理是應該引以為榮的。可有時候，優點也可能成為學習生活，或者是事業發展的瓶頸。不能說這些「長辮」不好，但是，當它與你所在環境的價值觀和文化相衝突的時候，就要看你是否有勇氣將它「剪掉」了。唯有將它們「剪掉」，才能更好地融入團隊，迎來人生更大的發展空間。懂得放棄的人，才是真正擁有智慧的人。

將自己放空，我們才會有空間和能力去接受新的知識。在適當的情況下，學習做一隻空的杯子吧，不要讓不需要的茶水填滿。

即使是智慧老人，也有答不出的問題

金無足赤，人無完人。學富五車，也不能網羅天下所有的知識，即使是智慧老人，也有答不出的問題。

任何權威，都不過是一時、一方面的能者，而不是全者。迷信權威，往往會扼殺真理。大千世界，風雲莫測，沒有一成不變的道理，也沒有人永遠是對的。伽利略，義大利物理學家、天文學家和哲學家，是近代實驗

科學的先驅者。1590 年，伽利略在比薩斜塔上做了「兩個鐵球同時落地」的著名實驗，從此推翻了亞里斯多德「物體下落速度和重量成比例」的學說，糾正了這個持續一千九百年之久的錯誤結論。

故事源於古希臘物理學說方面的兩大學派之爭，一派以哲學家亞里斯多德為代表，另一派則以自然科學家阿基米德（Archimedes）為代表。兩人皆是古代希臘著名的學者，但由於兩人的觀點和方法不同，結論也就各異，並形成了鮮明的對立。亞里斯多德學派的觀點基本是唯心的，是憑主觀思考和純推理方法作結論的。而阿基米德學派的觀點基本是唯物的，完全依靠科學實踐方法得出結論。

然而從十一世紀起，在基督教會的扶持下，亞里斯多德的著作得到了教會哲學家的重視，他們排斥阿基米德的物理學，把亞里斯多德的物理學奉為經典，凡違反亞里斯多德物理學的學者均被視為「異端邪說」。但伽利略卻對亞里斯多德的物理學抱懷疑態度，相反他特別重視對阿基米德物理學的研究，他重視理論連繫實際，注意觀察各種自然現象，思考各種問題。在伽利略十八歲那年，一次到比薩教堂去做禮拜，他注意到教堂裡懸掛的那些長明燈被風吹得一左一右有規律地擺動，他按自己脈搏的跳動來計時，發現它們往復運動的時間總是相等的。就這樣他發現了擺的等時性，後來荷蘭物理學家惠更斯（Christiaan Huygens）根據這個原理製成時鐘，人們稱之為「伽利略鐘」。

亞里斯多德認為兩個物體以同一高度落下，重的物體要比輕的物體先著地，但伽利略經過反覆的研究與實驗後，改寫了這一結論：物體下落的快慢與重量無關。1590 年，伽利略在比薩斜塔公開作了落體實驗，證明了亞里斯多德的說法是錯誤的，使統治人們思想長達兩千多年的亞里斯多德學說第一次發生動搖。而應邀前來觀看的一些著名學者卻否認自己親眼見到的一切，他們群起攻擊伽利略。1591 年，伽利略被解聘。

之後，伽利略來到威尼斯的帕多瓦大學任教，開始了他科學活動的黃金時期。在這一時期，他研究了大量的物理學問題，如斜面運動、力的合成、拋射體運動等。他還對液體與熱學作了研究，發明了溫度計。1609年，伽利略製成了天文望遠鏡，並用這臺望遠鏡去探索宇宙的奧祕，他發現月球的表面凹凸不平，有高山深谷；木星有四顆衛星圍繞它旋轉；金星和月亮一樣有盈有虧；土星有光環；太陽有黑子，能自轉；銀河是由千千萬萬顆黯淡的星星所組成。這些發現為哥白尼（Nicolaus Copernicus）、布魯諾（Giordano Bruno）的觀點提供了有力的證據，對教會的信條進行了嚴厲的打擊。

1593 年，伽利略出版了《星際信使（*Sidereus Nuncius*）》，通俗地向讀者介紹他觀察到的天空現象，宣傳了他的觀點。該著作在歐洲引起了極大的轟動，伽利略因此被稱為「天空的哥倫布」。1613 年，他在羅馬發表了《論太陽黑子》。該書以書信形式明確指出了哥白尼學說是正確的，托勒密（Claudius Ptolemaeus）學說是錯誤的。由此伽利略觸怒了教會，受到宗教裁判所的審訊。

但是，即使在教廷的壓制下，伽利略仍繼續著科學研究，在長期觀察和研究天體運動的實踐中，他更加堅信哥白尼學說的正確性。1632 年初，伽利略在佛羅倫斯出版了《關於托勒密和哥白尼的兩大世界體系的對話（*Dialogo sopra i due massimi systemi del mondo, tolemaico e copernicano*）》，總結了他長期科學研究實踐中的各種科學發現。該著作的出版正式宣告了托勒密地心說理論的破產，並從根本上動搖了教會的最高權威，從而推動了唯物論思想的發展。這書一經出版便受到廣大讀者的歡迎，但卻遭到羅馬教會的反對，伽利略也因此而受到了長期的監禁。

1636 年，伽利略在監禁中偷偷完成了他另一部偉大的著作《關於兩門新科學的談話和數學證明（*Dialogues Concerning Two New Sciences*）》。該

書於 1638 年在荷蘭出版。這部偉大著作是以三人對話形式寫的。「第一天」是關於固體材料強度的問題，反駁了亞里斯多德關於落體速度依賴於其重量的觀點；「第二天」關於內聚作用的原因，討論了槓桿原理的證明及梁的強度問題；「第三天」討論了等速運動和重力加速度運動；「第四天」是關於拋物線的討論。這一鉅著從根本上否定了亞里斯多德的運動學說。

亞里斯多德和托勒密皆可謂是歷史上舉世聞名的智者，他們的思想和發現都曾被人們奉為不可觸犯的真理，而科學面前的伽利略卻始終堅持實事求是的原則，不迷信任何權威。後人為了紀念伽利略的功績，把木衛一、木衛二、木衛三和木衛四命名為伽利略衛星，並世代流傳下來「哥倫布發現了新大陸，伽利略發現了新宇宙」的讚嘆。

浩瀚宇宙，茫茫蒼穹，天地之大，無窮無盡。世間萬物，總有你不知道的；紅塵世事，總有你不對的時候。勇於挑戰，不迷信權威的人必能找到新的道路；而勇於承認錯誤，虛心求教的人才是真正的智者。

1917 年，世界級的偉大科學家愛因斯坦（Albert Einstein）為了解釋宇宙的穩恆定性問題，和荷蘭物理學家德西特（Willem de Sitter）各自獨立進行了此項工作的研究。德西特發現重力場方程式的宇宙解是動態的而不是靜態的，也就是說宇宙要不是膨脹，就是收縮。但是愛因斯坦堅決不放棄靜態宇宙的概念，為求得一個靜態的宇宙模型解，不惜在方程中引進一個「宇宙常數」。這個結論在當時既符合宇宙學原理，又符合已知的觀測事實。然而，1922 年，俄國學者傅里德曼（Alexander Friedmann）求出了這個方程式的另一個動態解；1927 年比利時學者勒梅特（Georges Lemaître）也獨立求得同一解。從數學角度證明，宇宙不是靜態的，而是均勻地膨脹或收縮著。

接著，1929 年美國天文學家哈伯（Edwin Hubble）更是根據遠距星雲的觀測，發現了遠距恆星發出的光譜線有紅移現象，離地球越遠的恆星光

譜線紅移越大。這說明恆星正在遠離地球而去。哈伯的發現支持了傅里德曼等人的動態宇宙模型，也改變了愛因斯坦對宇宙的看法。愛因斯坦把堅持靜態宇宙模型的失誤稱為他「一生中最大的錯事」，並收回了對傅里德曼等人的批評。

後來，在愛因斯坦七十歲生日之時，還向好友索羅文（Maurice Solovine）表示：「我感到在我的工作中，沒有一個概念是很牢靠地站得住的，我也不能肯定我所走的道路一般是正確的。」這句話在相當程度上包含了他在 1917 年的這次失誤。

一位舉世聞名的偉大科學家能勇於承認自己的失誤，謙虛地回顧自己已被世人承認和稱頌的成就，這顯示了愛因斯坦實事求是，尊重科學的坦蕩胸懷，也正是愛因斯坦能取得偉大成就的原因。

人無完人，沒有人永遠都是對的。而我們所要做的僅僅是在事實面前保持一顆清醒的頭腦，虛心面對生活中的一切。

不要低估乞丐，他可能比你知道的更多

從前，孔子與徒弟一同遊學。在路上，孔子的馬車被一座小孩子用石頭堆的城池玩具給擋住了，孔子的徒弟過去告訴他們：「你們快把這些石頭拆掉，好讓我們的馬車過去。」小孩兒毫不理會他的話，自顧自地玩著。孔子的徒弟生氣地說道：「你們可知這車上坐的是何人？膽敢不讓？」這時，孔子下來了，制止住徒弟，和藹地問道：「小孩兒，你們可否讓我們過去，然後再重新擺好石頭？」小孩子滿不在乎地回答說：「自古以來都是車讓城，哪有城讓車的道理？」孔子的徒弟剛要說什麼，又被孔子揮手止住並感慨地說道：「孩子們說得對，天下都是車讓城。這不正是我所倡導的禮儀嗎？這孩子雖小，卻懂禮儀，可以做我的老師了。」

「三人行，必有我師焉。」孔子的故事告訴我們即使是小孩子也有我們可以學習的地方，不要低估你身邊的任何人，很可能哪一方面他就知道你所不了解的。道理淺顯，卻並不容易做到。

人們在面對名家大師的教誨與指導時，當然是心存敬意，字字句句銘記於心；但是當一個看起來並不如你的人甚至於一個乞丐對你指手畫腳之時，你又會作何反應呢？

羅傑斯是一位鬱鬱不得志的攝影愛好者，常常四處流浪以尋找題材。一天，他來到了一個陌生的地方。在他走進一條街道的時候，看到有一個老頭坐在街道的拐角處，那是一個乞丐。不知道什麼原因，這個乞丐居然要請羅傑斯喝咖啡。羅傑斯沒有拒絕。他們來到廣場喝起了咖啡。幾分鐘以後，這個面貌和藹的乞丐對他說，他有些重要的東西要給羅傑斯看並要與他共同分享。羅傑斯緊緊地跟在老乞丐的後面，穿過幾個街區，來到了圖書館。他跟著老乞丐走進了這座神聖而又莊嚴的知識殿堂，而這裡曾是羅傑斯最討厭的地方。

老乞丐讓羅傑斯坐在椅子上並說道：「我馬上回來。」不一會兒，老乞丐夾著幾本舊書回來了。他把書放到桌子上，在羅傑斯身邊坐了下來。接著，老乞丐開啟話匣子，開始了那改變羅傑斯一生命運的談話。

「年輕人，我教你兩件事。」他目不轉睛地看著羅傑斯，意味深長地說：「第一，不要從封面來判斷一本書的好壞，因為封面有時也會矇騙你。我敢打賭，你一定認為我是個乞丐，是不是？」

「難道你不是嗎？」羅傑斯反問道說。

「嗯，年輕人，我知道你會這麼想。不過，我會讓你大吃一驚的。」他一邊說著，一邊神祕地望著羅傑斯，「你可能不知道，其實我是這個世界上最富有的人之一，人們夢寐以求的任何東西我幾乎都有。」說著，老乞丐收斂起笑容，目光也從羅傑斯的臉上移向了遠方，彷彿陷入了回憶之中。

「我原來住在繁華的大城市，凡是金錢能買到的東西，我全都擁有。但是一年前，我妻子死了，我為她祈禱，請求上帝保佑她的在天之靈。從那以後，我開始追憶過去的歲月，深刻反省人生的意義。我知道，生活是豐富多彩的，而我還有很多東西都沒有體驗過，比如做一個沿街乞討的乞丐。於是我決定要做一年的乞丐。就這樣，在過去的一年裡，我從一個城市流浪到另一個城市，到處漂泊，到處乞討。」說到這裡，他把目光再次移向羅傑斯，「所以，年輕人，千萬不要以貌取人，否則你會受騙的。」他頓了頓，嚥了口唾沫，語重心長地繼續說道：「我要教給你的第二件事是要學會如何讀書。因為這個世界只有一種東西是別人無法從你的身上拿走的，那就是智慧！」

說完，他伸出一雙骯髒不堪的手握住羅傑斯的右手，把剛才從書架上找到的書放到了他的手上。那是柏拉圖和亞里斯多德的著作 —— 已經流傳了幾千年的不朽經典。在他們分別的時候，老乞丐再三叮囑羅傑斯永遠不要忘記他的教誨：因為這是一個「老乞丐」對他的忠實勸告。

羅傑斯深受觸動，返回家鄉，重新回到校園專心苦讀，鑽研攝影技術並積極地尋求靈感，最終成為了一名成功的攝影師。

羅傑斯的經歷告訴我們：不要小看你身邊的任何一個人，不同的生活經歷賦予了每個人不同的人生智慧。看似卑微的乞丐卻有著最豐富的經歷，看盡世間百態的心，自然有他的獨到之處。所以，即使是乞丐，他也有可能比你知道的還多。古埃及沙漠中的一位隱士說過：「我的一生是富有的，因為許多我都曾經歷過。」經歷是一條長河，暢遊過，你就是偉人；經歷是一座高山，攀登過，你就是成功者；經歷是一尊獎盃，打拚過，你就是王者。擁有經歷，即使身為乞丐，仍可能是一位富可敵國的學者。虛心求教，每個人不同的人生經歷都是閃光的智慧，當它擺在你面前的時候，千萬不要視而不見。

越國的范蠡，在國家危難之際挺身而出，國泰民安之時便攜伊人隱居於山林。放棄高官厚祿，只願做閒雲野鶴，山間耄耋老者卻有著助君安邦定國的經歷和智慧，當你有幸遇見，怎能輕易錯過？

「醒時同交歡，醉後各分散。」李白到頭來仍是一襲白衣，獨立山頭，可他的詩詞又是幾人能比？當你在街上偶遇相同不羈之人，又豈可輕視於他？

著名的京劇大師梅蘭芳先生有一次在演出京劇《殺惜》時，在眾多喝采叫好聲中，他聽到有個老年觀眾說「不好」。梅蘭芳來不及卸妝更衣就用專車把這位老人接到家中。恭恭敬敬地對老人說：「說我不好的人，都是我的老師。先生說我不好，必有高見，定請賜教，學生決心亡羊補牢。」老人指出：「閻惜姣上樓和下樓的臺步，按梨園規定，應是上七下八，博士為何上八下七？」梅蘭芳恍然大悟，連聲稱謝。以後梅蘭芳經常請這位老先生觀看他演戲，請他指正，稱他為「老師」。

我們每個人都要有一個「虛懷若谷」的胸懷，都要有一種「謙虛謹慎、戒驕戒躁」的精神。用我們有限的生命時間去探求更多的知識吧！不要低估你身邊的任何一個人，即使是乞丐，也有可能給予你寶貴的指導。

學會感謝，不要把功勞都歸到自己身上

沒有人能不借助任何外力的支持，不依靠任何人的幫助就可以隨隨便便地成功。當我們面對成功時，首先想到的應該是感謝 —— 感謝那些曾經幫助過你的人，感謝那些和你共同奮鬥的人，感謝那些為你的成功鋪就基石的人。

英國偉大的數學家、物理學家、天文學家和自然哲學家牛頓曾經說過：「我之所以比別人看得更遠，是因為我站在巨人的肩膀上。」牛頓的研

究領域非常廣泛，他除了在數學、光學、力學等方面做出卓越貢獻外，還花費大量精力進行化學實驗。他常常六個星期一直留在實驗室裡，不分晝夜地工作。他在化學上花費的時間並不少，卻幾乎沒有取得什麼顯著的成就。為什麼同樣一個偉大的牛頓，在不同的領域取得的成就竟那麼不一樣呢？

其中一個重要的原因就是當時各個學科處在不同的發展階段。在力學和天文學方面，有伽利略、克卜勒（Johannes Kepler）、虎克（Robert Hooke）、惠更斯等人的努力，牛頓在這些已經準備好的材料的基礎上，建立了一座宏偉壯麗的力學大廈。而在化學方面，因為正確的道路還沒有開闢出來，牛頓沒法走到可以砍伐材料的地方，也就無法構建心中的藍圖。

牛頓在臨終前對自己的生活道路是這樣總結的：「我不知道在別人看來，我是什麼樣的人；但在我自己看來，我不過就像是一個在海濱玩耍的小孩，為不時發現比尋常更為光滑的一塊卵石，或比尋常更為美麗的一片貝殼而沾沾自喜，而對於展現在我面前的浩瀚的真理海洋，卻全然沒有發現。」

牛頓的謙虛和謹慎為後世之人稱道，在取得巨大成功的同時，他仍然保持著清醒的頭腦，不忘記感謝那些在科學道路上為他披荊斬棘的先驅們。站在巨人的肩膀上，我們才能看得更高更遠。而學會感謝，我們才能找得到可以依靠的肩膀。

學會感謝，不要把功勞都歸到自己身上，有時不僅僅是決定成功的重要因素之一，更是攸關身家性命。自古以來，好大喜功就是常人最忌諱的性格，而居功自傲更是不可取的。

漢光武帝劉秀初打天下之際，潁川的馮異就投奔到了他的部下，被封為主簿。而馮異自投奔起，就認定劉秀是位賢明的開國之君，因此，忠心耿耿，誓死效力。劉秀初起之時，兵力並不強大，糧草供應也十分窘迫，

經常連飯都吃不飽。一次，劉秀率兵奇襲饒陽，卻遇上三九嚴寒，又接連兩天未吃飯，真是飢寒交迫！劉秀多想吃上一頓熱湯飯啊！可是，四周空空蕩蕩的，荒野一片，到哪裡去尋找糧食呢？但是最終馮異硬是想方設法，為劉秀準備了一碗熱湯飯。類似瑣事還很多，不能一一表述，可一點一滴的事情卻都給劉秀帶來深深的感激，留下了深刻印象。

跟隨劉秀二年後，劉秀見馮異有大將之才，就將部隊分出一部分，讓他帶領。不久，因他征戰有功，封為應侯。

在劉秀麾下的將軍之中，馮異治軍有方，愛護士卒，深得部屬擁戴，因此，士兵都願意在他的部下作戰。每次大戰之後，劉秀都要為將軍們評功進賞。這時，各位將軍都為爭功得賞，大喊小叫，以致拔劍擊樹，吵得不可開交。馮異卻從不爭功爭賞，每次都獨自靜坐在大樹下，任憑漢光武帝評定。這樣，大家就給他取了個雅號，叫「大樹將軍」，馮異的威名軍中無人不知。

劉秀稱帝後，各地仍戰亂不已，但大局已定。劉秀定下策略，以平定天下、安撫百姓為主。左思右想，選定馮異率兵從洛陽西進，以平定關中三輔地區。馮異率領大軍，一路安撫百姓，宣揚劉秀的威德，所到之處，紛紛歸順，沒有幾個月，就完全占領平定了關中、三輔地區，又一次替劉秀立下了汗馬功勞。馮異被拜為征西大將軍。

接著，馮異又連續平定數地，威勢益震。這時，有奸人在劉秀面前挑撥離間，說：「馮異如今在外面，名聲大得很。他到處收買人心，排除異己。咸陽地區的老百姓，都稱呼他為『咸陽王』。皇上，你可得防著點兒啊！」

劉秀聽了之後，讓人把話傳給馮異。馮異知道後，十分緊張，馬上向劉秀上書自白，請劉秀不要聽信讒言。而漢光武帝亦真不愧於一代賢君的稱號，收到馮異的信後，馬上回信說：「將軍你對朕和國家來說，都是不可或缺的。從道義講是君臣關係，從恩情講如同父子關係，你根本不用介

意奸人的語言。」為了表示誠意，劉秀把馮異的妻、子都送到咸陽，還給他更多的封賞與權力。而馮異一直到去世，都盡忠王事，而且從來不自居其功。

功高震主，自毀其路。當一個人把功勞都極盡可能地攬於自身之時，他的驕傲和自負必然引起其他人的不滿。學會與他人分享功勞不只是謙虛的表現，更是智慧的象徵。

任何成功都不是一個人就能完成的。再高的樓，沒有堅實的基礎也不會屹立不倒；再有謀略的將軍，沒有士兵也無用武之地。沒有前人的研究，牛頓也不會在學術上有如此造詣；只有一個馮異，漢光武帝也不會成為開國之主。

正是如此，不居功，學會感謝，學會和他人分享功勞，你才能在人生的道路上走得更遠！

用理智戰勝自己，用虛心戰勝別人

在榮譽和成功面前，不同的人會有不同的表現，淡泊如水抑或狂妄自大，不同的選擇必然會有不同的結果。

「非淡泊無以明志，非寧靜無以致遠。」面對功名利祿，你的態度決定了以後的一切，用理智戰勝自己，我們才不會被榮譽的迷霧所迷惑。始終保持一顆清醒的心，你才能始終走在正確的道路上。

賈思伯，字士休，是北朝北魏齊郡益都人，曾官至尚書，他為人謙和且不邀功，也因此被世人所稱道。

賈思伯起先從師北海人陰鳳學習，學業完成要離開時，因為沒錢酬謝老師，結果陰鳳便扣押了他的衣物。賈思伯後來顯貴，赴南青州任刺史之職時，給老師陰鳳送去了一百匹縑帛，並且派車馬去接陰鳳，但陰鳳因為

慚愧而沒有前往。人們讚嘆賈思伯顯貴後沒有驕淫放縱，懂得尊師重道。

孝文帝時，賈思伯深受賞識，經常跟隨皇上爭戰討伐。宣武帝即位後，賈思伯被任為輔國將軍。王元澄進攻鍾離時，讓賈思伯當他的軍司，不幸的是王元澄在戰事中失利。撤退之中，賈思伯負責斷後，王元澄認為他只是個儒士，必死無疑。結果賈思伯順利趕回來同他會師，王元澄大喜道：「仁者必有勇，我常認為這是空談，今天在軍司身上卻真的看到了。」而賈思伯閉口不談自己的功勞，而是說自己是迷失了道路，糊里糊塗回來的。當時的人都稱讚他是位有德行的長者。後來賈思伯升任至太常卿，兼任度支尚書，又被人推薦為侍講。但他依舊非常謙虛，知道自己少年時雖然明習經典，但後來做官荒廢了學業，於是延請一些儒士白天黑夜地討論和請教。有時在街頭，遇到有識之士，他也會停車下馬，認真謙虛地同人招呼和交談。有來客對他說：「先生現在已經位高顯貴，難道能不驕傲嗎？」賈思伯說：「人在快要衰敗時才會驕傲！」聞言，來客恍然大悟，此話更是被人們傳為雅談。

以謙遜的精神征服他人，用虛心戰勝別人。賈思伯以謙虛求教的態度對待曾經為難自己的老師，反而令其羞愧不已。

用理智戰勝自己，用虛心戰勝別人。總而言之，當你在成功和榮譽面前，無論是對自己，還是對別人，都能保持清醒的頭腦和謙虛的心態，那麼你必然會在未來的道路上走得更遠。

一切真正的、偉大的人物，都是純樸而謙遜的。世上凡是有真才實學者，凡是真正的偉人俊傑，無一不是虛懷若谷，謙虛謹慎而又理智清醒的人。

謙遜是一種修養，一種美德。在榮譽面前，不驕不躁，理智而清醒；在成功之時，謙虛謹慎，永不自滿。著名作家老舍曾經說過：「驕傲自滿是我們的一座可怕陷阱；而且，這個陷阱是我們自己親手挖掘的。」面對

這人生道路上我們自己給自己設定的障礙，只有理智的頭腦和虛心的態度才能引領我們避開。

用理智戰勝自己，用虛心戰勝別人，我們的雙翼才能更加自由地翱翔在藍天之上！

進行換位思考，你將得到多種思路

視角決定一切，試著從不同的位置，從不同人的角度去看問題，你將會得到不一樣的思路。不要唯我獨尊，有時候，換個位置，換個人看同樣的東西，卻會有不同的感覺。而且他人的觀點很有可能會比你高明很多，虛心採納，這同樣也是謙虛的一種展現。

歐陽修是北宋大文豪，他文才出眾，官居高位，但卻非常注重虛心向別人求教，每寫完一篇文章，必先「草就紙上、粉於壁，興臥觀之屢思屢議」。其作品《醉翁亭記》，用字精煉，文辭優美，被人們傳誦至今，但此文就曾得益於一位老樵夫的指教。

歐陽修任滁州太守時，好友智仙和尚在琅琊山上為其建造了一座亭子，歐陽修取名「醉翁亭」，並寫下《醉翁亭記》一文。文章寫成後，歐陽修抄寫了很多份，命人貼到外面，希望行人幫助他修改和提意見。

看到文章的人都紛紛讚賞歐陽修的文采。而這時，有一個砍柴的老樵夫卻說他這篇文章有點太囉嗦了。歐陽修於是為老人再次誦讀此文，虛心請老人指教失誤之處。剛開始讀：「滁州四面皆山也，東有烏龍山、西有大豐山、南有花山、北有白米山，其西南諸峰，林壑尤美……」老樵夫馬上就打斷他，認為囉嗦的地方就在這裡，說道：「我砍柴時站在南天門，大豐山、烏龍山、白米山還有花山，一轉身就全都映入眼簾，四周都是山！」

歐陽修聽後忙說：「言之有理。」隨即修改為「環滁皆山也」五個字。這就是我們今天看到的《醉翁亭記》言簡意賅的開頭。

在生活平凡而又簡單的老樵夫眼裡，不論東南西北何山，皆不過是他砍柴的山而已。

可一句「皆山」卻又是簡練地描繪了身臨其地的感覺。名山諸峰本來也沒有名字，身陷其中，又何辨？不過山耳！

歐陽修虛心求教，不恥下問。站在真正生活在群山之中的老樵夫的位置，才能真切地感受到當地群山環繞的感覺，一座座奇峰峻嶺才能變得鮮活起來，而不僅僅是我們臆想中的一個符號而已。

換個角度去看問題，把自己融入你想知道、想觀察的環境；把自己視為你想了解、想明白的人，而不僅僅是狂妄自大地去主觀臆想，你才會得到真正不一樣的感受。換個角度，換個位置去看問題，虛懷若谷才能有空間去包容更多的思路，而你也會有不一樣的發現。

達菲在紐約有一家小型的廣告代理公司。一天，他聽到消息，說美國菸草正在尋找新的廣告代理商，所以他打電話給美國菸草的總裁，約定了面談的時間。這可是一筆巨大的生意，它能使達菲的小公司一舉成名。

達菲覺得他必須計劃一下這次的會面。於是他去酒店租了一個房間，保證自己不受任何干擾。他工作了很久但仍然沒有找到突破口。最後，他自言自語道：「如果我是美國菸草的總裁，我想知道代理商的哪些情況呢？」他馬上坐下來，寫出了一系列問題，然後他把問題刪減成十個，並且都準備了答案。

第二天，達菲被領進總裁的辦公室，在自我介紹後，他說：「我想您一定想透過今天的會面知道我們公司的一些情況，所以我準備了十個問題，也許您希望知道答案。」

「真是太有趣了，」總裁回答說：「我做了同樣的事情，您願意和我交換一下各自所列的問題嗎？就現在。」

達菲知道這是決定生意成敗的一個動作，他同意了。他在看總裁所寫的問題時，非常驚奇地發現他們列出的問題非常相似。這時候，總裁也同樣驚喜地說道：「我看了一下，十個問題中有七個是一樣的。」

達菲表示同意。總裁接著笑著說道：「我覺得我們有基礎可以進行討論，得出一個雙贏計畫。」

就這樣，達菲這家小公司得到了這筆價值百萬的生意，邁出了重要的一步，而如今它已經成為世界上最大的廣告公司之一了。

換個位置看問題，你會給別人一種非常真誠和用心相待的感覺。能夠站在別人的角度，去虛心求教，別人也當然會樂得坦誠相交，如此一來自然皆大歡喜。

其實，換位思考的實質就是設身處地為他人著想，即想人所想，理解至上。這不僅是一種寬容的態度，更是一種謙遜的行為。當我們眼高於天，視野裡只有自己的時候，是無論如何也理解不了別人的想法的。而在大千世界裡，你一個人的思路又是多麼的渺小和微不足道啊！

一頭豬、一隻綿羊和一頭奶牛，被牧人關在同一個畜欄裡。有一天，牧人將豬從畜欄裡捉了出去，只聽見豬大聲號叫，強烈地反抗。綿羊和奶牛討厭牠的號叫，於是抱怨道：「我們經常被牧人捉去，都沒像你這樣大呼小叫的。」豬聽了回應道：「捉你們和捉我完全是兩回事，他捉你們，只是分你們的毛和乳汁，但是捉住我，卻是分我的命啊！」

立場不同，所處環境不同的人，是很難了解對方的感受的。因此，對他人的失意、挫折和傷痛，我們應進行換位思考，以一顆寬容的心去了解，關心他人。而我們在換位思考中，也必然會從他人的經歷中獲取寶貴

的人生經驗。

虛懷若谷，心胸像空谷一般寬闊，你才能有空間去包容更多的東西。而進行換位思考，你將會得到多種思路，而不會被自己的視線所矇蔽。

學會換位思考，這也是一種虛心的表現。

吸收逆耳忠言，不要被讚美之詞蒙蔽雙眼

越是美麗的蘑菇，毒性可能越強，而路邊不起眼的小草卻可能正是救命良藥。人們常常說「忠言逆耳利於行，良藥苦口利於病」。一生當中，我們輕易地就能得到很多願意去讚美你的朋友，卻窮其一生未必能擁有一位願意對你說實話的知己。

玄武門之變後，有人向秦王李世民告發，東宮有個官員，名叫魏徵，曾經參加過李密和竇建德的起義軍，李密和竇建德失敗之後，魏徵到了長安，在太子建成手下做過事，還曾經勸說建成殺害秦王。

秦王聽了，立刻派人把魏徵找來。魏徵見了秦王，秦王板起臉問他說：「你為什麼在我們兄弟中挑撥離間？」左右的大臣聽秦王這樣發問，以為是要算魏徵的老帳，都替魏徵捏了一把汗。但是魏徵卻神態自若，不慌不忙地回答說：「可惜那時候太子沒聽我的話。要不然，也不會發生這樣的事了。」秦王聽了，覺得魏徵說話直爽，很有膽識，不但沒責怪魏徵，反而和顏悅色地說：「這已經是過去的事，就不用再提了。」

唐太宗即位以後，把魏徵提拔為諫議大夫，還選用了一批建成、元吉手下的人做官。原來秦王府的官員都不服氣，背後嘀咕說：「我們跟著皇上多少年，現在皇上封官拜爵，反而讓東宮、齊王府的人先沾了光，這算什麼規矩？」

宰相房玄齡把這番話告訴了唐太宗。唐太宗笑著說：「朝廷設定官員，

為的是治理國家，應該選拔賢才，怎麼能拿關係來做選人的標準呢。如果新來的人有才能，老的沒有才能，就不能排斥新的，任用老的啊！」

唐太宗不記舊恨，選用人才，而且鼓勵大臣們把意見當面說出來。在他的鼓勵之下，大臣們也勇於說話了。特別是魏徵，對朝廷大事，都想得很周到，有什麼意見就在唐太宗面前直說。唐太宗也特別信任他，常常把他召進內宮，聽取他的意見。

有一次，唐太宗問魏徵說：「歷史上的人君，為什麼有的人明智，有的人昏庸？」

魏徵回答道：「兼聽則明，偏聽則暗。」他還舉了歷史上堯、舜和秦二世、梁武帝、隋煬帝等例子，說：「治理天下的人君如果能夠採納下面的意見，那麼下情就能上達，他的親信要想蒙蔽也蒙蔽不了。」

太宗皇帝聽了很是高興，更加信任魏徵，而魏徵倒也不負所望，直言敢諫。有時碰上唐太宗非常惱怒的時候，他也面不改色，太宗的神威也為之收斂。一次，魏徵去拜謁太宗的陵寢，回來後，對太宗說：「人們都說陛下要臨幸南山，外面都已嚴陣以待、整裝完畢，而您最後又沒去，不知為什麼？」太宗笑著說：「起初確實有這個打算，害怕你又來嗔怪，所以中途停止了。」

之後，魏徵提的意見越來越多。他看到太宗有不對的地方，就當面力爭。有時候，唐太宗聽得不是滋味，沉下了臉，魏徵還是照樣說下去，叫唐太宗下不了臺階。

有一次，魏徵在上朝的時候，跟唐太宗爭得面紅耳赤。唐太宗實在聽不下去，想要發作，又怕在大臣面前丟了自己接受意見的好名聲，只好勉強忍住。退朝以後，他憋了一肚子的氣回到內宮，見了他的妻子長孫皇后，氣沖沖地說：「總有一天，我要殺死這個鄉巴佬！」

長孫皇后很少見太宗發那麼大的火，問他說：「不知道陛下想殺哪一個？」

唐太宗說：「還不是那個魏徵！他總是當著大家的面侮辱我，叫我實在忍受不了！」

長孫皇后聽了，一聲不吭，回到自己的內室，換了一套朝見的禮服，向太宗下拜。

唐太宗驚奇地問道：「妳這是幹什麼？」

長孫皇后說：「我聽說英明的天子才有正直的大臣，現在魏徵這樣正直，正說明陛下的英明，我怎麼能不向陛下祝賀呢！」

這一番話就像一盆清涼的水，把太宗滿腔怒火澆熄了。

後來，他不但不記魏徵的仇，反而誇獎魏徵說：「人家都說魏徵舉止粗魯，我看這正是他正直可愛的地方哩！」

西元 643 年，魏徵死後，唐太宗極為傷感地對眾臣說：「以銅為鑑，可以正衣冠；以古為鑑，可以知興替；以人為鑑，可以明得失。今魏徵逝，一鑑亡矣。」唐太宗的感嘆自有道理，而魏徵也應為遇到唐太宗這樣虛懷納諫的君主而慶幸。如果侍奉的是一個小雞肚腸的昏君，魏徵的下場是很難料想的。

忠言逆耳的道理盡人皆知，但世人皆不能免俗。人人都喜歡聽讚美自己的話語，而逆耳忠言卻總是讓人難以接受。否則，從古至今也就不會有那麼多冤死的大臣和敗國的皇帝了。

黃皓，三國時期蜀漢的宦官，侍奉劉備的兒子後主劉禪，善於逢迎，得太子歡心。劉備死於白帝城後，劉禪繼位，為後主。後主天生愚鈍，早年由於先帝劉備的囑咐以及諸葛亮的努力，蜀漢得以興旺發達。但是，等到諸葛亮等朝臣病逝後，劉禪的劣根性就徹底地暴露無遺。他對享樂的要

求也一天天增多，對宮中宮女妃嬪不滿意就要到民間選美女。董允引經據典加以強烈反對，絕不退讓；而黃皓就曲意逢迎後主，畢恭畢敬，使後主感到一種滿足和快樂。於是，後主更是把黃皓看成生平知己，同時也更加厭惡董允等賢臣。

黃皓為人飛揚跋扈，目中無人，整日在劉禪的面前逢迎拍馬，哄得後主對他言聽計從。劉禪的弟弟甘陵王劉永對黃皓向來反感，現在更憎恨他了，黃皓知道後，就在劉禪的面前說了劉永許多壞話，挑撥兄弟間關係，致使後主十分戒備劉永，十多年不讓劉永回成都朝見。性喜逢迎之言和讚美之詞，厭惡逆耳忠言的劉禪，最終難免成為了階下之囚。

吸收逆耳忠言，不要被讚美之詞矇住眼睛。人們常說知己難求，而肯對你的缺點和問題直言不諱的知己更是生平難遇。不要只鍾情於溢美之詞，否則一不小心，行錯一步，一切就難以挽回了。

世事浮華，讚美之詞往往會將人鼓吹得飄飄欲仙，而人生卻是只有腳踏實地才能走得好的。忠言逆耳、良藥苦口，端看你是做何選擇了。

第九章

喚醒寬容心，人生將不再狹窄

寬容 —— 寬，乃寬闊心胸，容，乃包容萬物。

寬容是一種境界，它能使人踏上光明的道路；寬容是一種博大，它能包容世間的喜怒哀樂，寬容別人也是善待自己！

法國作家雨果（Victor Hugo）曾經說過：「世界上最廣闊的是海洋，比海洋更廠闊的是天空，比天空更廣闊的是人的胸懷。」人與人之間需要寬容、需要理解。寬容是清新劑，會令人感到舒適，感到溫馨，感到自信，感到世界的美；寬容是催化劑，可以消除隔閡，減少誤會，化解矛盾；寬容是潤滑劑，能調節關係，減少磨擦，避免碰撞。

喚醒你的寬容之心吧，從此你的人生將不再狹窄！

平平淡淡最真，巨浪可能讓你翻船

生活就像一條永遠不急不緩流淌在我們周圍的河流，偶爾跳過水底的巨石，翻出一朵小小的浪花，然後一切就又會歸於平靜。而我們就是生活河流上的一艘小船，一朵小小濺起的浪花可能是意外的驚喜，但滔天的巨浪則會讓我們翻船。

所以，在漫漫的人生旅途中，平淡才是生活的主旋律，平平淡淡才是真！

有這樣一個故事，三個人到飲料店去買飲料，第一個人選了果汁，他說，喜歡喝甜的；第二個人買了加糖的咖啡，他說，我喜歡先苦後甜，第三個人買了礦泉水，他說我喜歡淡淡的味道。三個人，選擇了三種飲料，代表了三種觀點，也表現出不同的人生態度。

第一個人喜歡甜的，這給人的感覺更像是初入社會的年青人。他們朝氣十足，精力充沛；他們勇於奮鬥，樂於奉獻；他們積極向上，做事情更願意投入，更願意展現自己的才幹。也因此，年青人更容易體會到成功的

快樂，也很享受這種成功的快樂，就像那杯甜甜的果汁。但是太多的甜蜜可能讓人迷失方向，也可能讓人失去繼續前進的動力。人們可能會沉醉在已經獲得的果汁當中，而不思進取。而人不可能永遠成功，畢竟對於多數人來說，失敗的機率要遠遠大於成功，失敗帶來的傷痛也遠遠大於成功帶來的喜悅。所以，果汁是甜蜜的，但甜蜜卻是不能持久的，甜蜜只能給我們帶來短暫的快感，快感過後，或許會帶來更多的痛苦。

第二個人喜歡先苦後甜，這給人的感覺更像是人到中年。經歷一番風雨之後，中年人做事更加踏實，他們會有明確的人生階段性目標，會給自己的每個人生階段都定下一個可以實現的目標，並且為了這個目標而不斷地努力奮鬥。他們把努力的過程視為「苦」，把獲得的成功和成果視為「甜」，他們相信努力就一定有成果，付出就一定有希望，這是一種積極的人生態度。但是這種人生態度，可能會過分注重結果。當付出和努力結出甜美果實時，可能讓他們很享受人生，但當付出和努力落空之時，有些人極有可能因此一蹶不振，痛苦失望，甚至改變對人生的態度。

第三個人喜歡礦泉水，喜歡淡淡的味道，這給人的感覺仿若經歷滄桑世事的智慧老者。「天下熙熙，皆為利來，天下攘攘，皆為名往」，外物對人心存在太多的誘惑，華服、美味、財富、美色……任何一樣都足以侵害心靈，在生活中掀起滔天巨浪。

老莊說：「地法天，天法道，道法自然。」可見，自然之道才是人的生存之道。順應自然發展的規律，體會自然真諦，超然物外，「不以物喜，不以己悲」，感受自然的存在，把自己融於天地之間，就像淡淡的水，沒有苦，也沒有甜，沒有悲，也沒有喜，平靜安逸地存在，感受陽光，傾聽風雨。享受成功的時候，淡然處之，不驕不躁；承受不幸的時候，淡然處之，不悲不怒。做事的時候，心思縝密，踏實冷靜，激情投入，忘卻自我；思考的時候，遨遊天地，探幽覓微，無羈無絆，無假無憑。生活就是

這種淡淡的味道，它悄悄地流入心田，輕輕地融入骨髓，潤物細無聲。

但可悲的是，我們往往要經歷很多很多，待到耄耋之年暮然回首，才發現原來生活如水，淡淡的，才是最難以忘懷的。人生無常，得與失是偶然也是必然，經歷過才會懂得平平淡淡才是真。

男孩是學理科的，女孩當初喜歡他是因為他的穩重，依靠在他的肩上，有暖暖的踏實，三年的愛戀，兩年的婚姻，如今她已疲倦。倦的根源，在於女孩是個感性的小女人，敏感細膩，渴望浪漫，如孩提時代渴望美麗的糖果。而他卻天性不善於製造浪漫，木訥到讓她感受不到愛的氣息。

女孩終於鼓起勇氣對男孩說：「我們分手吧。」

男孩問：「為什麼？」

女孩說：「倦了，就不需要理由了。」

整整一個晚上，男孩只抽菸不說話。女孩的心越來越涼：「連挽留都不會表達的情人，能給我什麼樣的快樂？」

過了許久，男孩終於忍不住說：「怎麼做妳才能留下來？」

女孩慢慢地說：「回答我一個問題，如果你的答案能回答到我心裡，我就留下來。如果我非常喜歡懸崖上的一朵花，而你去摘的結果是百分之百的死亡，你會不會摘給我？」

男孩想了想說：「明天早晨告訴妳答案好嗎？」女孩的心頓時灰了下來。

早晨醒來，男孩已經不在，只有一張寫滿字的紙壓在溫熱的牛奶杯下。第一行，就讓女孩的心涼透了：「親愛的，我不會去摘。但請容許我陳述不去摘的理由。妳只會用電腦打字，卻總把程式弄得一塌糊塗，然後對著鍵盤哭，我要留著手指給妳調整程式；妳出門總是忘帶鑰匙，我要留著雙腳跑回來給妳開門；每月『大姨媽』光臨時，妳總是全身冰涼，還肚子痛，我要留

著掌心溫暖妳的小腹；酷愛旅遊的妳，在自己的城市都常常迷路，我要留著眼睛給妳帶路；妳總是盯著電腦，眼睛已不是太好，我要好好活著，等妳老了給妳修剪指甲，幫妳拔掉讓妳懊惱的白髮，拉著妳的手，在海邊享受美好的陽光和柔軟的沙灘，告訴妳花兒的顏色，像妳青春的臉……所以，在我不能確定有人比我更愛你之前，我不想去摘那朵花……」

女孩淚滴在紙上，形成晶瑩的花朵。抹淨眼淚，女孩繼續往下看：「親愛的，如果妳已經看完了，答案還讓妳滿意的話，請妳開門吧。我正站在門外，手裡提著妳最喜歡吃的鮮奶麵包。」

女孩拉開門，看見他緊張得像個孩子，只會把拎著的麵包在她眼前晃……是的，是的，女孩確定 —— 沒人比他更愛我，所以我不想要那朵花。

故事裡的女孩是幸運的，她有一位懂得平淡溫馨才是生活的愛人。激情的巨浪確實可以帶來不一樣的感受，可是激情過後，卻得用漫長生活和無盡歲月來承擔一時放縱的後果。俗世紅塵之中，總有許多不甘寂寞的心，會抱怨生活的平淡無奇，日子的索然無味。於是燈紅酒綠中，多了些買醉的身影，麻痺了的心靈生不出詩情畫意的風花雪月，曾經的美好卻被滄桑替代。

不要被一時的誘惑所吸引，以一顆寬容的心去看待生活，去享受生活中平淡的幸福。畢竟，平平淡淡才是真！

只為擁有而快樂，不為失去而傷心

經歷，有的刻骨銘心，終生不忘；有的如煙似霧，過而無痕。所有的經歷都是人生旅途中的足跡，都是生命過程。不論是曾經的擁有，還是現在的失去，歲月流逝，花開花落，所有的一切總有一天會煙消雲散。珍惜

你所擁有的，只為擁有而快樂，而不是陷在過去的回憶中為失去而傷心。

　　否則，總有一天，你會發現生命中寶貴的東西已離你遠去……

　　有一個女孩子，小的時候雙腿行動不便，常年只能坐在門口看別的孩子玩，她很寂寞……

　　有一年的夏天，鄰居家遠方的親戚來玩，帶來了他們的小孩，一個比女孩大五歲的男孩。因為年齡相近的關係，男孩和附近的小孩很快打成了一片，跟他們一起上山下河，一樣晒得很黑，笑得很開心。不同的是，他不會說粗話，而且他注意到了一個不會走路的小姑娘。

　　男孩第一個把捉到的蜻蜓放在女孩的手心，第一個把女孩背到了河邊，第一個對著女孩講起故事，第一個告訴她她的腿是可以治好的，第一個……

　　女孩難得地有了笑容。夏天要結束的時候，男孩一家人要離開了。女孩眼淚汪汪地來送他，在他耳邊小聲地說：「我治好腿以後，嫁給你好嗎？」男孩點點頭。

　　一轉眼，二十年過去了，男孩由一個天真的孩子長成了成熟的男人。他開一間酒店，有了一位未婚妻，男孩原以為生活可以這樣很普通也很平靜永遠地繼續下去，直至生命的盡頭。

　　可是，一次偶然的機會，他竟發現他的未婚妻懷上了不是他的孩子。他羞憤交加，扔掉了所有準備結婚用的東西。

　　就在這時，他接到一個電話，一個女子細細的聲音說她的腿好了，她來到了這個城市。一時間，男孩甚至想不起她是誰。他早已忘記了童年某個夏天的故事，忘記了那個臉色蒼白的小女孩，更忘記了一個孩子善良的承諾。可是，在這種混亂的情況下，他還是收留了她，讓她在店裡幫忙。

　　他發現，她幾乎是終日沉默的。可是他沒有時間操心她，未婚妻背叛

的痛苦隨著時間的流逝，不但沒有減輕反而漸漸深入骨髓。他日日酗酒，變得狂暴易怒連家人都疏遠了他，生意更是無心打理。不久，他就大病一場。這段時間裡，她一直守在他身邊，照顧他，容忍他酒醉時的打罵，更獨立撐著那片搖搖欲墜的小店。她學到了很多東西，也累得骨瘦如柴，可眼裡卻總跳躍著兩點星光……

半年之後，他終於康復。面對她做的一切，只有感激，他把店送給她，她執意不要，他只好宣布她是一半的老闆。在她的幫助下，他又慢慢振作了精神，把她當作是至交的好友，掏心掏肺地對她傾訴，她依然是沉默地傾聽。他不懂她在想什麼，他也只是需要一個耐心的聽眾而已。

這樣又過了幾年，他也交了幾個女朋友，但關係都不長九。他找不到感覺了。她也是，一直獨身。他發現她其實是很素雅的，風韻天成，不乏追求者。他笑她心高，她只是笑笑。終有一天，他厭倦了自己平靜的狀態決定出去走走。拿到護照之前，他把店裡的一切正式交給了她。這一次，她沒再反對，只是說，為他保管，等他回來。

在異鄉飄泊的日子很苦，可是在這苦中，他卻找到了開闊的眼界和胸懷。過去種種悲苦漸漸雲淡風輕，他忽然發現，無論疾病或健康，貧窮或富裕，如意或不如意，真正陪在他身邊的，只有她。他行蹤無定，她的信卻總是跟在身後，隻字片言，輕輕淡淡，卻一直覺著溫暖。

他想是時候回去了……

回到家的時候，他為她的用心良苦而感動，無論家裡還是店裡，他的東西、他的位置都一直好好保存著。彷彿隨時等著他回來。他大聲叫喚她的名字，卻無人應答……

店裡換了新主管，他告訴他，她因積勞成疾去世已半年了。按她的吩咐，新主管一直叫專人注意他的行蹤，把她留下的幾百封信一一寄出，為他管理店裡的事，為他收拾房子，等他回來。

　　他把她的遺物交給他，一個蜻蜓的標本，還有一卷錄音帶，是她的臨終遺言。帶子裡只有她迴光返照時宛如少女般的輕語：「我……嫁給你……好嗎？」

　　拋去三十年的歲月，他像孩子一樣嚎啕大哭起來。沒有人知道，有時候，一個女人要用她的一生來說這樣一句簡單的話。

　　故事中的女孩用她那顆寬容的心，包容著男孩的一切，或喜或悲都默默地站在他的身後，直至生命的盡頭依然不止，而男孩卻因為過去的失去和背叛一直自怨自艾地沉溺於傷痛中不肯回頭。多少次，多少回，如果他肯回頭看看，就會發現自己現在擁有的是多麼珍貴的感情。然而，錯過，就是永遠的失去……

　　過去的就是過去了，無論悲傷還是喜悅，無論快樂還是憂傷。我們不能因為過去的傷痛就將眼前的幸福視而不見，也不能因為過去的快樂和幸福，就沉溺於其中，無法自拔。

　　如果你過去的日子如童話般美好，那麼你是幸福的。快樂給了我們回憶的資本，縱使那些日子已經消失，但至少我們曾快樂過，勾勒出我們生命中美好的一頁。同樣，今天的生活又會變成明天的回憶。今天在傷感昨天中逝去，對於明天不是一種損失嗎？何不讓今天被快樂充滿呢？這樣，明天的我們再去回憶今天時，臉上便多了一份幸福的微笑。

　　我們不應抱怨過去的日子一去不返，而應默默地感謝上蒼曾賜予我們那些美好的時光。

　　我們所要做的，就是在每個階段都做好自己，把握好這一秒就可以了，又何必懷古傷今，患得患失呢？

　　不在乎天長地久，只要曾經真誠地付出過，真摯地愛過，真心地擁有過，那麼我們就是快樂的。不要在回憶中沉寂下去，珍惜你眼前所有的，

痛苦會漸漸地消散，快樂也會慢慢地沉澱在生活中。

不要為失去而痛苦，用一顆寬容的心去接納生活給予你的一切，好好地珍惜你所有的吧！

寬容他吧！生氣是既費力又毫無價值的事情

寬容是一種美德，是一種氣度。《莊子‧秋水篇》有云：「天下之水，莫大於海，萬川歸之，不知何時止而不盈。」做人最需要的就是有大海般虛懷若谷的胸襟和氣度。寬容是一種生存的智慧，是洞悉了社會人生以後所獲得的那份從容、自信和超然。

在一個市場裡，有個婦人的攤位生意特別好，引起其他攤販的嫉妒，大家常有意無意地把垃圾掃到她的店門口。這個婦人只是寬厚地笑笑，不予計較，反而把垃圾都清掃乾淨。旁邊賣菜的老人觀察了她好幾天，忍不住問道：「大家都把垃圾掃到妳這裡來，妳為什麼不生氣？」婦人笑著說：「在我們家鄉，過年的時候，都會把垃圾往家裡掃，垃圾越多就代表會賺很多的錢。現在每天都有人送錢到我這裡，我怎麼捨得拒絕呢？你看我的生意不是越來越好嗎？」從此以後，那些垃圾就不再出現了。

這個婦人化詛咒為祝福的智慧確實令人驚嘆，然而更令人敬佩的卻是她那與人為善的寬容美德。她用智慧寬恕了別人，也為自己創造了一個融洽的人際環境。俗話說和氣生財，自然她的生意越做越好。如果她不採取這種方式，而是針鋒相對，又會怎樣呢？結果可想而知。

寬容是生活的藝術。人生短暫，有太多的事情值得我們去追尋、去努力。有限而又寶貴的時間怎麼能夠浪費在爭吵之上。

一位老媽媽在她五十週年金婚紀念日那天，向來賓道出了她保持婚姻幸福的祕訣。她說：「從我結婚那天起，我就準備列出丈夫的十條缺點，

為了我們婚姻的幸福，我向自己承諾，每當他犯了這十條錯誤中的任何一條的時候，我都願意原諒他。」有人問，那十條缺點到底是什麼呢？她回答說：「老實告訴你們吧，五十年來，我始終沒有把這十條缺點具體地列出來。每當我丈夫做錯了事，讓我氣得直跳腳的時候，我馬上提醒自己：算他運氣好吧，他犯的是我可以原諒的那十條錯誤當中的一個。」

在婚姻的漫漫旅程中，不會總是豔陽高照、鮮花盛開，也同樣有夏暑冬寒、風霜雪雨。面對生活中的一些小矛盾，如果能像那位老媽媽一樣，學會寬容和忍讓，你就會發現，幸福其實就在你的身邊。互相寬容的朋友一定百年同舟；互相寬容的夫妻一定千年共枕；互相寬容的世界一定和平美麗。

寬容是一種處事的瀟灑。「處處綠楊堪繫馬，家家有路到長安。」寬厚待人，容納非議，乃事業成功、家庭幸福美滿必備之道。事事斤斤計較、患得患失，活得也累，難得人世走一遭，瀟灑最重要。為一些無聊的小事而爭吵不休，實是自損風度。

清朝時，在安徽桐城有一個著名的家族，父子兩代為相，權勢顯赫，這就是張家張英、張廷玉父子。

清康熙年間，張英在朝廷當文華殿大學士、禮部尚書。老家桐城的老宅與吳家為鄰，兩家府邸之間有個空地，供雙方來往交通使用。後來鄰居吳家建房，要占用這個通道，張家不同意，雙方將官司打到縣衙門。縣官考慮糾紛雙方都是官位顯赫、名門望族，不敢輕易了斷。

在這期間，張家人寫了一封信，給在北京當大官的張英，要求張英出面，干涉此事。張英收到信件後，認為應該謙讓鄰里，給家裡回信中寫了四句話：「千里來書只為牆，讓他三尺又何妨？萬里長城今猶在，不見當年秦始皇。」

家人閱罷，明白其中意思，主動讓出三尺空地。吳家見狀，深受感動，也出動讓出三尺房基地，這樣就形成了一個六尺的巷子。兩家禮讓之

舉也讓彼此成為了朋友。

寬容別人，其實就是寬容我們自己。多一點對別人的寬容，我們生命中就多了一點空間。有朋友的人生路上，才會有關愛和扶持，才不會有寂寞和孤獨；有朋友的生活，才會少一點風雨，多一點溫暖和陽光。有寬容的生活永遠都是一片晴朗。

寬容首先要學會理解，以責己之心責人，以怒己之心怒人。偉大的劇作家莎士比亞（William Shakespeare）說過：「寬容就像天上的細雨飄向大地，恩賜於寬容的人們。」如果學會寬容，那麼我們的世界將變得更加廣闊；只有拋棄計較，人生才能永遠快樂。夥伴們，讓我們用一顆寬容的心去面對世間的爾虞我詐，去面對世間的虛情假意。人生在世誰能說自己是不需要寬容的呢？讓我們以寬容為真諦，展示寬容的魅力，描畫美麗的人生。

寬容其次要學會諒解，人在社會上生存，注定要和各式各樣的人交往，人與人之間又存在著很大的差異，一個人的年齡、思想、性別、個性、喜好等等，決定了這個人的修養、涵養和處世態度。不可能每個人都和自己一樣，也不可能每個人都能了解你、理解你。所以生活中不可能沒有誤解、矛盾及衝突，這時候需要我們學會寬容。

在過往的日子裡，你是否因為他人的無意觸犯而爭吵得面紅耳赤？是否因為路上行人的無心碰撞就喋喋不休地抱怨？是否因為家人和長輩的錯誤斥責就非得辯個誰是誰非？為什麼我們不能用一顆寬容的心去坦然面對呢？一句簡單的對不起，一個歉意的微笑，一個充滿善意的眼神……可以化解多少矛盾，多少無謂的紛爭。如果每個人都能有一顆寬容的心，世界該是多麼的美好，生活又會是多麼的和諧。

當爭吵發生時，學會寬容吧，畢竟生氣是一件費力而且沒有價值的事情。我們寶貴而有限的精力不應該浪費在無意義的事情上。寬容他吧！你的人生將更加明媚！

包容他人的缺點，更要包容自己的缺點

美國散文作家、思想家、詩人愛默生（Ralph Waldo Emerson）曾經說過，「寬容不僅是一種雅量，文明，胸懷，更是一種人生的境界。寬容了別人就等於寬容了自己，寬容的同時，也創造生命的美麗。」

寬容是一種仁愛的光芒，無上的福分，是對別人的包容，也是對自己的善解。

有一次，幾個朋友一起去馬丁家看球。男人看球，總離不開香菸。直到球賽結束，才發現不知不覺中，他們已經抽了三盒菸。馬丁的妻子也一直在旁邊陪著他們。但是，她竟然什麼也沒說。只是在他們不注意的時候，開啟窗子，讓新鮮的空氣進來。馬丁的朋友覺得很奇怪。「妳怎麼就不管管他和我們這麼抽菸？」一個朋友好奇地問道。

馬丁的妻子微微一笑，說：「我也知道抽菸有害身體健康，但是，如果抽菸能讓他快樂，我為什麼要阻止？我情願讓我的丈夫能快快樂樂地活到六十歲，而不願意他勉勉強強地活到八十歲。畢竟，一個人的快樂不是任何時候或者金錢可以換來的。」

當朋友們再次看到馬丁時，他已經戒菸了。問他為什麼，馬丁憨笑地回答道：「她能為我的快樂著想，我也不能讓自己提前二十年離開她呀。」

因為愛你，所以愛你的一切；因為愛你，所以包容你的一切，哪怕是缺點。

生活中快樂很簡單，只要你學會寬容他人，包容你身邊的人。

一位智者曾經這樣說過：「在你的生命中，你必須寬容三次：你必須原諒自己，因為你不可能完美無缺；你必須原諒你的敵人，因為你的憤怒之火只會影響自己和家人；你必須原諒你的朋友，因為越是親密的朋友越能無意間深深中傷你。只有完成這三種寬容你才能快樂。」仔細想一想，

為什麼我們總是覺得不快樂呢？在工作、生活中總感覺在較勁，活在沉重的壓力下，其實就是少了些寬容。

你是否總是在努力卻又總是感覺力不從心呢？對自己要求高是好事，但如果太過苛刻，就會變得頑固不懂變通，或者是遇到問題妄自菲薄。其實每個人都有不足之處，正是這些不足才使得我們不斷改進，進步。不完美不是種錯誤，脆弱不是種缺陷，這些反而是連線人類情感的基礎。只要自己沒放棄就總可以成功，即使是暫時的失敗，又有什麼關係。倘若，失敗能學到東西，那失敗就是有意義的。所以我們必須在前進中不斷原諒自己，充實自己，才能提高自己。

曾經有一位哲學家很悲觀地說道：「我們出生時之所以哇哇大哭，是因為我們預知生命必然充滿痛苦，至於迎接新生命到來的成人之所以滿心歡喜，是因為世間又多了一個來分擔他們的苦難。當然，這是消極、負面的論調，人生是苦還是樂，都是內心的感受，一切都得靠我們親自體驗，一如挫折，或許遭遇之時會讓我們感動痛苦，但正因為有了它，我們才能更加堅強、勇敢。」

從前有一位少年，在他很小的時候，他的母親就因病去世，由於父親是個長途客運司機，經常不在家，也無法提供少年正常的生活所需，因此，少年自從母親過世後，就必須自己學會洗衣、做飯，並照顧自己。

然而，老天爺並沒有特別關照他，當他十七歲時，父親在工作中不幸因車禍喪生，從此少年再也沒有親人了，也沒有人能夠依靠了。只是，噩夢還沒有結束，在少年走出悲傷，開始獨立養活自己時，卻在一次工程事故中，失去了左腿。但是，一連串的意外與不幸，反而讓少年養成了堅強的性格，他獨立面對隨之而來的生活不便，也學會了枴杖的使用，即使不小心跌倒，他也不願請求別人伸手幫忙。

最後，他將所有的儲蓄算了算，正好足夠開個養殖場，但老天爺似乎

真的存心與他過不去，一場突如其來的大水，將他最後的希望都奪走了。少年終於忍無可忍了，氣憤地來到神殿前，怒氣沖天地責問上帝，「祢為什麼對我這樣不公平？」上帝聽到責罵後滿臉平靜反問，「喔，那裡不公平呢？」少年將他的不幸，一五一十地說給上帝聽。上帝聽了少年的遭遇後說：「原來是這樣，你的確很悽慘，那麼，你幹嘛要活下去呢？」

少年聽到上帝這麼嘲笑他，氣得顫抖地說：「我不會死，我經歷了這麼多不幸的事，已經沒有什麼能讓我感到害怕，總有一天我會靠我自己的力量，創造自己的幸福。」上帝這時轉身朝向另一個方向，並溫和地說：「你看，這個人生前比你幸運得多，他可以說是一路順風地走到生命的終點，不過，他最後一次的遭遇卻和你一樣，在那場洪水裡，他失去了所有的財富，不同的是，他之後便絕望地選擇了自殺，而你卻堅強地活了下來。」

也許，從我們出生，哭出了生命中的第一聲時，我們已開始感受到，人生必定充滿了淚水與艱辛，但是，也唯有這些艱難，才能突顯生命的可貴與不凡，讓我們在撒手人寰的時候笑著離開。其實，許多人的命運都像這個少年一般，經歷了種種痛苦與磨難，但不同的選擇，最後的結果也必然不同。唯有經過磨練的生命，唯有一顆包容的心，才能坦然接受命運的磨難，才能淡定地接受生命中不完美的缺點；也唯有歷經風風雨雨的人，才知道生命的難得與珍貴。

我們常常對別人太嚴厲了，總是覺得自己是對的，別人是錯的。總是在計較著成敗得失，這樣每日都在「算計」的人生當然就快樂不起來了，只有裝下別人或自己的缺點，才能裝下整個世界的風雨，我們寬容了別人，同樣是自我的賜福。當懂得正確看待別人，寬容自己時，人生才會豁達起來，才會快樂。要知道快樂的人不是得到的多，而是計較的少。

學會包容他人的缺點，你的生活會更加快樂；學會包容自己的缺點，

生命會愈加堅強。完美只是童話裡的夢，而生活是現實的。

　　包容你身邊人的缺點，愛他就接受他的一切；包容你生命中的歷練，愛自己就坦然面對生命中的不完美！

順從命運，你才有改變命運的機會

　　生活永遠不可能是一帆風順的，而命運也不是我們可以掌控的。當你身處逆境之時，是自怨自艾地自我消沉，還是振奮精神去尋求希望？不同的選擇就會有不同的結果。但是當悲劇已經發生，當過往已經不可以挽回之時，我們又該怎麼辦？

　　不幸的小男孩在車禍中失去了左臂，成為殘疾人，但是他依然很想學習他一直喜歡的柔道，可柔道卻是一項即使是健全人都很難學好的運動。四處求學之後，終於有位柔道大師接納了他。可是在入學之後的三個月裡，師傅卻只是一直反覆地教小男孩一招。終於，小男孩忍不住問道：「老師，這招我已經練了幾個月了，是不是應該再學學其他招數？」沒想到師傅立即搖了搖頭：「不，你只需要把這一招練好就夠了。」小男孩感覺很委屈；但由於很相信師傅，他還是聽話地繼續練了下去。

　　三年後，師傅帶小男孩去參加比賽，看到對手又高大又強壯，瘦弱且殘疾的小男孩很是害怕。這時師傅鼓勵他：「不要怕，你一定會成功，師傅對你有信心。」但是不管怎麼鼓勵，小男孩還是顧慮重重。

　　出乎人們意料的是，最後的冠軍竟然真的是這個沒有左臂而且只會一招的小男孩，這個結果讓小男孩自己都很驚訝。

　　「這是為什麼，老師？」小男孩問師傅。

　　看著他迷惑不解的樣子，師傅解釋道：「有兩個原因：一、這是柔道中最難的一招，你用了幾年時間去練它，幾乎已經完全掌握了它的要領。

二、就我所知，對付這一招唯一的辦法就是抓住你的左臂。」

當災難已經發生，當悲劇不可挽回時，我們不能沉溺於痛苦中不可自拔，也不應該做無謂的掙扎平白增加自己的痛苦。既然不能改變，那就順從命運的安排，努力將劣勢變成優勢，你才有改變命運的機會。

順從命運，認清眼下的形勢，你才有機會去改變命運，變不利為有利，獲取成功。

齊國的大將田忌，很喜歡賽馬，有一回，他和齊威王約定，要進行一場比賽。他們商量好，把各自的馬分成上、中、下三等。比賽的時候，要上馬對上馬，中馬對中馬，下馬對下馬。

由於齊威王每個等級的馬都比田忌的馬強得多，所以比賽幾次，田忌都失敗了。田忌覺得很掃興，比賽還沒有結束，就垂頭喪氣地準備離開賽馬場，這時，田忌看到人群中有個人，原來是自己的好朋友孫臏。孫臏招呼田忌過來，拍著他的肩膀說：「我剛才看了賽馬，威王的馬比你的馬快不了多少呀。」孫臏還沒有說完，田忌瞪了他一眼：「想不到你也來挖苦我！」孫臏說：「我不是挖苦你，我是說你再和他比一次，我有辦法準能讓你贏了他。」田忌疑惑地看著孫臏：「你是說另換一匹馬來？」孫臏搖搖頭說：「連一匹馬也不需要更換。」田忌毫無信心地說：「那還不是照樣得輸！」孫臏胸有成竹地說：「你就按照我的安排辦事吧。」

齊威王屢戰屢勝，正在得意洋洋地誇耀自己馬匹的時候，看見田忌陪著孫臏迎面走來，便站起來譏諷地說：「怎麼，莫非你還不服氣？」田忌說：「當然不服氣，我們再比一次！」說著，「嘩啦」一聲，把一大堆銀錢倒在桌子上，作為他下的賭注。齊威王一看，心裡暗暗好笑，於是吩咐手下，把前幾次贏得的銀錢全部抬來，另外又加了一千兩黃金，也放在桌子上。齊威王輕蔑地說：「那就開始吧！」

一聲鑼響，比賽開始了。孫臏先是以下等馬對齊威王的上等馬，第一

局輸了。齊威王站起來說：「想不到赫赫有名的孫臏先生，竟然想出這樣拙劣的對策。」孫臏不去理他。接著進行第二場比賽。孫臏拿上等馬對齊威王的中等馬，獲勝了一局。齊威王有點心慌意亂了。第三局比賽，孫臏拿中等馬對齊威王的下等馬，又戰勝了一局。這下，齊威王目瞪口呆了。比賽的結果是三局兩勝，當然是田忌贏了齊威王。還是同樣的馬匹，由於調換一下比賽的出場順序，就得到轉敗為勝的結果。

如同孫臏一樣，在明顯的劣勢面前，用寬容的心懷坦然承認自己的不足，在必要的時候學會放棄，你才能抓住機會改變命運既定的安排。

從前，在一個村莊裡，有三個要好的朋友，一個很有錢，一個很愛讀書，另一個是為人所知的學者。

一天，他們出海遠航，想到另一個村莊去闖闖。他們坐在一個不大不小的小舟裡，有錢人帶了一大筆金銀珠寶，以便到了目的地可以更好地開始；讀書人帶了一大捆書，為了在船上不寂寞，而那個學者卻什麼也沒帶。

路上，正巧碰上了暴風雨，船主要求他們把東西扔掉點，為了更好的航行。有錢人不捨得自己的金銀財寶，就教唆讀書人把書都扔了，而讀書人也不捨得自己心愛的書，也要求有錢人把財寶扔了。

學者見狀，對他倆說：「有錢人，你要想想，當初你是怎麼白手起家的，為什麼不把財物扔了，保全性命之後，也可以從頭開始，況且，這只是你財物的一部分不是嗎？讀書人，你讀了那麼多書籍，書中的內容都在你的腦海裡，有什麼可在乎的？知識都已經在你的肚子裡了。」有錢人聽後，把財物都扔了，讀書人也一樣。

之後他們順利地到達了彼岸，正如那個學者說的，有錢人一樣白手起家，而讀書人當上了私塾的老師。

退一步海闊天空，很多情況下，我們要懂得學會放棄。

有時候，放棄並不都是一件壞事，因為生活中，我們的身邊無時無刻都在變化，都要遇到不同的人和事；當我們在處理一些具體的事情時不是那麼順利，有時甚至感到束手無策；在這時我們就要冷靜思考了，做不到的，處理不好的難道就要硬衝嗎？那樣的結果會怎樣呢？弄不好會兩敗俱傷，甚至會遺憾終身的都有。我們不如在這時頭腦先冷靜，先把眼前的事情暫緩一下，或者暫忘掉，或者忍痛害愛放棄了。

古時的緩兵之計就是如此，這樣的例子舉不勝舉，韓信胯下之辱的故事就是最好的說明，他懂得放棄，忍辱負重，順從命運的安排，韜光養晦，才能抓住關鍵的機會一舉成功。

在今天的現實生活，我們身邊有許多無奈的事情需要我們懂得放棄，學會放棄；其實我們也用不著那麼悲觀，塞翁失馬，焉知非福。我們要懂得放棄的真正內涵，學會忍耐，學會放棄，同時要珍惜現在的美好生活，愛惜自己的身體。無論怎樣生活是美好的。

有時真的放棄了也是為了明天更加美好！學著用一顆寬大的心、包容的心去看待生活，順從命運的安排並不是懦弱的表現，懂得放棄，才能更好地抓住機會改變命運！

培養正面思維，學會積極生活

有些人總是說，他們現在的境況是別人造成的，環境決定了他們的人生位置，這些人常說他們的想法無法改變環境。但是，我們的境況不是周圍環境造成的。說到底，如何看待人生，由我們自己決定。納粹德國某集中營的一位倖存者維克多‧弗蘭克（Viktor Frankl）說過：「在任何特定的環境中，人們還有一種最後的自由，就是選擇自己的態度。」

　　塞爾瑪陪伴丈夫駐紮在一個沙漠的陸軍基地裡。丈夫奉命到沙漠裡演習，她一個人留在陸軍的小鐵皮房子裡，天氣熱得受不了——在仙人掌的陰影下也有攝氏五十一度。沒有人可以談天——身邊只有墨西哥人和印第安人，而他們不會說英語。她非常難過，於是就寫信給父母，說要丟開一切回國去。不久，父親的回信來了，信上只有兩行字，可這兩行信卻永遠留在她心中，甚至完全改變了她的生活。信上是這樣寫著：

　　兩個人從牢中的鐵窗望出去。一個看到泥土，一個卻看到了星星。

　　塞爾瑪一再讀著這封信，覺得非常慚愧。她決定要在沙漠中找到星星。

　　她開始和當地人交朋友，他們的反應使她非常驚奇，她對他們的紡織、陶器表示興趣，他們就把最喜歡但捨不得賣給觀光客人的紡織品和陶器送給了她。塞爾瑪研究那些引人入迷的仙人掌和各種沙漠植物、動物，又學習了有關土撥鼠的知識。她觀看沙漠日落，還尋找海螺殼，這些海螺殼是幾萬年前，當這沙漠還是海洋時留下來的……

　　生活開始變得豐富多彩起來，塞爾瑪發現原來難以忍受的環境變成了令人興奮、流連忘返的奇景。是什麼使塞爾瑪內心發生了這麼大的轉變呢？

　　沙漠沒有改變，印第安人也沒有改變，但是塞爾瑪的念頭改變了，心態改變了。一念之差，使她把原先認為惡劣的情況變為一生中最有意義的冒險。她為發現新世界而興奮不已，並寫了一本書出版。塞爾瑪終於在沙漠中看到了閃爍的星光。

　　生活本來是豐富多彩的，我們往往自己建造了一座灰色的牢籠，躲藏在裡面，看不見屋外漫天燦爛的星光。所以，我們需要做的就是培養自己的正面思維，凡事要從正面去看，學會用積極的態度去面對人生，以寬容的心態接受生活中的一切，而不是因為這樣那樣的原因就消極地看待生

活，錯失生命中寶貴的東西！

　　他倆的愛情，差一點就夭折了，這相當程度上受了她母親不幸福婚姻的影響。她的母親是個出身卑微的女子，她的父親是高官子弟，地位的懸殊沒能阻擋愛情的腳步。但結婚後的母親受盡了公公婆婆的虐待，父親也在外面另有了情人。母親是在絕望中喝毒藥自殺的，臨終前告誡她，今後找老公一定不要找比自己強的，人需要愛情，但更需要尊重。

　　大學畢業那年，她的父親因貪汙罪被判了刑。她真正成了無父無母的孩子，只得自謀生路，去一家公司應徵。就是在那家公司她遇見了他。

　　他是公司的老闆，年紀輕輕，但慧眼識珠，不但錄用了她，還讓她擔任一個部門的負責人。她很受他的賞識，不斷得到提拔。她對他也有一份特殊的親近感，覺得他年紀輕輕就擁有自己的公司確實不簡單，兩個人不由自主地就走近了。

　　一天，她去市場上買了一個金魚缸送給他，缸裡還有一條金魚，游得很歡暢。她明白自己已不可救藥地愛上了他。她也明白，他對她也動了感情。可到這時她卻有了一絲慌亂。她想起了母親的死亡以及母親死亡前對她的告誡。他是老闆，她是僱員，地位的懸殊不亞於父母當年，如果她與他產生愛情，無異於踏上母親走過的老路。

　　那是一個落日未盡的黃昏，她和他一起在那個金魚缸前餵魚，他突然抓住她的手，慌亂地說出了那三個字。她的心劇烈地跳動起來，那三個字是她的渴盼也是她的忐忑。在點頭與搖頭之間，她必須先弄清楚他是不是自己父親那種人。她試探地問他：「你怎麼看待我，還有你自己？」他看著她又看看金魚缸，說：「你和我就像這魚缸裡的水和魚。」

　　她有一種幸福的眩暈，立刻想到了「魚水情深」這個詞語。但，這不是她想要的答案。她進一步問他，那麼，「誰是水？誰是魚？」

他不假思索，「當然我是水，你是魚。」

她輕輕地皺起了眉頭，問道：「為什麼我是魚？你怎麼不說你自己是魚？」

他淺淺地笑起來，「這還用問嗎？我當然是這缸裡的水，你才是在這水裡游來游去的魚。」

那一刻，她的心沉沉的，是墜落的痛。他是水，她是魚，因為魚兒離不開水，有了水魚兒才能美麗才能生存，他的狂妄，他的自負，比她的父親有過之而無不及。第三天，市報上登出了一則奇怪的尋人啟事：一缸水在苦苦尋找一條魚的愛情，我的魚兒，你在哪？她看了，嗤嗤冷笑，這多像一隻籠子在尋找金絲雀呀，可憐的自負的男人！她不去理睬他，而是在另一個城市的一家公司謀到了職位。三個月後，在一次商貿會上，她意外地遇到了他。他拉住她的手，一臉喜悅。她想抽出手來，卻無論如何也無法辦到。他問她，「妳過得好嗎？」她笑笑，很矜持：「我這條魚離開了你那缸水活得仍很好。」他卻大聲叫了起來，全然不顧及場合和周圍的人群：「妳好了，我卻快要死了！」她語含譏誚：「只聽說魚兒離開了水活不了命的，倒沒聽說水離了魚會死掉。」

他雙眼死死地看著她，「魚兒離開了一缸水，還可以到大海裡去生活，但一缸水離開了一條魚，心裡就是空落落的。心空了與死掉有什麼區別？」

她愣住了，「你的魚與水的論調到底是什麼意思？」他急得結結巴巴地回答道：「我本來是一缸死水，是你這條魚的進入，讓我重新有了活力。魚是生活在水的心裡，妳，就是在我心裡游來游去的一條魚。妳走了，就是將我的心挖走了。妳見過沒有魚的魚缸嗎？魚缸的活力是魚給的，而不是水給的。因為魚是水的心臟，是水的靈魂。」

她的眼睛一下子就溼潤了，感動如潮，讓她無法自制。父母的生活，

讓她一直對愛情抱著一種消極的態度，差一點就錯失了生命中的至愛。

現實生活也是如此，審視一下自己，你是不是也總是以一種消極的態度看待生活？其實，生命中大多數的時候都是陽光明媚的。以一顆包容的心去看待生活，以寬容的心胸去對待你周邊的人，培養正面思維，學會積極生活，你才能發現沙漠中的星光！

生命沒有你想像的脆弱，所以不要每天為它擔心

生命是堅強而且勇敢的，就像峭壁中的種子，再堅硬的岩石也阻擋不了它的破土而出。從出生的那一刻起，生命就做好了承擔一切的準備。風霜雪雨，既是生命中的磨練，又是生命不可多得的養料。

生命沒有你想像的那麼脆弱，放開雙手，敞開胸懷，坦然地接受生命中的磨難，暴風雨過後，陽光下，經歷風雨洗禮的生命之花必將開得更加嬌豔。

曾經有一個年輕人，在小的時候他就是一個十分聰明的孩子，學習成績非常好，還參加過全國數學奧林匹亞比賽，獲得了冠軍。由於優異的成績，高中畢業後，他就被保送到某大學深造。

然而命運卻在他接到大學錄取通知書那年的暑假，給他開了一個不大不小的玩笑：一次過馬路時，一輛飛馳而來的車輛無情地奪去了他的雙腿和左手。面對這飛來橫禍，他沒有被打倒，最終憑著驚人的毅力自學大學課程，後來又創辦了自己的公司，成為一家擁有上千萬元固定資產的私人公司老闆，並當選為「十大傑出青年」。

人們都很佩服他的堅強，紛紛詢問他是如何度過那段痛苦的時光，是誰幫助他挺過了那段憂鬱的日子。然而出乎意料的是，他最想感謝的既不是給他巨大關愛的父母，也不是一直鼓動和支持他的朋友。面對人們的疑

問，他極快地回答：「我要感謝兩棵樹！」

車禍的災難，對從小就出類拔萃、追求完美的他來說，簡直就是世界末日的來臨。看看自己殘缺不全的身體，他痛不欲生，感到一生就這樣毀了，人生再沒有什麼值得追求的目標和意義，一度他甚至想要自殺。父母為他的狀況而憂心忡忡，對他精心呵護，百般疼愛，生怕他失去生的希望。一家人像對待瓷娃娃一樣小心翼翼地照顧著他，可是他的狀況依然十分糟糕。即使在醫院聽到遠遠地從街上傳來的一兩聲汽車喇叭聲，也能引起他的煩躁和不安，情緒極不穩定。為了讓他散心，轉移一下注意力，在他出院以後，家人特意把他送到鄉下的姑媽家靜養。

在那裡，他遇到了決定他生命意義的兩棵樹。

姑媽家住在一個遠離城市的小村子，寧靜、安逸，甚至有些落後。他就在姑媽的小院子裡，每天吃飯、睡覺，睡覺、吃飯，一天天地消磨著他認為不再寶貴的時光，人也更加灰心喪氣和慵懶下來。

一晃半年過去。一天下午，姑媽家下田的下田，上學的上學，媽媽和爸爸也因為臨時有事回去了城裡，僅他一人在家。百無聊賴的他，自那場災難後，第一次一個人搖動著輪椅走出了那個小小的院落。

就這樣，似乎冥冥中自有安排，他與那兩棵樹不期而遇。那是怎樣的兩棵樹啊！在離姑媽家五六十公尺的地方，有兩棵顯得十分怪異的榆樹，像籐條一般扭曲著肢體，但卻頑強地向上挺立著。兩樹之間，連著一根七八公尺長的粗鐵絲，鐵絲的兩端深深嵌進樹幹裡。不，簡直就是直接纏繞在樹裡！活像一隻長布袋被攔腰緊緊繫了一根繩子，呈現兩頭粗、中間細的奇怪形狀。

見他好奇的樣子，一旁的鄰居主動告訴他，起初是為了晒衣服方便，七八年前，有人在兩棵小榆樹之間拉了一根鐵絲。時間一長，樹幹越長越粗，被鐵絲纏繞的部分始終衝不出束縛，被勒出了深深一圈傷痕，兩棵小

樹奄奄一息。就在大家都以為這兩棵榆樹再也難以成活的時候，沒想到第二年一場冬雨過後，它們又發出了新芽，而且隨著樹幹逐漸變粗，年復一年，竟生生將緊箍在自己身上的鐵絲「吃」了進去！

莫名地，他的心被強烈地震撼了：面對外界施加的暴力和厄運，當人們都認為那脆弱的生命必然消亡的時候，小樹卻堅強地活了下來，而且枝繁葉茂。而作為一個人，又有什麼理由放棄努力呢！面對這兩棵榆樹，他感到羞愧，同時也激起了深藏於內心的那份不甘 —— 只見他用自己僅存的右手，艱難地從坐了半年多的輪椅上撐起整個身體，恭恭敬敬地給那兩棵再普通不過，卻又再堅強不過的榆樹，深深鞠了個躬！

生命是如此的堅強，只要還有一絲的可能，我們就不應該放棄。故事中的年輕人即使失去手腳，即使肢體不再健全，但是只要生命仍然存在，就不會放棄。災難的降臨確實使他的人生變得艱難，但是堅強起來的他依然可以繼續追逐自己的夢想。

不論是那兩棵樹，還是那位身殘志堅的年輕人，他們的頑強和毅力都讓我們看到了生命的堅韌和不屈。當風雨注定來臨，逃避不是辦法，生命沒有你想像的脆弱，昂首挺胸走進暴風雨中，當雨過天晴，你會發現過去的擔心和絕望是那麼的多餘。畢竟，一切都會過去。

從前，有一位國王得到一塊價值連城的鑽石，他要把鑽石做成戒指，要求大臣們寫一句話放進戒指裡，讓他在危難之際可以拿出來看並能轉危為安。縱使大臣們學識淵博，卻怎麼也想不出一句可以救國王於水火的話來。

這時候國王身邊的一位老僕人站了出來，寫了一句話在紙條上，並要求國王到山窮水盡之時再開啟來看。

多年以後，一日外族來侵，國王戰敗，不得已暫時棄城撤退，而敵兵窮追不捨。國王惶惶不可終日，總是在睡夢中驚醒，擔心自己被敵人抓住

而喪命。一日，國王逃至一處懸崖之上，面臨萬丈深淵，他感到了絕望。生死攸關之時，國王想起了那張紙條，急忙開啟來看，上面寫道：「一切都會過去，只要你堅強，生命沒有你想像的脆弱！」國王的心頓時平靜了下來。追兵在林中迷失了方向，一切轉危為安。國王重新集結隊伍，經過多年苦戰，最終收復了失地。

是啊！一切都會過去，生命沒有你想像的那麼脆弱，所以不要每天為它擔心，從容淡定地面對你生活中的一切和你的敵人，以寬容的心態對待自己，只要你不放棄，生命就不會放棄你！

保留個性，不要讓環境把你更改得面目全非

以寬容的態度對待他人，以包容的心胸接受你的生活，這是我們為人所應做到的。但是「寬容」並不意味著什麼都盲目地接受；「大度」也不代表就是委曲求全。在現實生活中，我們也應該適當地保留自己的個性，不要讓環境把更改得面目全非。

凡事要靠自己拿主意，並不是一意孤行，孤芳自賞，而是忠於自己，相信自己，要對自己的承諾負責，要勇於承認自己的缺點，更要勇於接受面臨的挑戰。美國著名女演員童年在加拿大渥太華郊外的一個農場裡生活那時候，她在農場附近一個小學裡讀書。有一天回家後她很委屈地哭了，父親她為什麼哭泣，她斷斷續續地說道：「我們班裡一個女生說我長得很醜，還說跑步的姿勢難看。」

父親聽完她的哭訴，沒有安慰她，只是微笑地看著她。忽然父親說：「我能碰得到我們家的天花板。」

當時正在哭泣的女孩聽到父親的話覺得很驚奇，她不知道父親想要表達的意思，就反問了一句：「你說什麼？」

父親又重複了一遍：「我能碰得到我們家的天花板。」

女孩完全停止了哭泣，她仰著頭看了看天花板，將近四公尺高的天花板，父親能碰得到？儘管當時還小，但她不相信父親的話。

父親看她一臉的不相信，就得意地對她說：「妳不信吧？那麼妳也別相信那個女孩子的話，因為有些人說的並不是事實。」

就這樣，女孩在很小的時候就明白了，不能太在意別人說什麼，要自己拿主意。

在她二十四歲的時候，她已經是一個頗有名氣的年輕演員。一次，她準備去參加一個集會，但她的經紀人告訴她，因為天氣不好，可能只有很少的人參加這次集會。經紀人的意思是，她剛開始出名，應該用更多的時間去參加一些大型的活動以增加自己的名氣，而演藝圈中大多數的演員也是這樣做的。

可女演員堅持要參加那個集會，因為她在報刊上承諾過要去參加。結果，那次在雨中的集會，因為有了她的參加而使得廣場上的人群擁擠起來。她的名氣和人氣驟升。

女演員從小就懂得要堅持自己，不被流言和嘲笑所打倒，也不被定理和框架所束縛，以堅定不移的決心去做好自己，不因環境的變化就把自己改得面目全非，堅持自己的個性，最終取得了成功。

有時堅持自己很累，因為和自己意志奮鬥同時，還要忍受百倍的寂寞，難耐的日子裡，唯有拋開清冷的影子，全心地投入真正值得你追求的事物上，咬緊牙關才能夠戰勝諸多困難，有時充滿阻礙的困難不是深海險灘，重山峻嶺，更多的是心靈對現實的妥協，堅持自己的心靈比跨過火焰山還困難重重。

堅持自己，是一種淡定，是一種修養，更是一種自信，在這個燈紅酒

綠的世界裡，唯有堅持自己，才能擁有真正的成功，到達幸福的彼岸。

做你自己！這也是美國作曲家歐文‧柏林（Irving Berlin）給當時年輕作曲家喬治‧蓋希文（George Gershwin）的忠告。柏林與蓋希文第一次會面時，己聲譽卓越，而蓋希文卻是個默默無名的年輕作曲家。柏林很欣賞蓋希文的才華，以蓋希文當時薪水的三倍請他做音樂祕書。可是柏林也勸告蓋希文：「不要接受這份工作，如果你接受了，最多只能成為歐文‧柏林第二。要是你能堅持下去，有一天，你會成為第一流的蓋希文。」蓋希文接受了忠告，並漸漸透過自己的努力成為當代極有貢獻的美國作曲家。二十世紀的電影大師卓別林（Charles Chaplin）開始拍片時，導演要他模仿當時的著名影星，結果他平平庸庸，一事無成。直到他開始改變，根據自己的特點來演自己，這才漸漸成功，成為一代電影大師。

這個世界上，我們每個人都是獨一無二的奇蹟，都是自然界最偉大的造化，長得完全一樣的人以前沒有，現在沒有，將來也不會有。只有正確認識自己的價值，對自己充滿自信，不斷發揮自身的潛力，才能將我們生存的意義充分展現出來。

有一個人得到了天下無雙的紫檀木弓，木弓十分沉實，十分好用，而那人認為這雖然是天下最好的良弓卻不夠華美，於是找了一個能工巧匠在弓上雕琢了精美的圖案，變得異常完美，可就在那個人搭弓射箭時，弓斷了，因為承載了過多的花紋。

而我們就是那把弓，而我們周遭無止境的誘惑便是那精美的花紋，很多時候我們就是因為在弓上附加了過多的花紋而使其夭折，失去了成為一柄良弓的機會。我們往往會隨著外界要求而改變自己的本性，最後只能活在被動中。

義大利詩人但丁（Dante Alighieri）有句名言：「走自己的路，讓別人去說吧。」每個人都有自己的活法，立足點不一樣，要勇於以自己獨特的方

式適應社會，走自己的路。

真正認識自我，調整自我，合理定位自己，絕不能被複雜的社會環境和權益左右了自己的思想，每個人都應該有自己的主見和思維，不做盲從的隨風草，不做違背原則的事情，只要自己切實認定正確的，就要據理力爭，堅持真理，保持自我。在這個世界上，每個人都有自己的生活方式，每個人都有自己的人生道路。你不能控制別人走什麼樣的路，但你可以選擇自己做什麼樣的人。選擇不同，結果各異。我們應該學會的是尊重別人，然後走自己的路，這也是一種寬容的生活態度，既是對別人的寬容，也是對自己的寬容。

不要因為別人而改變自己的軌跡。不要讓環境將你改得面目全非，保持你自己的個性，以寬容的心態對待自己的選擇，你的人生必將不再狹窄，人生的道路也定會越走越寬！

第十章

喚醒服從心，信任將不再困難

在現代社會中，人與人之間最缺乏的就是信任。無論是職場之中的主管與下屬之間、同事與同事之間，還是家庭生活中的妻子與丈夫之間、朋友與朋友之間，全心全意地相信彼此，放心地依賴彼此似乎成為了一件困難的事情，可是人與人之間真的如此難以建立信任的關係嗎？

其實，只要彼此之間多一點服從，多一點遷就，凡事後退一步，看開一點，信任是如此之簡單。

喚醒你的服從之心吧，信任將不再困難！

服從是獲得信任的前提條件

現代職場中，優秀的員工除了必須擁有過人的工作能力以外，還應具備一項基本素質 —— 服從意識。德國著名作家說過：「自由始於不服從。」誠然，進入文明社會以來，人類對自由的追求一直都那麼熱切與堅定，自由是每個人都能享有的權利也是人類社會的公理。但是在職場中，服從卻是員工的一項基本素質要求，更是員工獲得老闆信任的前提條件。

員工的天職就是服從執行！在員工和上司的關係中，服從是第一位的，是上下級展開工作，保持正常關係的前提。沒有服從就沒有執行，所有團隊圓滿運作的前提條件就是服從。所謂的創造性、主觀能動性等都在服從的基礎上才得以成立，否則再好的創意不僅推廣不開，也成就不了。所以，要想做到令行禁止，員工必須具有堅決服從的意識。

身為員工，雖說不是所有的老闆的決策都是正確的，你可以提出自己的建議或意見，但必須讓老闆明白，你只是建議。一旦老闆做出決定，除非是違背法律或政策的，就都要無條件的服從、執行。令行禁止的公司才有高效率，才有競爭力。很多公司就是因為員工的不服從、執行力差而導致公司衰敗。所以，再好的政策如果沒有人肯去認真執行，就只能是一紙空談。

在一家國際知名公司裡，有一位叫作傑斯的年輕人。一天，上司讓他去一個新的、十分偏僻的地方開闢市場，公司的產品要在那個地方占領市場，在很多人看來這是很困難的。因此，在把這個任務分派給傑斯之前，已經有三個人找理由推掉了上司交待的這個任務。他們一致認為那個地方沒有市場，接受這個任務最終結果也是一場徒勞。傑斯在得到上司的指示後什麼也沒有說，帶著一些公司產品的數據和樣品就出發了。

半年之後，傑斯回到了公司，他帶回的消息是那裡有著巨大的市場。其實在傑斯出發前，他也認定公司的產品在那裡沒有銷路。可是他想著上司既然那樣決定一定有他的道理，所以選擇了無條件的服從。也正是因為這樣，他依然前往，用盡全力去開拓市場，並最終取得成功。而傑斯也因此獲得了上司的信任，被委以重任。

對於任何一個組織而言，沒有服從與執行，團隊就會陷於混亂，管理陷於癱瘓，管理層和員工就會嚴重脫節，並最終失去競爭力。組織的生命在於效率，效率的產生就在於服從執行的藝術。美國奇異公司原總裁傑克・威爾許（Jack Welch）曾經說過：「不懂執行的管理者，一定是最糟糕的領導者，他能把公司帶入歧途；最善於服從的員工，遲早都會成為這個公司最有活力和地位的精兵。」

而對於一個員工而言，服從同樣也是獲得老闆信任的前提條件。對於老闆而言，自己做出的決策和命令，當然希望能夠令行禁止、得到徹底的貫徹和執行，而這就需要具有服從意識的員工。一個員工如果連基本的服從上級命令的要求都做不到，又如何能夠讓人信任呢？

換言之，你囑咐一個人去做一件事情，而他不按照你的要求去做，或者根本就不聽從你的指揮，你還能信任他嗎？推己及人，職場中也是如此。要想獲取老闆的信任，首先就要學會服從老闆的命令。

沒有服從，就談不上落實，服從是有效執行的根本保證。如果一個工

作單位是一條大船，公司的老闆就是這條船的舵手，而公司所有員工就是水手，要想讓這條船行得正，行得穩，行得快，就需要每個人堅定地服從舵手的指揮，齊心協力才能屢創佳績。

服從意味著對別人的尊重，是一種美德。要想與別人協調好關係就少不了尊重別人這一環節。只有你對別人表示尊重，他才能尊重你。每個人都有自尊心，都有爭取社會承認、希望被人尊重的心理需求。當然尊重是相互之間的，但對個人來說，則應該表現得積極主動一些。要協調好與同事的關係就應該注意到方方面面，上下齊心，才能把工作做好。

常言道：「恭敬不如從命。」謙恭地敬重老闆，不如順從老闆的意志和命令。對高明的讚美者而言，服從是金，語言是銀。這是由老闆與下屬的特殊關係決定的。毋庸贅言，每個老闆都喜歡聽讚美的話，但善於用語言來讚美老闆的人卻未必是老闆最喜歡的下屬，也未必能得到老闆的信任和賞識。有些人注意平時對老闆說恭維的話，也常常使老闆感到開心，但關鍵時候卻又頂撞老闆，不同意老闆的決策，不服從老闆的命令。這類人可以說是語言上的巨人、行動上的侏儒。

所以，服從老闆的安排，讓老闆的命令和政策在你這裡得到最大的執行，你才能得到上司的信任。畢竟老闆僱用你的目的就是為他工作，而你就是手腳的延伸，一雙不聽指揮的手要來何用？上司又如何能信任你，讓你放開手腳去做事情？

說到這裡，不禁想起一則關於老闆的笑話：一位前輩向新進員工傳授職場中的潛規則，「有五項原則你一定要記住！」前輩一臉鄭重地說道：「一、老闆對不會有錯；如果發現老闆有錯，一定是我看錯；二、如果我沒有看錯，一定因為我的錯，才讓老闆犯錯；三、如果是老闆的錯，只要他不認錯，他就沒有錯；四、如果老闆不認錯，我還堅持他有錯，那就是我的錯；五、總之老闆絕對不會有錯，這句話絕對不會錯。」

笑話寫成這樣子，雖然過分，但它主要是表示對老闆的決定要支持、要服從。一個公司不成功，很快會有人知道的，市場上沒有瞎子，內部有矛盾，你的對手會很高興的。而且公司內一個小小的問題，傳到市場上就是一個大的問題。因為會有人在研究你們，你的對手會告訴你一切。所以，一個團隊，首先要思想一致，才能應對外面市場的殘酷戰鬥，在家裡一團糟，意見分歧，人心渙散，出去是打不贏戰鬥的。

總而言之，在工作當中，老闆需要具有服從意識的員工，企業才會健康地成長；而員工只有學會了服從，才有機會獲得老闆的信任。服從是獲得信任的前提條件！

每個優秀將領都曾是聽話的士兵

從文藝復興開始，我們的教育就開始崇尚個性，特別是目前大力推進的品格教育，為個性發展提供了良好的空間。提倡「服從」意識，往往有扼殺個性發展之嫌。的確，每個生命個體都有著各自的特點，由於性格、接受能力、家庭薰陶等因素，同樣的教育，效果卻因人而異，我們應該因材施教。然而，當一個人放縱得讓你無法對他進行任何教育和管束，所謂的品格教育、個性化教育只可能是紙上談兵。如果人人都不服從管束，那麼我們的社會會進入「無政府」的狀態，沒有了秩序，社會也將停滯不前。

提到「服從」，人們大都會聯想到軍人。畢竟「軍人以服從命令為天職」，這是人人耳熟能詳的。

在美國，有一所地處西點的軍校，被人們稱為西點軍校。在那裡，服從意識得以充分展現。但是，就是這樣一所以服從為至高準則的軍校，卻是美國近代領袖的搖籃。在美國兩百年的歷史進程中，培養了眾多的軍事

人才，有近四千人成為將軍，像美國南北戰爭中北方聯邦軍總司令、海灣戰爭中央總部司令等等。也為美國培養和造就了眾多政治家、企業家、教育家和科學家。像美國第十八任總統格蘭特（Ulysses S. Grant），美國前國務卿海格（Alexander Haig）、鮑爾（Jerome Powell）等。

在西點軍校，個人與集體權威產生矛盾時，他們最終遵從的是個人服從集體權威。當然，這種「服從」，絕不僅僅是指「聽話」，也不僅僅是機械地執行上級的指令。服從需要個人付出相當大的努力，它需要在一定程度上犧牲個人的自由、利益，甚至生命。服從，也是每一個優秀學員必須接受的嚴峻考驗。

由高年級學員主持的這種極為嚴格、近乎殘酷的訓練，旨在培養堅定的服從意識，讓他們明白，儘管他們都是出類拔萃的高材生，但同時也是大團體中的一分子，需要有一定的法規和傳統來約束他們，讓他們知道自己對國家負有重大的使命。在訓練的過程中，每一項活動都不允許新學員在時間上有一分一秒的誤差。一連串的任務，使新學員根本沒有喘息的機會。日常的行為，也由高年級的學員監督。例如一位學員正氣喘吁吁地跑著，卻碰到了一位高年級的學長、學姐，他就會馬上停下來，恭敬地接受儀容的糾察。艾森豪（Dwight D. Eisenhower）將軍回憶起他剛入學時的情景，曾經感慨地說道：「我想如果容許我們坐下來想一想，大部分的學員可能都會搭下一班的火車離開這裡！」

這種強化訓練形成了學員無條件服從的意識。此種行為的累積，維持了絕對服從的團體規則。這種美德，使他們在個人自由、獨立個性遭受威脅的時候，仍然能夠為了維護團體的利益和形象做到絕對的服從。經過一系列的訓練，在他們成為政治家、軍事家、企業家、教育家之後，才能夠真正以國家和民眾利益為重，並堅決服從國家和人民所交給他們的任務！

我們不可能每個人都像西點人那樣出類拔萃，成為將軍或者是領袖。

但是每個將軍都曾經是一名聽話的士兵。只有從這個階段走過，他才能真正明白服從的意義，懂得服從對於團體的重要性。

軍隊是高度統一的、執行政治任務的武裝組織，這要求它必須具有嚴明的紀律和優良的作風。因此，戰士必須養成自覺服從命令、聽從指揮的好習慣。但是，有時服從意味著犧牲、意味著放棄個人的想法和自由，同時還要一心一意地執行上級的工作安排。倘若個人利益與集體利益發生衝突的時候，服從和執行命令實際上是個利益得失的問題，一個人如能以集體利益為重，就會自覺地服從和執行上級的命令；否則，就會在服從和執行命令方面打折扣，縱然是勉強服從，也是消極的應付，口服心不服。

所以，從某種意義上來說，服從也是一種品格，是一種政治品格，更是一種道德品格。而這種品格的養成不是一朝一夕就可以完成的，需要漫長的時間和習慣來逐漸形成，所以我們說：「每個優秀的將領都曾是聽話的士兵。」

此外，在現代職場中也是如此，好的領導者也大都是從聽話的下屬做起的。誰都希望自己的下屬能夠對自己絕對地服從，有誰願意把一個總是喜歡和自己作對的人放在身邊？這也就是為什麼現在提倡服從型人才的原因。

其實不僅管理者希望下屬能夠服從自己，管理者的上司也希望他的下屬能夠服從自己。因此，服從是領導能力的基本表現形式。如果你希望向組織中的更高層級發展，獲得一個更高的職位，那麼就必須學會服從。這是因為，無論處於什麼層級，領導者的權利總是有限的，領導者的地位再高，他還是需要對另一個更高的領導負責，學不會服從，也就學不會領導。

李若晨是一家著名廣告公司的總經理，她是從一名小小的策劃人員逐步做到公司高層。然而成功之後，當人們向她請教職場中新人應該如何發

展時，她總是笑著回答說：「我要告訴你的就只有兩個字『服從』。不要不以為意，其實，現在的新人最欠缺的就是服從心。總覺得自己是對的，總是不想被他人管束，那他就永遠也成為不了一名好的員工，也就不可能在工作中有所發展！」

是啊！前輩之所以是前輩自有他的道理，而上司之所以是上司也自有他的過人之處。學會服從上司的命令，你才會被上司信任，而被上司信任你才能有機會去接觸企業的業務，從而獲得學習機會。這才是成功之道！

要記住，好的上司也是從服從命令的下級做起的。

團隊，是對個人劣勢的最好彌補

強調團隊，也就是在強調團隊精神。而所謂團隊精神，簡單來說就是大局意識、合作精神和服務精神的集中展現。團隊精神的基礎是尊重個人的興趣和成就。核心是協調合作，最高境界是全體成員的向心力、凝聚力，反映的是個體利益和整體利益的統一，並進而保證組織的高效率運轉。團隊精神的形成並不要求團隊成員犧牲自我，相反，團隊是對個人劣勢的最好彌補。

相信龜兔賽跑的故事是每個人都耳熟能詳的，也知道比賽最後的結局是驕傲的兔子失敗了，而烏龜得了冠軍。那麼，假如再比上幾次會如何呢？

在第一次龜兔賽跑之後，兔子因輸了比賽而倍感失望和懊惱。為此牠分析了失敗原因：失敗是因為牠太自信、太大意和散漫造成的。如果不自以為是，那麼勝利是非牠莫屬的，烏龜是不可能打敗牠的。於是，兔子決定和烏龜再來一場比賽，烏龜同意了。

這次，兔子吸取了上次的教訓，不敢懈怠和大意，牠全力以赴，全神貫注地從頭到尾一口氣跑完，領先烏龜好幾公里。終於牠獲勝了！

　　這次比賽之後，輸了的烏龜很不甘心，也進行了自我檢討。牠很清楚，照目前的方法比賽，自己不可能擊敗兔子。於是，牠決定再與兔子來一場比賽，只不過這次牠選擇了在另一條不同的線路上進行，兔子同意了。比賽開始了，兔子為了確保自己立下的誓言——從頭到尾一直快速前進，牠不敢懈怠，飛奔而出，急速快跑，直到遇上一條寬闊、湍流不息的大河。這次比賽的終點就在這條河對面的幾公里處。兔子傻了，呆坐在那裡，一時不知該怎麼辦。此時，烏龜卻姍姍而來，牠縱身躍入河裡，不一會兒功夫，便游到了河對岸，上岸後，牠繼續爬行，最終牠又獲勝了。

　　經過這幾次比賽，兔子和烏龜在競爭中成了惺惺相惜的好朋友，一起分析、檢討、反思各自的問題。牠倆都覺得，上一次的比賽，牠們可以做得更好。於是，牠們決定再比一場，但這次是共同合作。牠們一起出發了。在前段陸地上奔跑時，兔子扛著烏龜，一路飛奔而去。直到河邊，牠們交換位置，烏龜匍匐在地上，等兔子安穩地趴在他背上後，便躍入了河中。不一會兒，牠倆游到了河對岸，然後兔子再次扛起烏龜，一蹦一躍地快速到達了終點。與前次烏龜到達終點相比，這次抵達終點的時間明顯縮短了，速度明顯快了許多。不僅如此，牠倆還獲得了更大的滿足感和成就感。

　　這一輪比賽很有意思，兔子和烏龜不再互為競爭對手，而是一對同心協力，共同作戰的合作夥伴。這場比賽，牠們實際上是共同與自然環境和自我進行較量。透過優勢互補的合作，真正體會到了合作的價值和意義。

　　兔子擅長跑步但不會游泳，烏龜速度很慢但卻是水中的高手。這則故事告訴我們：每個人都有強項、弱項，優勢、劣勢，在某些時候，某些方面，某種情景中，你的能力可能高過他人，而在另一種情景下，你很可能技不如人，其他人則會比你做得更好。個人表現優異與擁有核心競爭力固然重要，但一個人的力量和能力畢竟是有限的。彌補個人的這種不足，便是團隊存在的價值所在。為了使整體水平提高，作戰力提升，就必須發揮

團隊的力量和作用。

在動物界中，我們都知道狼是一種機智勇敢殘忍凶猛的動物。因此，人們常常談起狼而感到心驚膽顫。殊不知，狼在尋找獵物時，從來不會單獨行動，而是成群結隊，一旦發現目標，同時發起攻擊。因此，狼可以捕殺比自己更大的動物，而且往往能夠獲得成功。狼以群聚的生活方式在動物界中占得一席之地，人們對牠們的集體「作戰」精神發自內心的尊敬。

一隻狼產生不了多少威脅，可是一群狼就不是那麼回事了。正因為狼懂得團隊的重要性，才有了狼群的可怕。人類生活也是如此，只有把團隊中的所有成員有效組織起來，使大家團結在一起，才能發揮出團隊的無窮力量。公司管理亦是如此，尤其身為集團化的大型企業，企業之下有工廠，工廠之中又有工廠，工廠中又有班次。因此，要發揮集團的整體力量，必須從各個廠各個班次抓起，即有效組織班次成員，發揮班次力量，從而影響工廠乃至整個廠。俗話說：「萬丈高樓平地起」，若沒有堅固的基礎力量，摩天大樓何以能夠建起？拳頭只有在緊握的時候，才能將力量發揮到最大，一個團隊也是如此。只有啟用整個團隊，才有可能表現出和諧的戰鬥力，最終獲得成功。倘若能將各個部門之間活絡結合，團結一致，互相幫助，必能形成一股強大的力量，使企業展現出更為飽滿的發展動力和更美好的發展前景。

團隊的含義是由少量的人組成，這些人具有互補的技能，對一個共同目的、績效目標及方法做出承諾並彼此負責。所以團隊組織的功能是讓平凡的人做出不平凡的業績！

還記得三個臭皮匠賽過諸葛亮的故事嗎？

話說有一天，諸葛亮到東吳做客，為孫權設計了一尊報恩寺塔。其實，這是諸葛亮要掂掂東吳的分量，看看東吳有沒有能人造塔。那寶塔要求非常之高，單是頂上的銅葫蘆，就有五丈高，四千多斤重。孫權被難住

了，下令全國尋求能工巧匠。後來尋到了鐵匠，但缺少能做銅葫蘆模型的人，便在城門上貼起招賢榜。

時過一月，仍然沒有一點兒下文。諸葛亮每天在招賢榜下踱步，高興得直搖鵝毛扇子。那時，城門口有三個擺攤子的皮匠，他們面目醜陋，又目不識丁，大家都稱他們是臭皮匠。他們聽說諸葛亮在尋東吳人的開心，心裡不服氣，便湊在一起商議。他們足足花了三天三夜的工夫，終於用剪鞋樣的辦法，剪出個葫蘆的樣子。然後，再用牛皮開料，硬是一錐子、一錐子地縫成一個大葫蘆的模型。在澆鑄銅水時，先將皮葫蘆埋在砂裡，果然一舉成功。

諸葛亮得到銅葫蘆澆鑄好的消息，立即向孫權告辭，從此再也不敢小看東吳了。「三個臭皮匠，勝過諸葛亮」的故事，就這樣成了一句寓意深刻的諺語。這句俗語的意思是說，三個普通的人智慧合起來要頂一個諸葛亮。其實，皮匠只是一個傳說，「皮匠」實際是「裨將」的諧音，「裨將」在古代是「副將」的意思。這句俗語原意是指三個副將的智慧合起來能頂一個諸葛亮。後來，在流傳過程中，人們把「裨將」說成了「皮匠」。

不管是什麼，它實際上都是在告訴我們一個道理：取長補短，既使普通人團結起來也能創造不平凡的成就。

團隊，是個人劣勢最好的彌補！與他人協同合作，服從團隊的安排和要求，我們才能更快、更好地實現我們的目標。

老闆的親信往往是最聽話的職員

每一個邁入職場的員工都想盡快獲得老闆的賞識和信任，進而抓住機遇在企業中有所發展，在事業上有所成就。那麼擺在我們面前的問題就是如何才能獲取老闆的信任呢？前面我們已經說過，服從是獲取上司信任的

前提條件。現實中也是如此，我們仔細觀察就會發現老闆的親信往往是最聽話的職員，而且是一直聽話的下屬。

瓊斯從名牌大學畢業後進入了一家公司工作，頭兩年循規蹈矩，服從老闆的命令認真工作，工作業績雖然沒有比老同事出色，但也是被大家認可的優秀人才。可後來形勢發生了變化，聽話的瓊斯讓老闆很是受用，逐漸受到部門老闆的重視，同事們也感覺到瓊斯一下子成為部門中最受寵的人。而本來勤懇而低調的瓊斯也開始風光，先是被委以重任成為某個重要專案的負責人，還被派到總部進行培訓，並在很多重要的場合，部門經理主動把瓊斯介紹給客戶。

瓊斯的工作情緒一下子有了前所未有的波動，每天早進晚出，忙得不亦樂乎。這本來也是人之常情，畢竟能被公司重用，能挑起公司大梁，也算是不小的成就吧，於是受寵後的瓊斯自我感覺良好起來也就成了常理。

畢竟在一定的環境中，受寵的人總比失寵的人少，瓊斯被同事們妒忌也就成了早晚的事，受寵後的瓊斯並沒有意識到這些，反而仗著受寵，自己的能力甚至是未來的潛能都提早挖掘了出來。在工作中也不再老老實實聽從指揮，反而時不時地為了某些意見的不一致而與上司幾乎針鋒相對。甚至，有一次更是擅自更改了老闆的命令，雖然最後證明他的選擇是正確的，但老闆似乎並不是很高興。瓊斯覺得自己沒有問題，自己這麼做是為了報答老闆的知遇之恩啊。

但是，漸漸地，瓊斯卻發現老闆似乎不再那麼重視自己了，一些重要的會議也不再讓自己參加，瓊斯很是鬱悶。

這到底是為什麼呢？後來一位前輩幫助瓊斯解答了疑惑：老闆確實需要可以為自己提出問題和建議的人，但是這種人永遠也成為不了老闆的心腹。何謂親信？親信是可以相信他做事如自己親自去做的人。既然是如同自己一樣，就必然不會違背自己的命令。而一個可以擅自更改自己命令的

人，又怎麼能稱之為親信？老闆對於親信最低的要求，也是身為一個親信必須要遵守的基本準則，就是服從。

在下屬和上司的關係中，服從是第一位的。下屬服從上司，是上下級展開工作，保持正常工作關係的前提，是融洽相處的一種默契，也是上司觀察和評價自己下屬的一個標準。因此，身為一名合格的員工，必須服從上司的命令。

服從是美德，它可以讓人放棄任何藉口，放棄惰性，擺正自己的位置，調整自己的情緒，讓目標更明朗，讓思緒更直接。對於命令，首先要服從，執行後方知效果；還未執行，就發揮自己的「聰明才智」，大談見解和不可執行的理由，走到哪裡都是不受歡迎的角色。對於有瑕疵的命令，首先還是服從，在服從後與老闆交流意見，就是完成任務後的總結。這種總結是尤其可貴的，它讓你更成熟、更優秀，並逐步顯露出你的價值。

小李是一家公司的總經理祕書，主要負責總經理的文書工作。有一次，總經理由於誤會，和另外一家供應商的劉總發生了爭吵。總經理一氣之下，讓小李給王總寫封信，告訴他雙方終止合作。

小李知道劉總的公司是非常有實力的，本公司的大部分產品都由其提供。而且劉總和總經理的關係非常好，不會真的就因為這點小事，兩個人就鬧分家的，說不定等老總明白這是個誤會以後，就會改變決定。到時候信是自己寫的，那黑鍋還不得自己來背？

於是小李就擅做主張，沒有發這封信。過了幾天，老總還真的想通了，為自己做了錯誤的決定而後悔不已。小李看到老總想通了，就告訴他自己根本就沒有寫這封信，因為她知道老總一定會後悔的。老總沒有說什麼，但小李心裡高興地想：這下自己可成為了老總甚至這家公司的大功臣了，說不定明天就可以漲薪資，說不定老闆會更加信任我呢？

第二天，人事部門找小李談話。她高興極了，老總真的要給自己漲薪

資了！可是等待她的卻是一封辭退信。小李錯在了哪裡？為什麼會被辭退？其實她錯就錯在，沒有服從老闆指令並且拒絕執行。

企業中經常有這樣一個現象：老闆的命令一提出，下屬就發揮自己的「聰明才智」，大談見解和不執行的理由，有的甚至還拒絕服從執行。這樣的人，有哪家企業會歡迎？又談何成為老闆的親信？

對有異議的指令，要先服從，然後向老闆建議，共同商討更合適的決策指令。在這個過程中，可能老闆會改變他的最初指令，也可能仍然堅持自己的看法。如果老闆堅持的話，那麼你就必須服從執行，而不能自作主張地放棄執行。否則，即使你的意見是正確的，老闆依然會因為你的不服從而憤怒。因此，對於有異議的指令，千萬不可自作主張。

企業說到底畢竟是老闆自己的公司和事業，而人是感情動物，很多事情即使不符合理性，卻能夠滿足他的內心需求和情感要求。作為下屬，只要不違反法律和道德，你所需要的只是服從。

做事情必然是有得必有失，你想成為老闆的心腹親信，就要學會服從，學會聽從老闆的指揮。如果你是一個相當有個性又不願意被人管束和指使的人，那麼你可以選擇成為老闆的朋友，但是絕對不會成為老闆的親信。因為親信更多的時候是老闆意願的延伸，他們需要的是能全心全意為他們辦事的人。令行禁止，不需要你的思考，要的只是你完全符合要求的行動。

選擇成為老闆的親信，那麼你就要學會服從。因為老闆的親信往往是最聽話的員工。

服從，一個優秀員工的基本守則

沒有紀律的公司，如同一盤散沙；沒有服從意識的團隊，就沒有強勁的衝擊力。學會服從，是學習做一個優秀員工的起點，也是一個優秀員工

的基本涵養。即使你什麼也不會，最起碼也要懂得服從。

前不久，德國一家電視臺發起以鉅額獎金徵集「十秒鐘驚險鏡頭」的活動。許多新聞工作者對此趨之若鶩，徵集活動一時成為人們關注的焦點。在諸多參賽作品中，一個名叫「臥倒」的鏡頭以絕對優勢奪得了冠軍。

拍攝這十秒鐘鏡頭的攝影者是一位名不見經傳、剛剛踏入工作職位的年輕人。對這個作品，每個人都渴望一睹為快。幾個星期以後，獲獎作品在電視上播出。

那天晚上，大部分人都坐在電視前邊觀看了這組鏡頭，最初是等待、好奇或者議論紛紛，十秒鐘後，每一雙眼睛裡都是淚水。可以毫不誇張地說，德國在那十秒鐘後足足肅靜了十分鐘。鏡頭是這樣的：

在一個火車站，一個鐵道工正走向自己的工作崗位，去為一隊徐徐而來的火車扳動道岔。這時在鐵軌的另一頭，還有一列火車從相反的方向靠近車站。假如他不及時扳岔，兩列火車必定相撞。

這時，他無意中回過頭一看，發現自己的兒子正在鐵軌那一端玩耍，而那列開始進站的火車就行駛在這條鐵軌上。是搶救兒子，還是扳道避免一場災難 —— 他可以選擇的時間太少了。那一刻，他威嚴地朝兒子喊了聲「臥倒！」

同時，衝過去扳動了道岔。一眨眼的工夫，這列火車進入預定的軌道。那一邊，火車也呼嘯而過。

車上的旅客絲毫不知道，他們的生命曾經千鈞一髮，他們也絲毫不知道，一個小生命臥倒在鐵軌邊上 —— 火車在轟鳴著駛過，孩子絲毫未傷。那一幕剛好被一個從此經過的記者攝入鏡頭中。

人們猜測，那個鐵道工一定是一個非常優秀的人。後來，人們才漸漸

知道，那個鐵道工是一個普普通通的人。他唯一的優點就是忠於職守，沒遲到過一秒鐘。而更讓人意想不到的是，他的兒子是一名弱智兒童。

他告訴記者，他曾一遍又一遍地告訴兒子說：「你長大後能做的工作太少了，你必須有一樣是出色的。」兒子聽不懂父親的話，依然傻呼呼的，但在性命攸關的那一秒鐘，他卻「臥倒」了──這是他在跟父親玩打仗遊戲時，唯一聽得懂，並做得最出色的動作。

鐵道工的服從避免了兩輛火車相撞的慘劇，挽救了無數人的生命；而他兒子的服從則挽救了自己的性命。這就是服從不經意間顯現出的力量。

對於一個企業來說，懂得服從的員工，才是真正優秀的員工。服從管理是公司員工的第一美德，它同樣也是廣大員工取得成就的必備條件。如今很多公司要求員工進入公司就要接受各種嚴格的培訓，並且首先認同企業的文化，遵守企業的各項規章制度。眼下有許多年輕人對公司組織的各種培訓敷衍了事、極不用心去做，認為這是多此一舉。應該說這種觀念是極其錯誤的。年輕人不要以為自己有多大能耐，上班做工就必須從零開始。尊重你的老闆，服從老闆安排是你的職責所在。

身為員工，應該時刻了解自己的能力有多大，要清楚服從命令對企業的價值理念、營運模式會有多麼大的好處，所以不要給自己找任何藉口和推卸責任的理由，上級要的是結果，而不是再三的解釋原因。

在實際工作中，確實存在著部分員工服從意識淡薄，對上級的命令指示，總喜歡討價還價，講條件，甚至搞「上有政策，下有對策」，表面一套，背後一套，把規章制度，搞所謂的「變通」、「細化」，制定一些與制度相背的「土政策」、「土規定」等等。這些不僅會使企業正常的指令得不到即時的貫徹執行，而且會使員工養成一種惡劣的自由主義風氣，久而久之，會影響企業的整體發展，損害企業的整體競爭力。

因此，員工一定要把服從作為自身職業品格和道德品格的重要內容，

加以修煉與提高，從自身做起，從小事做起，堅決服從上級的命令指示，做遵守紀律的好員工。

艾爾是一個在校大學生，利用暑假時間在一家諮詢公司做兼職，從事市場調查的工作。透過培訓，公司為調查員定好詳細調查模式，規定了調查路線、方法、內容以及相關的細節問題，並要求員工嚴格按照要求去做調查，每天匯報成績。

艾爾興致勃勃地去進行市場調查，但現實和他所預計的完全不一樣。人們並不願意接受他的調查，更不願意填寫調查表。很多時候剛剛敲開門，人家一聽是搞市場調查的，就「砰」地一聲關上了門。一個上午，艾爾僅僅完成了幾張調查表，距離公司的要求還差很多，怎麼辦？沒完成任務的話，沒有報酬事小，被人笑話自己這個大學生還不如別人事大。他想到了一個「高明」的辦法，找了咖啡店，自己開始「認真」地填寫調查表。到了最後交調查表的時候，艾爾的調查表是數量最多、數據最完整的，老闆還表揚他，鼓勵他明天繼續努力。

但第二天公司老闆就找他談話了。原來公司有很完善的數據真實性檢驗模式。透過檢驗，公司已經發現了艾爾的作假行為。公司老闆教育了艾爾，讓他懂得了一個道理：「如果一個人連起碼的責任感都沒有的話，又怎麼會獲得上司的信任呢？」

在現實中，很多管理者常常會抱怨員工對他們不尊重且極不具責任感。例如，當他們對下屬下達命令和指示的時候，員工就開始和他們講條件、講價錢。再比如，員工們對管理者制定的各種規章制度，喜歡搞所謂的「變通」，使得正常的工作指令不能及時得以貫徹、執行。這樣的表現怎麼能算是一名合格、優秀的員工呢？

服從是一名優秀員工的基本涵養。從零做起，從服從學起，你必將會是職場上的常勝將軍！

想要得到別人認可，首先要學會認可別人

想要別人認可自己，必須首先去認可別人！認可並欣賞別人是一種寬闊的胸懷，同時也是一種處世能力。欣賞別人，會幫你提高個人品格、塑造健康的人格，會幫你贏得不錯的人緣，也會成為你進步的基石。

欣賞與認可別人是一個互動的行為。只有當你懂得欣賞與認可別人時，才會得到別人同樣的對待。

我有一個朋友，他喜歡跟同事之間進行競爭，但凡同事在工作中取得一些成就和收穫的時候，他都表現地很冷漠。一次，他參加公司的演講比賽並取得了名次，回到自己的部門之後，大多同事都表現得很冷漠，弄得他心裡頗不是滋味。原來他平時在公司就是一個嫉妒心很強的人，有同事遇見喜事或者獲得晉升時，他總是一臉的漠然與不屑一顧，總是抱著別人的事情與我何干的態度生活。輪到自己，他才發現原來取得成果卻沒人認可的感覺是如此的難受。

還需要問為什麼嗎？答案顯而易見，我們生活在這個世界上，為生活而奮鬥，為夢想而努力。辛苦付出獲得的成果誰不希望得到別人的認可？

欣賞別人的過程，既是肯定別人、尊重別人的過程，也是向別人學習的過程。就拿上面的故事來說，別人演講拿了獎，說明別人做得好；雖然你也能演講，但很可能沒有獲獎者好，還需要苦練時日；或者你比他還有能力，但由於種種原因失去了一次獲獎的機會等等。但是，不管什麼情形，你都該在適當的時候給獲獎者鼓鼓掌，告訴對方你很欣賞他取得的成績和為這份成績所付出的努力。「贈玫瑰者手留餘香」，難道當你贏得某個榮譽時，就真的不期待親友、同事們的掌聲？真的孤芳自賞比跟大家一塊兒分享還舒服？平時對別人不聞不問，到時候又憑什麼贏得別人的關注、哪怕是一個欣賞的表情？又憑什麼能得到別人回饋的幫助呢？

《紅樓夢》裡的賈雨村，在破落之時，居住在葫蘆廟裡。一日，賈雨村翻弄詩集解悶，忽聽得窗外有女子咳嗽之聲。賈雨村遂起身往外一看，原來是一個丫鬟在那裡掐花兒，生的儀容不俗，眉目清秀，雖無十分姿色，卻也有動人之處。雨村不覺得看得呆了。

那甄家丫鬟掐了花兒方欲走時，猛抬頭見窗內有人：敝巾舊服，雖是貧窘，然生得腰圓背厚，面闊口方，更兼劍眉星眼，直鼻方腮。這丫鬟忙轉身迴避，心下自想：「這人生的這樣雄壯，卻又這樣襤褸，我家並無這樣貧窘親友。想他定是主人常說的什麼賈雨村了，怪道又說他『必非久困之人』，每每有意幫助賙濟他，只是沒什麼機會。」，如此一想，不免又回頭一兩次。

雨村見他回頭，便以為這女子心中有意於他，遂狂喜不禁，自謂此女子必是個巨眼英豪、風塵中之知己。

後賈雨村得賈府推薦出仕為官，偶然在路上見得一女子，發現竟是那日葫蘆廟中回顧自己兩次的丫鬟，立時喜不自禁。次日，賈雨村就遣人送了兩封銀子、四匹錦緞，答謝甄家娘子並娶了那名丫鬟做了二房。誰知她命運兩濟，沒想到自來到賈雨村身邊，只一年便生一子，又半載賈雨村原配夫人忽染疾下世，那丫鬟便做了正室夫人。正是：

偶因一回顧，便為人上人。

只是回眸兩眼，便讓賈雨村深感受到尊重與認可，而他也投桃報李，給了那個丫鬟一個古代女人最大的榮寵。學會承認別人，尊重別人，你也必定能從中獲益。此外，不欣賞別人，也是一種不求上進與無知的表現。這些人只相信自己、不相信別人，只承認自己的優點、不承認別人的長處，驕傲自大，自以為是，最後只能害了自己。

有個地方長著一棵大樹，大樹常常為自己的高大而驕傲。大地對它說：「你低頭看看我吧，我費了多大的心血才把你養成這麼大；我給了你

無限的愛，才使你有了今天。可不要忘記，你曾是一顆幼小的嫩苗，是我一直為你祝福。」

大樹卻回答說：「我不喜歡向下看，我只知道放眼更高處。我是一棵高大無比的樹，而你是低得可憐的黃土。我沒有閒功夫去看那些低矮的東西。你要知道，我的枝枒上住過多少鳥兒，不知有多少鳥巢建成和毀掉。可我至今仍巍然不動。我還是一名救世主。夏天太陽像一個大火球，可我用手臂遮擋住它那熾熱的光線，使那些走累了的過路人有一個涼快的歇腳地方。在我的樹蔭之下，有多少牛羊吃著我的嫩枝葉，長得膘肥體壯。人類還能吃到我的甜香的果子，每每讚不絕口。愛玩耍的人們也常在我的枝枒上搭上鞦韆，愉快地盪來盪去。頑皮的年輕人也時常跳起來想摸著我的枝枒，可從來沒有人能跳得那麼高……」

驕傲的大樹越說越得意，它環視自己周圍，譏笑房子矮小，自認為偉大無比。人們經常在它腳下澆水，在樹蔭下點上蠟燭，它把這些看作是對自己的崇拜。於是它更加飄飄然，目空一切，盡力地向上延伸。大地很是擔心地勸阻道：「大樹，你太高了，而根卻如此之淺，這是很危險的，你要把根向我這裡扎得再深一些。」大樹很是不以為然。

一天傍晚，習習涼風突然間化作特大風暴。大樹一看，四周一片騷亂，過路的男男女女四處跑個不停，可是沒有一個人到它的樹下來避風雨。難道這些人不知道它的高大和力量巨大嗎？平日在它枝頭盡情歌唱的小鳥們也唧唧喳喳地飛進遠處的房屋。大樹的枝幹在風暴中強烈地抖動起來，它平生從沒遇見這麼大的暴風雨。它慌得不知所措，卻故作鎮靜挺著腰桿，但已開始感覺力不從心，腳根部正在晃動。它奮力掙扎，猛然一陣狂風呼嘯而過，這個自稱最高大，無與倫比的救世主，結果卻一頭栽倒在大地上。

是大地的養分才讓大樹長得如此繁盛，然而大樹卻完全不想承認大地

的功勞，最終折斷了自己的根。

想要獲得別人的認可，就要先學會認可別人。驕傲自大，只能毀了自己！

人生如划船，向後划才能保持前進

常言道：「忍一時風平浪靜，退一步海闊天空。」有時，人生一如划船，向後划才能保持前進。

退一步海闊天空。人生本就如此，後退一步，你會發現很多事情一如陽光下的泡沫，其實什麼都不是。不懂事的兒童時代，我們會因一塊糖與兄弟姐妹爭搶。懂事後想想，一塊糖在人體內有無能如何，因此而傷了手足情，不值。

懵懂的少年時代，會因一塊橡皮擦跟同學發生爭執。一塊橡皮擦共用又有什麼不好，可以換來友情的凝聚。

衝動的青年時期，會因一句話而跟別人大動干戈。回想起來，人生如戲，有緣才聚，退一步又能少些什麼。

成年後，因工作與他人傷了和氣，因面子而不向對方道歉。細想起來，主動道歉，不是失去了面子，而是得到了口碑，展現了你的大度和修養。

老年時，我們會因和孫子下盤棋耍賴。退一步想一想，孫子贏了棋，表明孫子棋藝很好，青出於藍勝於藍，應該為他高興。

人情無常，世路崎嶇。人生在世，臨事讓人一步，自有餘地；臨財放寬一分，自有餘味。退一步是前進中的曲折，退一步是過程而不是目的。只要你能夠退一步，勇於退一步，樂於退一步。退中取進，退中思索，退中悟道。

265

有二則小事故，一則是：

富蘭克林年輕時，去拜訪一位德高望重的老前輩，由於不小心，進門時頭撞在了門框上，前輩笑笑說：「很痛吧？可是這將是你今天到我這裡的最大收穫。」正當富蘭克林莫名其妙的時候，前輩一語雙關地說：「該低頭時就低頭！」富蘭克林揉著頭說：「前輩，你的話會讓我一生受益。」

另一則故事是：

在一次政府會議上，赫魯雪夫（Nikita Khrushchev）聲色俱厲地指責史達林（Joseph Stalin）的錯誤。突然聽眾席上有人打斷他的講話，「你也是史達林的同事，」詰問者大聲喊道：「為什麼你當時不阻止他呢？」

「誰在這樣問？」赫魯雪夫怒吼道。

會議廳裡一片寂靜，沒有人敢動彈一下。最後赫魯雪夫輕聲說：「現在你該明白為什麼了吧？」

兩則故事，完美地詮釋了「退一步海闊天空，忍一時風平浪靜」的道理。有時無謂的犧牲並不能說是勇敢，只能說是無知。

能退才能進，有時懂得放棄才能真正有所收穫。

其實，往往美好生活就在離你很近的地方，但是因為你把目光投向很遠的地方，結果錯過了。有的時候，只需要降低一點點，只要後退一點點，生活就會好很多，信不信由你。

俄國作家托爾斯泰寫過一則短篇故事：有個農夫，每天早出晚歸地耕種一小片貧瘠的土地，但收成很少。一位天使可憐農夫的境遇，就對農夫說，只要他能不斷往前跑，他跑過的所有地方，不管多大，那些土地就全部歸他。

於是，農夫興奮地向前跑，一直跑，一直不停地跑！跑累了，想停下來休息，然而，一想到家裡的妻子和兒女，都需要更多的土地來耕作、來

賺錢啊！所以，又拚命地再往前跑！真的累了，農夫上氣不接下氣，實在跑不動了！

可是，農夫又想到將來年紀大，可能乏人照顧、需要錢，就再打起精神，不顧氣喘不已的身子，再奮力向前跑！

最後，他體力不支，「咚」地躺倒在地上，死了！

的確，人活在世上，必須努力奮鬥；但是，當我們為了自己、為了子女、為了有更好的生活而必須不斷地「往前跑」、不斷地「拚命賺錢」時，也必須清楚知道有時該是「往回跑的時候了」！因為妻子、兒女正眼巴巴地倚著門等你回來呢！

「快往回跑、回來呀！」你再不「往回跑」，可能大家再也見不到面了！

如果抓住想要的東西不放，甚至貪得無厭，就會帶來無窮的壓力。就像划船時，如果你拚命地向前划，結果只會離目標愈來愈遠。在現實生活中，我們需要保持一種放棄的清醒。其實，在物慾橫流、燈紅酒綠的今天，擺在每個人面前的誘惑實在太多，特別是對有權者來說，可謂「得來全不費功夫」。這就需要保持清醒的頭腦，勇於放棄。

在印度的熱帶叢林裡，人們用一種奇特的狩獵方法捕捉猴子：在一個固定的小木盒裡面，裝上猴子愛吃的堅果，盒子上開一個小口，剛好夠猴子的前爪伸進去，猴子一旦抓住堅果，爪子就抽不出來了。人們常常用這種方法捉猴子，因為猴子有一種習性，不肯放下已經到手的東西。

我們會嘲笑猴子的愚蠢：為什麼不鬆開爪子放下堅果逃命？但審視一下我們自己，也許就會發現，並不是隻有猴子才會犯這樣的錯誤。

因為放不下到手的職務、待遇，有些人整天東奔西跑，耽誤了更遠大的前途；因為放不下誘人的錢財，有人費盡心思，利用各種機會去大撈一把，結果常常作繭自縛；因為放不下對權力的占有慾，有些人熱衷於溜鬚

拍馬、行賄受賄，不惜丟掉人格的尊嚴，一旦事情敗露，後悔莫及……

在前進之中懂得後退之道，才是真正的智者。在適當的時候學會後退一步、學會放棄，積攢力量、厚積薄發你才能永遠前進。

愛情有遷就陪伴，才能走得更遠

愛情是水，而遷就是杯。有彼此的遷就，愛情才能走得更遠。

女人有了外遇，要和丈夫離婚。丈夫不同意，女人便整天吵吵鬧鬧。無奈之下，丈夫只好答應妻子的要求。不過，離婚前，他想見一次妻子的男朋友。妻子滿口應承。第二天一大早，便把一個高大英俊的中年人帶回家來。

女人本以為丈夫一見到自己的男朋友必定氣勢洶洶地討伐。可丈夫沒有，他很有風度地和男人握了握手。之後，他說很想和她的男朋友交談一下，希望妻子迴避一會兒。女人遵從了丈夫的建議。站在門外，女人心裡七上八下，生怕兩個男人在屋內打起來。事實證明，她的擔心完全是多餘的。幾分鐘後，兩個男人相安無事地走了出來。

送男友回家的路上，女人禁不住詢問：「我丈夫和你談了些什麼？是不是說我的壞話？」男友一聽，止住了腳步，他惋惜地搖搖頭說：「妳太不了解妳丈夫了，就像我不了解妳一樣！」女人聽完連忙申辯道：「我怎麼不了解他，他木訥，缺乏情趣，家庭保母似的簡直不像個男人。」

「妳既然這麼了解他，妳應該知道他跟我說了些什麼？」

「說了些什麼？」

「他說妳心臟不好，但易暴易怒，叫我結婚後凡事順著妳，遷就妳一點；他說妳胃不好，但又喜歡吃辣椒，叮囑我今後勸妳少吃一點辣椒。」

「就這些？」女人有點驚訝。

「就這些，沒別的。」

聽完，女人慢慢地低下了頭。男友走上前，撫摸著女人的頭髮，語重心長地說：「妳丈夫是個好男人，他比我心胸開闊。回去吧，他才是真正值得妳依戀的人，他比我和其他男人更懂得怎樣愛你。」

說完，男友轉過身，毅然離去。

這次風波過後，女人再也沒提過離婚二字，因為她已經明白，她擁有的這份愛，就是最好的那份。

故事讀完，很多朋友可能會覺得故事中的丈夫太過懦弱，對待外遇的妻子竟然還是如此遷就，可是，如果沒有這份遷就他們的愛情也必然不能繼續走下去。人們常說，愛情中的人都是傻子。是的，因為愛你，所以遷就你的一切，即使別人不理解也無所謂，只為了這份愛可以長長久久地走下去。

他是個啞巴，雖然能聽懂別人的話，卻說不出自己的感受。她是他的鄰居，一個和外婆相依為命的女孩。她一直喊他哥哥。他真像個哥哥，帶她上學，伴她玩耍，含笑聽她唧唧喳喳講話。

他只用手勢和她交談，可她能讀懂他的每一個眼神。從哥哥注視她的目光裡，她知道他有多麼喜歡自己。後來，她終於考上了大學，非常開心。他便開始拚命賺錢，然後源源不斷地寄給她。她從來沒有拒絕。

終於，她畢業了，參加了工作。然後，她堅定地對他說：「哥哥，我要嫁給你！」

他像隻受驚的兔子逃掉了，再也不肯見她，無論她怎樣哀求。她這樣說：「你以為我同情你嗎？想報答你嗎？不是，十二歲我就愛上你了。」可是，她得不到他的回答。

有一天，她突然住進醫院。他嚇壞了，跑去看他。醫生說，她喉嚨裡長了一個瘤，雖然切除了，卻破壞了聲帶，可能再也講不了話了。病床上，她淚眼婆娑地注視著他。

於是，他們結婚了。很多年，沒有人聽他們講過一句話。他們用手，用筆，用眼神交談，分享喜悅和悲傷。他們成了相戀男女羨慕的對象。人們說，那是一對多麼幸福的啞夫妻啊。

愛情阻擋不了死神的降臨，他撇下她一個人先走了。人們怕她禁受不住失去愛侶的打擊來安慰她，她收回注視他遺像的呆痴目光，突然開口說：「他還是走了。」

謊言揭穿了……

人們驚訝之餘，都感嘆不已，這是一份多麼執著、深厚、像童話一樣的愛呀！從此，她不再講話，不久也離開了人世。

為了愛他，為了接近他，為了讓他接受她，女孩做了多麼大的犧牲！讓一個正常人幾十年一言不發，這需要多麼大的毅力啊！就是為了讓啞巴哥哥可以坦然地接受她的愛，她寧願陪他一同不再說話，一起做一對快樂的無聲夫妻。正是因為她的遷就，他們度過了幸福的人生旅途！

愛情是什麼？愛情是一隻笨鳥跟另一隻笨鳥說：你是世界上最聰明的鳥！而且那隻笨鳥也是這麼想的；愛情是靜靜地聽她說自己不開心的事，卻把自己的心事放在心底。

愛需要許多的包容、付出、忍耐，需要不斷地去創造，修煉成真正的愛情須經過許多的曲折艱難。而且愛情不等於終身相許，宛如一見傾心不等於白頭偕老那樣，再熾烈的愛也會有冷卻的一天，愛到最後，遷就彼此，就成了維繫愛情的唯一紐帶。

當然，我們不能因為愛情道路上有荊棘，就不敢去愛了。如果前怕狼

後怕虎、或者按部就班地去尋覓愛情，恐怕此生虛度了也未可知。為怕受傷而去拒絕愛情，或者試探性地投入一小部分，如果愛情能夠分散，那只能算是一種投資，已經失去了愛情神聖的意義了。擁有愛情時，就應該理性地去對待，細緻地去經營。讓遷就為彼此護航，愛情的道路就會走得更遠！

學會遷就，才算學會愛！懂得遷就，才能營造幸福的生活。愛不單單只是風花雪月的浪漫，愛情有遷就陪伴，才能走的更遠！

擁抱競爭，塑造不凡人生的十大法則：

專注目標 × 活在當下 × 競爭心態 × 換位思考，探索你的個人宇宙，重塑內在力量的藍圖！

作　　者：蔡余杰，李維卿，劉利

發 行 人：黃振庭

出 版 者：財經錢線文化事業有限公司

發 行 者：財經錢線文化事業有限公司

E-mail：sonbookservice@gmail.com

粉 絲 頁：https://www.facebook.com/
　　　　　sonbookss/

網　　址：https://sonbook.net/

地　　址：台北市中正區重慶南路一段六十一號八
　　　　　樓 815 室

Rm. 815, 8F., No.61, Sec. 1, Chongqing S. Rd.,
Zhongzheng Dist., Taipei City 100, Taiwan

電　　話：(02)2370-3310

傳　　真：(02)2388-1990

印　　刷：京峯數位服務有限公司

律師顧問：廣華律師事務所 張珮琦律師

定　　價：375 元

發行日期：2024 年 02 月第一版

◎本書以 POD 印製

Design Assets from Freepik.com

國家圖書館出版品預行編目資料

擁抱競爭，塑造不凡人生的十大法
則：專注目標 × 活在當下 × 競爭
心態 × 換位思考，探索你的個人
宇宙，重塑內在力量的藍圖！ / 蔡
余杰，李維卿，劉利 著 . -- 第一版 .
-- 臺北市：財經錢線文化事業有限
公司 , 2024.02
面；　公分
POD 版
ISBN 978-957-680-732-9(平裝)
1.CST: 修身 2.CST: 成功法
192.1　　113000025

電子書購買

臉書

爽讀 APP

獨家贈品

親愛的讀者歡迎您選購到您喜愛的書，為了感謝您，我們提供了一份禮品，爽讀 app 的電子書無償使用三個月，近萬本書免費提供您享受閱讀的樂趣。

ios 系統

安卓系統

讀者贈品

請先依照自己的手機型號掃描安裝 APP 註冊，再掃描「讀者贈品」，複製優惠碼至 APP 內兌換

優惠碼(兌換期限2025/12/30)
READERKUTRA86NWK

爽讀 APP

📖 多元書種、萬卷書籍，電子書飽讀服務引領閱讀新浪潮！

🎧 AI 語音助您閱讀，萬本好書任您挑選

🔍 領取限時優惠碼，三個月沉浸在書海中

🔔 固定月費無限暢讀，輕鬆打造專屬閱讀時光

不用留下個人資料，只需行動電話認證，不會有任何騷擾或詐騙電話。